国家社科基金
GUOJIA SHEKE JIJIN HOUQI ZIZHU XIANGMU
后期资助项目

传媒业的颠覆性创新：

从传媒创新到传媒创业

Disruptive Innovation In Media Industry:
From Media Innovation To Media Entrepreneurship

曾繁旭 王宇琦 著

清華大学出版社

北京

内 容 简 介

本书致力于提升新闻传播专业学生的创新与创业技能、商业知识与企业家精神，让他们更好地理解并从容应对快速变迁的媒介环境，敏锐把握蕴含于其中的先机。本书包括四部分内容。一、理论地图：理解传媒业变革的新范式；二、传媒业的商业模式如何被颠覆；三、传媒业颠覆性创新的关键步骤；四、传媒业颠覆性创新的外部张力。本书适合大学本科高年级学生或研究生，以及对传媒创新创业现象感兴趣的广大读者阅读学习。

图书在版编目（CIP）数据

传媒业的颠覆性创新：从传媒创新到传媒创业 / 曾繁旭，王宇琦著 . —北京：清华大学出版社，2021.4
　ISBN 978-7-302-57710-2

　Ⅰ . ①传… 　Ⅱ . ①曾… ②王… 　Ⅲ . ①传播媒介 – 创业 – 研究 　Ⅳ . ① G206.2

中国版本图书馆 CIP 数据核字（2021）第 050098 号

责任编辑：纪海虹
封面设计：徐　超
责任校对：宋玉莲
责任印制：杨　艳

出版发行：清华大学出版社
　　　　　网　　址：http://www.tup.com.cn，http://www.wqbook.com
　　　　　地　　址：北京清华大学学研大厦 A 座　　　　邮　编：100084
　　　　　社 总 机：010-62770175　　　　　　　　　　邮　购：010-62786544
　　　　　投稿与读者服务：010-62776969，c-service@tup.tsinghua.edu.cn
　　　　　质量反馈：010-62772015，zhiliang@tup.tsinghua.edu.cn
印 装 者：三河市国英印务有限公司
经　　销：全国新华书店
开　　本：165mm×238mm　　印　张：13.5　　字　数：207 千字
版　　次：2021 年 6 月第 1 版　　　　　　印　次：2021 年 6 月第 1 次印刷
定　　价：78.00 元

产品编号：088638-01

目 录

第一部分

理论地图：理解传媒业变革的新范式

第一章 为何研究传媒创新与创业

传统媒体行业在技术、话语、监管和商业模式等维度面临的多重危机，以及新兴传媒创业机构的崛起，凸显了开展传媒创新创业研究的必要性。本章说明了研究的缘起，介绍了传媒业急剧变迁所引起的观念冲突与教育变革，并阐述本书的理论视角与整体结构。

一、研究缘起

对于一个学者来说，如何安排自己的研究议程，几乎是最为重要的事了。有趣的是，这经常不是"英明决断"，而是各种机缘巧合之下的结果。

大约是 2014 年夏天，学院的尹鸿老师和陈昌凤老师分别找我聊天，希望我能为同学们开设一门传媒创新与创业课程。在当时，创新与创业的浪潮兴起于政策层面，并火热席卷了社会实践，清华大学的课程体系试图尽早作出回应。我没有推辞，但随即感到了开设新课的无边焦虑。接下来几年，我无数次在这堂课敲响上课铃之前紧张得坐立不安。正因为这样的焦虑，我只好在课程教学的推动下开启了一项较之前甚为陌生的研究。

之所以说陌生，是因为我先前的研究主要聚焦于政治传播、环境传播、风险沟通等领域，甚少单纯地从商业的视角来探讨传媒机构的生存、策略与角色。在我当时看来，商业盈利最多只是一些优秀的传媒机构追寻新闻理想的自然结果，而不是根本动力。我于 2004 年初进入南方报业集团，任记者、编辑，历时数年,某种程度上见证了一个新闻理想与商业实践相得益彰的传媒"黄金时代"。后来,我离开报社进入大学任教。再后来,新媒体技术快速发展,伴随着舆论场的急剧变迁,导致了市场化报刊的衰落,人员和理想风流云散,传统媒体日渐凋敝。此时,从商业的视角来理解传媒机构的生死存亡就变得尤为重要。

让我先说回上课这件事。为了缓解焦虑,在开设传媒创新与创业课程的初期,我采取一种"偷懒"的课堂组织方式——每堂课都邀请著名的行业嘉宾来分享他们的商业探索与心得。这种课程方式,给同学带来了全新的商业视角,让他们得以体会其中的艰辛与振奋,因此颇受同学们喜欢。但从课程体系搭建的角度看,这一方式也有一定的不足:首先,嘉宾们极为忙碌,往往多次约请还难以确定时间,而临时更改计划也偶尔有之;其次,讲座课堂胜在生动、贴近,但相对难以传递系统性的理论知识;最后,同学们也缺乏进行案例分析和动手实践的机会。

有这样的体会之后,我开始一步步搭建课程体系,积累课程的案例库,这个过程中也逐渐发现了这个领域的学术价值。"创新与创业"作为一个政策口号,有着深刻的社会根源——中国企业一直被认为创新能力不足;而对于传媒行业而言,"创新与创业"的提法,则有着更为真切的问题意识。

这个行业是否可能进行创新?其创新的动力与阻碍何在?在现有的制度环境下,创新将沿着怎样的逻辑展开?如果融媒体报道、数据新闻乃至"中央厨房",仅仅是创新的起步,那创新的方向与本质是什么?

如果我们扩大视野,哪些基于移动互联网等新技术手段的新型传媒机构正在出现?它们是如何颠覆传统媒体业的?它们催生了什么新的商业模式,又如何形塑传媒业的社会功能与角色?很显然,传媒行业向来都关乎社会公共生活和良性政治治理,当大量以用户需求和商业利润为根本动力的新型媒体机构进入传媒业,这个领域会如何变迁?

说到这里,你肯定就会明白,这本书的写作其实是"无心插柳"。事实上,这场学术的奇幻之旅,让我感到陌生而又不安。在学科知识快速重构而学术生活越来越专业化的时代,一个学者应该固守疆域、精耕细作,还是可以"顺势而为"并"跨越边界",这样的问题无疑会摆在越来越多的学者面前。在相当程度上,这个问题与"刺猬还是狐狸"的追问异曲同工:刺猬专注深入,狐狸则灵活广泛，在一个学者的不同阶段，这个问题都可能会不请自来。

在内心深处，我希望自己是一个刺猬型的学者，始终保持聚焦；但与此同时，也难免担心因为简化的立场、理论与标签形成自我框限。而且，研究也不仅是单纯的知识追问，更与急剧变动的社会生活息息相关，因此根据重要的现象或问题对自己的研究议程有所调整，大约也是学术生涯中有趣的转弯。出于这样的想法，我选择在课程的推动之下开启这场研究的冒险，试着去"颠覆"自己的边界。

香港中文大学的李立峰老师曾经说到：在英美等高度制度化的学术圈之外，学者们仍然可能践行一种介乎"狐狸"与"刺猬"之间的生命状态[1]，对此我深表赞同。在这趟学术旅途中，我时时宽慰自己，学术生涯是漫漫长路，有时当刺猬，偶尔当狐狸，大约也别有滋味吧。

二、传媒业的双重现实

开展传媒创新与创业的研究，我们首先必须回应，到底什么才是传统媒体业的危机，与此同时，基于移动互联网的新型传媒业又有着怎样的想象空间。

从"断崖式下滑"现象出现开始，学者们对于传统媒体业的危机进行了不同的追溯与定义，这也导致了截然不同的理论解读：

第一，技术危机。媒介技术的发展，正在深刻颠覆传统的新闻生产方式。除了社交媒体平台越来越成为内容分发的主要渠道以外，融媒体报道和数据新闻等新的媒介产品形态也逐渐变成常规，VR/AR 新闻、传感器新闻等全新的新闻生产方式，也正在通过满足用户现场感和沉浸感，提供更好的用户体验（彭兰，2016a）；而基于数据挖掘、算法技术的各类新闻聚合类平台，正在通过提供高度个性化、定制化的新闻信息，与传统媒体争夺用户群体和市场份额（喻国明等，2018）。在媒介技术飞速更迭的时代，传统媒体机构显得亦步亦趋或举步维艰。

第二，内容与话语方式的危机。在传统媒体时代，自上而下的信息宣导和

---

1 《李立峰：行走在"狐狸"与"刺猬"之间（上）》，复旦引擎公众号，2014-12-18，https://mp.weixin.qq.com/s/SnYF98AxF5uhFbBHLVBerg。

专业主义与精英主义的立场成为传统媒体的主要话语方式和运作方式（童静蓉，2006），这导致了"两个舆论场"的传播现象（南振中，2003；何舟，陈先红，2010）。而面对新媒体的冲击和外在威胁，传统媒体机构往往倾向于通过强调自身的专业性和文化权威来捍卫其专业边界，并维护合法性（陈楚洁、袁梦倩，2014）。这样的应对方式并未改变一直以来的话语系统，一定程度上忽略了公众话语和信息需求，并在相当程度上使得媒体机构与用户之间的连接发生断裂和失效（郭全中，2015）。而互联网作为一个具备高度开放性和个人化色彩浓重的平台，正在通过提供更为用户友好的话语方式和内容产品，蚕食大型建制化媒体的原有用户。

第三，监管危机。由于传统建制化媒体受到体制因素的限制，无论从日常新闻生产，还是从媒体创新的可能性而言，都不免捉襟见肘（白红义、李拓，2017）。在外部危机步步紧逼的情况下，传统媒体机构却在新媒体转型、融资和商业化等方面，面临比以往更多的制约（宋志标，2007），这为传统媒体的转型和创新带来了更大的不确定性和危机。

第四，商业模式的危机。作为一种结果，在以上多种因素的共同作用之下，传统媒体开始陷入一种商业危机。各种裁员、媒体人讨薪、关闭印刷媒体的新闻纷至沓来，真正宣告这个曾经的朝阳产业已经无可挽回地陷入难以为继的状态。在传统媒体时代，媒体机构遵循的是"二次售卖模式"，即通过优质内容获取影响力、吸引广告主，进而盈利（范以锦，2014）。但在互联网发展的语境下，受众的大量流失和广告主向互联网广告市场的转移，正在打破传统媒体原先的盈利闭环；传统媒体以广告和内容付费为核心的商业模式，已经无法为媒体机构提供持续性的盈利（郭全中，2018）。为此，相当多的研究者指出，在网络媒体特别是移动互联网的冲击下，传统媒体正在遭遇商业模式的危机；缺乏稳定、持续的盈利来源和商业模式，必然导致传统新闻业的下滑（谭天、王俊，2014）。作为一个需要自负盈亏的机构主体，媒体业已经难以在商业上自给自足。

总体而言，新闻业的危机更多来源于整体的传播语境和整个传播生态层面（王辰瑶、喻贤璐，2016）；媒介技术发展带来的经济和社会文化变革、传统新闻商业模式的衰落等多重因素共同促成了新闻业的危机（Gitlin，2011）。其中，传媒业最根本的危机，是生态性、体系性的商业模式的危机。因此，需要重新定义传媒业产品、商业模式乃至它与公众的关系，通过传媒创新实现传媒业的持续发展。

在传统媒体业饱受坠落之苦时，基于移动互联网平台的新兴传媒形态，则呈现出迅猛的发展态势，并蕴含着巨大的创新与创业机遇。

一方面，以移动互联网为代表的新兴媒体在短短数年之内迅速实现了对传统媒体市场份额的占据。2017 年，网络广告市场规模超过 3800 亿元人民币，而在其中，移动广告市场通过数年来对传统互联网广告市场的挤压，已经以 69.2% 的市场份额成功超过传统互联网（崔保国 等，2018）。

另一方面，移动互联网的用户规模也开始逐渐呈现出对于传统媒体的压倒性态势。截至 2017 年年底，中国互联网用户规模已达 7.72 亿，而移动设备使用用户就占其中的 97.5%（崔保国 等，2018）。而从用户的使用时长来看，2017 年年底，中国网民人均每天使用移动设备的时间已经长达 4.2 小时。[1] 据此有研究机构预测，到 2018 年年底，中国用户花费在传统设备（如电视）上的时间，将首次被移动设备所超越。[2]

不仅如此，技术的发展也大大降低了传媒创新与创业的门槛——普通公众可以通过搭建基于移动平台的内容生产模式进行创业，随时发布内容，其涉及的产品设计、渠道推广、平台运营等成本都在快速降低。从基于微博、微信等自媒体平台的内容创业，到基于各类视频直播平台的在线直播和短视频分享的兴起，无不预示着移动互联网平台在推动传媒创业方面的巨大潜力。

与移动互联网对于市场份额的占据和用户规模的扩大相伴而生的，是移动互联网对媒体行业乃至各类企业生态的改变。不难看到，媒体行业的"边界"正在消失（彭兰，2016b；张铮，2016），这既是媒体业面临的挑战，也预示着无限的行业空间。进一步而言，媒介——或者说移动互联网——正前所未有地站在了一切经济生活的中心，它在颠覆过往生态的同时，也开放了巨大的创新

1　平方财经：《2017 年人均安装 40 个 App，日均使用时长 4.2 小时》，知乎，2018-01-19，https://zhuanlan. zhihu.com/p/33110382。

2　腾讯科技：《研究机构：中国用户今年使用移动设备时长将首次超过电视》，2018-04-20，http://tech. qq.com/a/20180420/004331.htm。

与创业机遇（Achtenhagen, 2017）。

可以说，传统媒体业的断崖式下滑，与移动互联网所带来的无处不在的创业机遇，构成了这个行业的双重现实。这一切，正是讨论传媒创新与创业的出发点。

三、传媒教育的变革

传媒行业的双重现实，导致了巨大的焦虑，大学也积极进行回应。在国外，"创业新闻"（entrepreneurial journalism）与"传媒创业"（media entrepreneurship）正在成为学术界针对互联网时代新闻传播发展趋势提出的人才培养的创新模式。在传统新闻出版业面临挑战而危机重重的情况下，一些学者认为，新闻教育需要促使学生重新审视新闻传播与经济的关系，将新闻传播、技术创新与商业更加紧密地结合起来，以便创作能够带来赢利和能够持续发展的传媒形态（戴佳、史安斌，2014）。

不少国外院校已经敏锐地发现传媒创新与创业的浪潮正席卷而来，并适时对传媒教育作出大力改革。其中一些院校已经开设了以传媒创新与创业为核心的系列课程。早在 2009 年，哥伦比亚大学新闻学院就成立了新媒体创新研究中心并开设课程，讲授新闻业的商业模式；同年亚利桑那州立大学菲尼克斯校区的沃尔特·克朗凯特新闻传播学院新出炉了课程改革方案，着重培养职业技能和"企业家精神"，这种精神要求学生们学会给自己"造"一份工作，而非"找"一份。[1]

在传媒创新与创业教育的具体运作上，一些西方新闻传播院校往往较为重视为学生提供与实践前沿接触的机会，并设计了以产学研合作作为基础的教学实践模式。美国纽约州雪城大学纽豪斯学院创办的纽豪斯数字媒体创业中心不仅开设了大量与媒体创业的相关课程，而且通过业界展览会帮助学生了解创业公司文化、帮助学生与曾经创业成功的校友取得联系，并鼓励学生创办自己的

1　Stelter B. J-Schools play catchup. New York Times. 2009-04-19, https://www.nytimes.com/2009/04/19/education/edlife/journ-t.html.

企业。[1]

不仅如此，纽约城市大学、美利坚大学等若干美国大学已经创建了非常富有特色的"传媒创业硕士项目"。[2]纽约城市大学在 2011 年设立了"创业新闻硕士项目"[3]，在已有的新闻学训练基础上，对学生进行商业、技术与项目管理培训，并在纽约的创业公司中充当学徒，或帮助他们在传统媒体公司内建立自己的独立创新领域（戴佳、史安斌，2014）。项目目标在于探索适合新媒体环境的新型媒介产品和创新性商业模型。具体而言，该项目的课程内容涵盖以下主题：正在出现的新商业模型、新的媒介技术、超本地化的企业，以及新媒体和社交媒体的运用等。此外，融资、预算、广告、市场，以及如何与投资者、程序员和技术工作者建立良好关系等内容也被纳入课程体系。[4]

除此之外，斯坦福大学、密苏里大学、马里兰大学、西北大学、加州大学伯克利分校等著名美国院校也以不同形式推进传媒创新创业领域的教育（王斌、戴梦瑜，2017）。

这样的改革趋势也引起了一些学者的担忧。他们认为："'创业新闻学'的提出，不仅是概念层面上的创新，更是对新闻学教育理念的颠覆、对传统的新闻行业人才培养模式的冲击与挑战。（这意味着）新闻业也可以盈利，媒体组织也可以像企业一样经营，商业运营的核心原则与游戏规则在新闻行业同样行得通。"（王斌、戴梦瑜，2017）

在学术上，传媒创新与创业也得到了越来越多西方学者的关注，一些初探性的著作已经出版。比如，布里格斯（Briggs，2011）的著作《创业新闻学：如何建立未来的新闻》（*Entrepreneurial Journalism: How to Build What's Next for News*）就从商业模式、盈利潜力、内容生产、平台选择等多个角度为媒体人创业提供了指南。当然，学者们还从许多更为专深的角度对于这一领域展开研究，在随后的章节当中，我们会有细致的介绍和评述。

1　参见：http://www.newhousestartups.com/。

2　参见：https://catalog.american.edu/preview_program.php?catoid=6&poid=3147, https://www.journalism.cuny.edu/future-students/entrepreneurial-journalism/。

3　参见：https://www.journalism.cuny.edu/future-students/entrepreneurial-journalism/。

4　参见：https://www.journalism.cuny.edu/future-students/entrepreneurial-journalism/。

四、本书的理论视角：颠覆性创新

进入这个全新的研究领域之后，摆在我们面前的问题是，应该选择怎样的理论视角。

简要而言，对于传媒创新与创业的现象，有两种主流的理论视角。其一可称为"新闻视角"或"新闻研究视角"，它强调高品质新闻内容与新闻的公共性，认为在变革年代媒体机构更需固守专业之根本，通过借助技术手段（Gynnild, 2014b）、调整内容定位（王辰瑶，2017）等方式提升新闻表现力，重新获得专业权威并安然度过危机，在其中学者们使用的主要是"内容创新"（王辰瑶，2017）、"新闻创新"（白红义，2018；李艳红，2017）等概念。其二可称为"商业视角"或"创业视角"，认为媒体自身的商业危机，已经限制了新闻内容生产的质量和数量，并成为传媒业危机的核心症结所在（钟布，2017），因此呼吁传媒业应该开展一场商业革命和关系重构（喻国明，2015a），从商业模式、运营流程、产品定位等方面进行全方位的创新和变革。

有趣的是，从国外大学的课程设计来看，主要是从商业/创业视角切入；而在研究上，学者们则更多选择了新闻视角。对于这两种理论视角的断裂和关联，我们在后面的章节中有更为细致的阐述。

进一步而言，在商业/创业视角当中，也可以有不同的聚焦点——关注传统媒体业的创新或者新兴的传媒创业机构。必须承认，在相当长的一段时间中，我们只关注了快速崛起的传媒创业机构。我们认为传统媒体机构面临的是系统性的商业模式危机，如果希望实现向未来媒体业的转型，无疑需要跨越体制、观念、生产流程等多方面的阻碍，困难重重，而传媒创业机构（media startup）的攻城略地，却有着诸多便利。

也是因此，我们邀请的嘉宾，主要是传媒领域的创业家，而不是推动传统媒体创新的守望者。在嘉宾的表述之中，继而在我的阅读之中，反复出现一些新的概念，比如，"机会识别""竞争策略""商业模式""风险融资""护城河"等。毫无疑问，这些概念都是创业领域的概念，它们带有非常强烈的商业逻辑与气息。这些概念让我们窥探到新型的传媒创业机构如何得以成为颠覆者，毫不留情地夺走了传统媒体的市场。当然，这些概念都来自于商业研究领域，对我们来说，非常陌生。每每面对一个新概念，我们都有力不从心的感觉，文献那么多，看都看不完。

除了陌生的理论，我们还不得不面对更深入的焦虑。基于传媒创业机构展开的学术探讨，似乎难以和主流的新闻传播学研究对话。首先，在国内学术界，学者们往往从媒体的专业主义与公共责任出发，对传媒机构的商业变革表达忧思（李艳红、陈鹏，2016）。其次，在整个学科的知识谱系当中，商业路径的探索，向来并非主流；而且，对媒介经营与管理的思考主要着眼于大型的传统媒体机构（崔保国，2016a），甚至处于萌芽状态的"传媒创新研究"也是如此（喻国明、刘旸，2015）。这显得我们基于传媒创业现象的研究多少有些格格不入。何况，传媒创业的定义，也随着各种新的技术与商业模式的出现，产生了极具张力的变化，如果我们采用更宽泛、更具有囊括力的定义来观察传媒创业，必然要与传统的新闻传播研究产生脱节。如此种种，导致了研究过程中的挫折和挑战。

这也促使我们反思自己的研究，寻求与更具开放性的理论对话。可以说，如何把基于传媒创业机构的研究，与相对偏重传统媒体的创新研究进行整合，可能是本书最大的一个挑战。

经过一段时间的琢磨之后，我们选择用颠覆性创新理论作为统领性的框架（克里斯坦森，2010；克里斯坦森、雷纳，2010）。克里斯坦森（2010）将创新分为两类："颠覆性创新"与"持续性创新"，前者以新的市场竞争者或说颠覆者为观察对象，而后者着眼于原先占据市场优势地位的传统机构如何进行应对。由这套概念系统出发，我们可能整合传媒创业研究和传媒创新研究。在其中，新型的传媒创业公司是外来颠覆者，传统媒体机构则是试图进行创新的被颠覆者，它们之间的互动与张力，共同塑造了媒体业在商业模式以及公共性上的新形态。关于这些理论概念与现象的辨析，将会出现在本书的多个章节之中。

五、本书的结构

本书分为四个部分，分别为"理论地图：理解传媒业变革的新范式""传媒

业的商业模式如何被颠覆""传媒业颠覆性创新的关键步骤""传媒业颠覆性创
新的社会张力"。四个部分与各章关系见图 1.1。

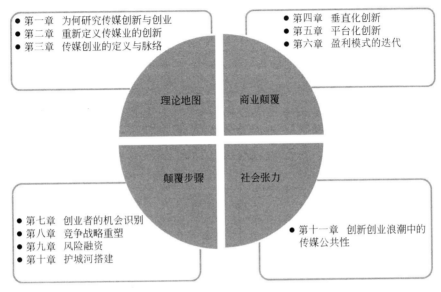

图 1.1　本书结构

第一部分"理论地图:理解传媒业变革的新范式",提供了研究的理论背景
和脉络。

其中,第一章为全书的导论,主要厘清传媒创新创业研究的语境与理论意涵,
介绍西方主要新闻院校在传媒创新与创业领域的学科建设,并阐述以"颠覆性
创新"这一理论框架连接传媒创新和传媒创业研究的内在逻辑。

第二章结合颠覆性创新理论,提出了"持续性传媒创新"和"颠覆性传媒创新"
两个概念,试图从更为宏观的视角来理解传媒创新现象,并整合现有的研究路径。

第三章对"传媒创业"这一核心概念进行理论界定,充分梳理相关中西方
研究的主要命题,进而结合当下中国的传媒创业现象,探索本土传媒创业研究
的问题与路径。

第二部分"传媒业的商业模式如何被颠覆",追问在移动互联网时代传媒业
商业模式的变革与创新出现了怎样的可能。

在其中,第四章探讨传媒业的垂直化创新。该章通过对若干垂直化媒体的
分析,阐释这些传媒创业机构如何通过"低端市场颠覆性策略"和"新市场颠

覆性策略"两种方式,定位于更为细分的用户群体,并借助深度垂直的运营策略,实现对主流媒体市场的蚕食和颠覆。

第五章探讨传媒业的平台化创新。通过对典型平台化媒体的分析,我们发现这些媒体往往借助搭建包括供应商、合作伙伴和用户在内的全新价值网络,重构内容生产、整合、分发、消费的整个运营流程。通过不断协调和平衡价值链条中各个用户群体的需求,平台化媒体逐渐获得稳定的用户群体和市场份额,实现从低端市场向高端市场的上移,进而开始对于传统媒体机构的颠覆。

第六章探讨传媒业的盈利模式创新。该章通过对当下中国传媒业创新性盈利模式的梳理,发现传媒创业机构日益超越传统媒体以广告和内容付费为核心的盈利模式,并逐步探索包括媒体电商、社群经济在内的更具颠覆性特质的盈利来源和商业模式。

第三部分"传媒业颠覆性创新的关键步骤",细致论述了传媒业颠覆性创新的具体过程以及颠覆者的工作步骤。

其中,第七章聚焦于传媒创业者的机会识别。该章将细致探讨如何基于市场需求、竞争环境、团队优势、商业价值四个维度,展开对于传媒创业机会的评估,特别是如何在传媒产业中寻找新市场或低端市场的颠覆性机会。

第八章关注传媒机构如何重塑自己的竞争策略。在对传媒业产业结构进行细致剖析的基础上,我们发现传媒创业机构主要通过采用个性化战略、社群化战略以及联盟化战略,来应对传媒业内部日趋激烈的竞争环境,实现传媒业的颠覆性创新。

第九章探讨传媒创业机构的融资。我们将西方创业融资理论和颠覆性创新理论运用于中国传媒创业研究,发现受到风险资本青睐的传媒创业机构,往往在商业模式的诸多关键维度上体现出颠覆性创新的特质。

第十章将企业护城河理论、持续性竞争优势理论进行了本土化和行业化,探讨传统媒体机构与传媒创业机构如何实现"护城河"的搭建。具体而言,这个过程通常包含优质资源积累与管理、产品设计与定位、内容与品牌建设、隔离机制建立四个环节。

第四部分"传媒业颠覆性创新的社会张力",即第十一章,着重探讨了创新创业浪潮与传媒公共性之间的张力关系,关切以商业利益为核心动力的这场传媒业变革,即将对自身的社会使命、伦理底线以及实践范式带来哪些深远的影响。

在书中,我们尽量以开放性的学术视角,尝试对"传媒创新与创业"这一研究主题进行探讨,并对"边界日益模糊的传媒业"(彭兰,2016b)进行观照。

这种开放性的学术视角,体现在两个方面。其一,从研究对象来看,本书比从前的研究更加具有包容性。这个领域的研究,既可以关注传统媒体的内部创新与转型,也可以聚焦于互联网平台上的传媒创业机构,两者相去甚远,而且彼此断裂。本书相对以后者为主,同时也运用"颠覆性创新"的理论框架,尝试整合传媒创新和传媒创业两种行业现象和研究路径,梳理其中融通的学术问题与理论概念,并在技术演进与传媒行业急剧变迁的宏观语境之下展开研究,从而让研究的内涵更为丰富。

其二,本书对于现有理论资源的汲取,也尽量体现开放性的特点。传媒创新与创业的现象庞杂而多变,相关研究很容易流于表面。因此,本书试图将传媒创新理论、创业新闻学、传媒创业研究、传媒经济学以及创新与创业理论等学术领域进行整合,从而将行业实践图景加以理论化,并建立系统性的学科知识。总体而言,本书以颠覆性创新为整体主线;而具体在各章中,我们则会充分梳理某一细分、专深的相关理论,并引入中观层面的理论框架,进而阐释当下中国的传媒创新与创业实践,力求让本书的叙述具有一定的理论性。

在2014年开设"传媒创新与创业"课程时,我们就期待这门课能帮助同学们用新的理论视角观察瞬息万变的传媒环境,并以开拓性的企业家精神在其中占得先机。希望这本书的读者也能有同样的收获。

第二章　重新定义传媒业的创新[1]

　　基于不同的理论视角，学者们对于当下传媒业的创新活动有着相去甚远的定义和阐释，也导致了诸多理论困惑。本章结合颠覆性创新理论，提出了"持续性传媒创新"和"颠覆性传媒创新"两个概念，试图从更为宏观的视角来理解传媒创新，进而整合现有的研究路径。

一、传媒业危机与传媒创新研究

　　广告收入、用户规模和影响力的"断崖式下滑"是传统媒体危机的起因。传统媒体面临的多重危机，也凸显了媒体行业从诸多层面出发、进行行业创新的必要性。正如一些研究者所指出的，传统新闻行业创新文化的缺乏，是导致一些报纸、电视台盈利流失和走向衰落的主要原因（Gynnild, 2014a）。研究者们认为，应当通过提升新闻内容质量（王辰瑶，2017）、借助新的媒体技术提升新闻表现力（李艳红，2017；Gynnild, 2014b）、创新经营管理模式（喻国明、刘旸，2015）等方式，对当下的新闻业进行创新，以应对危机。

　　然而，学者们对于传媒业危机的理解不尽相同，对于传媒创新的定义和阐释也相去甚远。有的学者呼吁传媒业应该进行一场商业层面的变革（Carlson & Usher, 2016），从"内容"转型为"产品"（彭兰，2015a），从而提升"用户黏性"（彭兰，

1　本章初稿发表于《新闻与传播研究》2019 年第 2 期，曾繁旭为第一作者，王宇琦为第二作者。本章在内容上进行了调整与增补。

2015b）；而更多的学者则固守"内容为本"和公共性精神，强调新闻业应当以专业性为基础，借助技术手段拓展新闻表现力（Spyridou et al., 2013），并忧心这场传媒业的商业变革将沦为专业主义的"离场"（李艳红、陈鹏，2016）和"挽歌"（王维佳，2016）。

基于不同理论路径或聚焦于不同层面的传媒创新研究，因而形成巨大的理论分野。本章希望厘清现有传媒创新研究的核心概念和理论路径，并尝试进一步回答：现有传媒创新理论主张内部存在怎样的联系，能否进行整合；以持续性创新为核心观点的学术主张，为何会被学术界和传媒业界普遍接受，它又存在怎样的不足；作为补充性的学术观点，新的理论范式是什么。

本章将引入克里斯坦森（2010）的"颠覆性创新"理论，把目前传媒创新研究整合为持续性创新与颠覆性创新两种形态，并细致梳理其各自的内涵与特征，辨析学者们不同理论主张背后的问题意识，进而呼吁传媒创新研究的范式转变。

总体而言，已有关于传媒业创新与转型的研究，大多聚焦于持续性创新，强调通过内容创新、话语创新、经营管理创新或组织创新等方式，增强传统媒体新闻生产的质量和影响力。但我们认为，以商业模式重塑为核心的颠覆性创新，而非持续性创新，才是帮助传媒业摆脱困境的现实方案。因此，需要以颠覆性创新为关键概念，推动传媒业变革研究的范式转变。

二、传媒创新研究的概念混用与路径分歧

创新是新的理念（或产品、服务）的生产、开发和接受过程，它意味着产品、服务和市场的更新和扩大以及新的管理系统的建立（Crossan & Apaydin, 2010）。在创新过程中，创新者将现有经济和社会环境中的机会转变为新的观念，并进一步开发出广泛运用的产品或服务（Tidd, Bessant & Pavitt, 2005）。从本质上而言，创新关乎问题的解决和对于危机的回应（Kline & Rosenberg, 1986）。在一些学者眼中，创新是应对社会经济变迁和技术变迁，以及应对高度竞争性市场的核心举措（Küng, 2013）。

在对传媒业创新活动的研究中，一些研究者从新闻机构的新闻生产实践出发，强调媒体机构需要积极尝试"新闻创新"以应对危机。相关研究将新闻创新定义为，新闻机构在维持新闻生产的质量和伦理标准的同时，采用新路径进行的媒体实践（Pavlik, 2013）。这些研究大多将视角聚焦于新闻机构内部，探讨媒体新闻生产中所运用的新技术和新形式（Steensen, 2011）。数据新闻（李艳红，2017）、无人机新闻（Gynnild, 2014b）、融媒体新闻报道等都被纳入新闻创新研究的范畴（王辰瑶、喻贤璐，2016）。此外，新闻创新的过程、产品乃至组织，也得到了学者们的关注（白红义，2018）。

与此相近，一些研究尤为聚焦于媒体在内容层面的创新实践，认为应当借助"内容创新"，帮助传统媒体度过危机。相关研究指出，在建制化媒体机构内部现有机制的运行中，需要着重对媒体生产的内容进行把关和提升，通过创造性的内容生产满足受众未被充分满足的信息需求（王辰瑶，2017），并尝试借助计算机辅助报道等方式，提高新闻质量（Gynnild, 2014a）。

事实上，无论是"新闻创新"还是"内容创新"的研究，其本质精神都与传统媒体一贯坚持的"内容为王"策略高度一致，主要将分析视角局限于新闻生产中的内容质量和形式的提升，假定这样的创新行为必将重塑专业权威并带来商业上的回报，而根本上忽略传统媒体更深层的商业层面危机。事实上，传统媒体商业模式的衰落，是促成新闻业危机的重要原因之一（郭全中，2018）；对传媒创新路径的探索，必然要回到对生态性、体系性的商业模式危机的解决，进而实现传媒业的持续发展。

沿着这样的思路，另外一些研究则更加偏重于商业维度的探讨，倡导通过传媒创新（media innovation）推动媒体业转型（Picard, 2000b）。传媒创新这一概念，涵盖了传媒业在新闻生产、流程再造、商业模式变革等诸多层面的尝试，其中不仅包括新的内容和文本生产方式、新的媒体产品或服务（Dogruel, 2014），也包括新的媒体平台的拓展，以及传媒业新的商业模式的开发（Storsul & Krumsvik, 2013）。在其中，一些研究从媒体行业盈利模式转型的角度出发，尝试提供商业视角的解决方案，认为在广告这一传统盈利模式的基础上，媒体机构在转型过程中要尝试采用垂直化、超本地化、新闻聚合等商业模式，加强内容的受众针对性，增强商业潜力（Kaye & Quinn, 2010）；或尝试通过免费内容+增值服务、免费内容+线上社区等较新的内容收费方式，拓展媒体盈利渠道（Swatman et al, 2006）。

在这些讨论中，学者们各自使用了"内容创新""新闻创新""传媒创新"等诸多核心概念。这些核心概念从不同角度为传媒业创新提供了可能的解决方案，但却缺乏明晰的界定，使得各个关键概念的区别未能得到充分厘清，且概念之间存在重合和交叠，这导致了该领域的种种理论困惑和焦点模糊，也凸显了理论整合的必要性。

三、一个整合性的理论框架：持续性传媒创新 VS 颠覆性传媒创新

"持续性创新"和"颠覆性创新"的概念，最早由克里斯坦森提出。该理论认为，面对技术变革，原先处于市场竞争优势地位的建制化大型机构往往在技术创新和商业变革方面缺乏动力，而是一味追求现有产品质量的提高和对高端市场的满足，这类努力可以被称为"持续性创新"（克里斯坦森，2010）。但新的市场颠覆者通过定位于被主流市场忽略的低端客户或需求未被满足的客户，发掘真实的市场需求，并搭建全新的价值网络，往往能逐渐实现对市场份额的占据，甚至是对建制化大企业的颠覆，这也就是常被提及的"颠覆性创新"（克里斯坦森，2010）。

作为特定行业中全新的进入者，颠覆性创新者需要在技术变革的语境下，契合被主流市场所忽略的用户需求、提供有针对性的多元价值主张，改革信息的采集、生产、获取、分享、服务，并设计出与价值主张相匹配的商业模式。在颠覆性商业模式的运作中，现有行业价值网络中的价值链逐渐瓦解，颠覆者逐渐实现价值网络的提升，以及从低端市场向高端市场的上移（克里斯坦森等，2015）。

颠覆性创新的过程，往往会导致市场容量的扩张和市场结构的改变，并导致整个行业竞争规则的改变（田红云，2007）。在传媒行业中，媒介技术的发展为在技术变革和商业创新上较为滞后的传统媒体带来了巨大的挑战，也为新创传媒产品和项目带来新的颠覆性可能。因此，媒体机构需要更加具备受众意识，从急剧变迁的行业结构中寻找新的信息需求和发展机会，并在传统商业模式之

外寻找新的收入来源（Christensen, 2012）。

具体而言，颠覆性创新包括三种形态，即颠覆性技术创新、颠覆性产品创新和颠覆性商业模式创新（Markides, 2006）。其中，前两种形态更关注从技术维度对已有建制化企业的颠覆，而第三种形态则强调从商业和运营的角度实现对已有大企业的颠覆。

如果将颠覆性创新的形态置于熊彼特的经典创新理论脉络中进行考察，我们可以发现，颠覆性创新的诸多形态都在相当程度上契合了熊彼特所提出的创新的基本要求。事实上，熊彼特对创新概念的抽象化辨析，也涉及引进新产品、引入新技术、开辟新市场、控制原材料供应来源，以及探索新的组织方式五个主要层面（熊彼特，1991）。除了强调在产品、技术层面的更迭，颠覆性创新理论还特别强调商业模式层面的转型和创新，而这恰恰是传媒机构目前亟待解决的核心问题之一。也正是由于颠覆性创新的理论潜力和现实适用性，颠覆性创新一直以来被视作"保障机构长期发展的基础性机制"，并在创新研究领域和商业实践中广为采用（Thomond et al., 2003）。

由颠覆性创新理论出发，本章提出了"持续性传媒创新"和"颠覆性传媒创新"这两个概念，试图从更为宏观的视角来理解当下传媒业的创新活动，并整合当下传媒创新领域的研究路径。

在国内传媒业中，尽管技术变革早已推动新闻采集、分发、销售乃至商业模式发生深入改变，各种具备颠覆性精神的传媒创业机构和新创媒介产品正快速崛起；但传统建制化媒体机构依然固守内容生产环节，而在平台分发、盈利来源拓展、用户需求开发等诸多层面都缺乏深度的探索和创新。

下文将从"持续性传媒创新"和"颠覆性传媒创新"这两个概念出发，从而审视现有的理论研究与行业变革。

四、持续性传媒创新

持续性传媒创新，是指传统媒体机构在维持现有的体制结构和运营常规的前提下，从新闻生产的方式、话语、经营管理、组织结构等方面进行的内部调整。

与这一视角相关的传媒业创新研究主要涉及以下几个方面：

第一，技术与内容创新。媒介技术的迅速迭代，构成了对于传统媒体机构现有行业内部结构和新闻生产常规的核心挑战（Küng, 2011）。面对媒介技术的发展，传统媒体机构开始借助技术手段，尝试更为多样化的内容呈现方式和表达方式。从早期对纸质版新闻内容的线上发布（Bocskowski, 2004），到如今基于媒体融合语境下的新闻生产与"两微一端"，各个媒体机构正在积极运用技术手段提升内容质量，并拓展多平台发布的渠道。比如，一些媒体机构尝试运用无人机进行新闻信息的采集和生产（Gynnild, 2014b），或基于海量数据和算法技术设定新闻生产的流程，帮助实现完全自动化的机器人新闻写作（Diakopoulos, 2014），以及在新闻生产中融入虚拟现实（VR）和增强现实（AR）技术的举措，都可以视作在技术层面的持续性创新探索。

第二，经营与管理创新。面对传媒业的危机，媒体机构需要在经营管理和商业运营方面进行创新尝试，以应对危机。研究者们提出的创新举措，包括建立节目生产与广告经营相融合的机制，创新广告销售的方式，探索适合自身的整合营销策略等（喻国明、刘旸，2015）。除了广告以外，发掘包括电视节目版权收费、数据信息服务等在内的其他盈利来源，也是传统媒体增加收入的方式之一（崔保国、何丹嵋，2015）。但这些盈利模式，总体上依然局限在以广告和内容付费为核心的传统盈利来源范畴中，缺乏对于移动互联网语境下更为多元的盈利模式的探索。此外，为了争取更大市场份额和更多市场资源，媒介产业化（黄升民、刘珊，2018）、集成经济（樊拥军、喻国明，2015）等方式，也是传统媒体在经营管理创新方面的尝试。

第三，组织创新。传媒机构的持续性创新，也需要与之相匹配的组织结构和管理层级方面的创新与变革（白红义，2018）。其中，一些大型媒体机构往往通过成立中央厨房、媒立方等基于融媒体的新闻生产与组织方式，促进组织资源的合理配置，也提高机构的生产效率。

事实上，已有的传媒创新研究，大多聚焦于持续性传媒创新之上，认为媒体应当通过新闻创新，以及内容创新等方式，增强新闻生产的质量、表现力和影响力（白红义，2018；李艳红，2017；王辰瑶，2017）；在管理与经营层面的探索，也仍然较为关注广告和内容付费形式的新尝试。但是，传媒创新研究主要聚焦的持续性传媒创新，有两个明显的不足：

首先，持续性传媒创新并不能帮助传统媒体从根本上摆脱困境。目前，传统媒体的持续性创新，依然以追求内容的极致作为目标和使命，并且没有脱离以广告为核心的传统媒体商业模式和运营逻辑，而没有意识到传媒生态的颠覆性变革。事实上，传媒业的边界正在消失，各种新型的内容生产方、内容分发渠道、信息服务平台正在与传统媒体机构一道，共同构成传媒业的重要组成部分（彭兰，2016b）。这些新的颠覆性产品的出现，正在建构一种全新的传媒生态，提供了新的价值主张，催生了大量的新市场，也培育了新的商业模式。因此，只有将内容与应用、服务、商务、社交充分结合的颠覆性媒介产品（喻国明，2015b），才具备推动媒体行业持续发展的潜力。

其次，强调持续性创新的理论视角，往往偏重于传统媒体机构的创新，而甚少关注这些机构正如何被逐步侵蚀，更没有把视角拓展到新的创业公司的创新流程以及其颠覆性创新的潜力上。但正如研究者所指出的，新闻业最令人激动的创新活动恰恰发生在新闻机构之外（Bocskowski, 2004）。正是因此，一些学者提倡应该超越新闻业的范畴来探讨和研究传媒的未来（Deuze & Witschge, 2018）。

然而，提倡通过持续性创新挽救传媒业危机的观点，依然是学术观点的主流。这主要可能是出于两个原因：

第一，持续性创新的理论视角，往往强调提高新闻生产的质量、坚守新闻作品的高品质，因而更符合传统的新闻业立场，也得到更多学者的认同。而颠覆性创新，由于强调以商业模式创新为核心的用户需求满足、价值链重塑和盈利来源开掘，具备鲜明的商业主义色彩，因而也遭到批评。从商业的角度对传媒业转型提出的思考，被认为造成了对新闻专业理念的挑战，并使得新闻业的公共性被去合法化和边缘化（李艳红、陈鹏，2016）。

第二，从传媒人的角度而言，以维持内容生产质量为核心的持续性创新显然更容易接纳。媒体机构在长期运作中生成的工作规则和内部分工会因创新活动的实施而受到改变，因此会引发媒体机构内部各个部门的抗拒（Pardo del Val & Martínez Fuentes, 2003）。此外，参与新闻实践活动的媒体工作者自身原先的职业习惯、已有观念，以及对于自身自主性、专业性和职业名望的维护和由此产生的优越感（王维佳，2016），都会导致新闻从业者对创新活动的排斥（Paulussen, Geens & Vandenbrande, 2011）。也是因此，传媒人对于颠覆性创新的抗拒，也要明显大于对于持续性创新的抵触。不仅如此，在机构运作上，颠覆性创新的引入，也更可能对于现有的传媒观念产生巨大的冲击。

五、颠覆性传媒创新

颠覆性传媒创新，是以商业模式重塑为核心，对传媒机构的目标市场、价值链条、生产流程和盈利模式等层面进行全方位的创新与变革。这类颠覆性创新项目，往往围绕媒体业务创建了新的生态系统，或者降低了媒体业务在公司营收方面的作用，而只是将其作为引流与建立公信力的方式，并以完全不同的方式实现了传媒业的连接、服务与盈利。与这一视角相关的传媒业创新研究主要涉及以下几个方面：

第一，产品创新。在传媒业的持续性创新活动中，媒体机构的核心还是延续原先的运营流程和商业模式，但在颠覆性创新活动中，媒体机构更多借助媒介技术开发出颠覆性的媒介产品，即通过开发能满足用户或市场需求的新的产品或服务，实现产品创新（product innovation）（Damanpour, 1991）。这些产品正在通过提供全新的价值主张、开拓全新的细分用户群体、开发全新商业模式的方式，营造全新的传媒生态，并对传统媒体的用户规模、市场份额形成颠覆。正如彭兰（2018）所说，移动化、社交化、智能化是传统媒体转型的三大路径，传统媒体必须借此实现产品化的思维、用户角色升级与内容生产革命。

比如，在传统媒体的阵营中，上海报业集团旗下的新媒体改革产品"澎湃新闻"和"界面新闻"，以及南方报业传媒集团推出的"并读新闻"，就属于此类创新。而在由市场化主体新创的信息资讯类产品中，以今日头条为代表的高匹配、个性化新闻资讯产品，正在凭借其对于用户信息需求的精准化满足，实现对于以传统媒体和网站为代表的传统资讯提供方的颠覆。在西方媒体中，以Buzzfeed为代表的媒介产品借助内容分发的渠道创新和新闻观念的创新，也被认为呈现出了一定的颠覆性特质（王辰瑶、范英杰，2016）。

第二，市场定位创新。在颠覆性创新理论中，克里斯坦森、雷纳（2010）提出了"低端市场颠覆性策略"和"新市场颠覆性策略"两种创新路径。在传媒创新领域，这两种颠覆性创新路径都与定位创新（position innovation）相关，强调传媒创新的主体通过对其目标受众和目标市场的调整，实现品牌、产品或服务的重新定位（Francis & Bessant, 2005）。

其中，低端市场颠覆性创新定位于主流市场中的低端用户（克里斯坦森、雷纳，2010）。比如一些传媒产品通过实行超本地化策略，充分开发本地新闻用户的信息需求，为他们提供当地新闻资讯和相关信息服务。

而新市场颠覆性创新则定位于零消费市场，这部分市场中的用户此前并没有符合其需求的相关产品或服务（克里斯坦森、雷纳，2010）。针对零消费市场，一些媒体产品正在通过定位于细分的用户群体（如针对财经新闻记者的"蓝鲸财经记者工作平台"、针对餐饮业从业者的"餐饮老板内参"等）或特定细分领域（如知识付费产品"得到"和"知乎"等）的方式，开发重度垂直的产品或服务。独特的市场定位内容帮助这些媒介产品获得相对稳定的受众群体和高频次的用户使用，并逐渐蚕食原先属于传统建制化媒体的主流用户群体，进而获得持续发展和后续盈利的可能性。

第三，运营流程再造。传媒机构在流程方面的颠覆性创新，涉及特定媒介产品或服务对于传统新闻生产、整合、分发、消费的全过程，且与价值链的重塑密切相关（Bleyen et al., 2014）。正如克里斯坦森（2010）在颠覆性创新理论中所言，颠覆性创新者需要搭建新的价值网络（value network），即搭建包括供应商、合作伙伴和用户在内的网络体系，并基于此重构成本结构和运营流程。

喻国明（2015b）提出，未来新闻业态转型的理想状态，是将新闻生产与应用、服务、商务、社交充分结合，连接内容与服务，实现传媒业的颠覆性创新。事实上，一些传统媒体机构主动朝本地服务、电子政务和智慧城市等方向发展（彭兰，2018），就体现了这样的颠覆性创新的态势。而新兴的传媒创业机构对于运营流程的再造，则集中体现在平台化战略的实施上。一些传媒创业机构借助平台化战略，将平台各方用户连接起来，通过为各方提供信息匹配并促进各方互动来创造价值。从这个意义上而言，这些传媒产品已经超越了仅仅停留于新闻生产环节的传统新闻机构，而是通过打通信息生产到消费的各个环节，建立全新的价值网络。

第四，盈利模式创新。盈利模式创新是传媒业颠覆性创新的重要维度之一。如今，持续寻找适合当下媒体生态的持续性盈利模式，成为传媒创新活动在相当长一段时间内的方向（Carlson & Usher, 2016）。

对传统新闻机构而言，众筹、交叉补贴作为新的资金渠道，可能为媒体机构提供额外的盈利来源（Bleyen et al., 2014），或者通过整合上下游资源，与游戏等盈利能力更强的产业相结合（崔保国，2014）。此外，一些传统媒体通过内部创业小组、孵化器或投资基金的方式，鼓励媒体人进行内部创新创业。比如，浙报传媒集团投入 20 亿元人民币成立孵化项目"传媒梦工厂"，遴选一批新媒体创业项目并为其提供资金支持，试图通过这样的方式推动整个集团的新媒体转型（高逸平，2011）。新兴传媒创业机构则充分超越了传统媒体机构以广告和内容付费为核心的盈利模式，并探索更为多样化的盈利来源和商业模式，如聚焦于细分用户群体的垂直化模式和超本地化模式（Kaye & Quinn, 2010）、经由优质内容生产和社群运营实现变现和盈利的社群经济模式（曾繁旭、王宇琦，2016）等。这些具有颠覆性的盈利模式的出现，意味着媒体机构需要超越传统媒体已有的生产规制和运作常规，转而从产品开发、市场定位、运营流程等各个层面进行全方位的颠覆性创新，才有可能实现更为多样化的盈利。

总体上，这一路径的研究由于从更宽泛的商业、运营、产品等层面进行传媒创新机制的设计，因而在理论概念上也采用了内涵更具包容性的"传媒创新"作为研究的核心概念。而在研究路径上，与持续性创新研究不同的是，这部分研究也采用了非常明显的商业路径，运用传媒经济、竞争战略、商业模式等概念，为传媒业增加用户规模、提升价值网络，以及拓展商业潜力提供可能的思路。

然而，与持续性创新研究的主导性地位不同，采用颠覆性创新视角的理论探索，在传媒创新这一学术领域当中还处在起步阶段。此外，这些研究中，虽然有部分借鉴了颠覆性创新的理论视角，但是并未展开其理论脉络，并运用该理论框架从产品、运营、商业模式等角度系统而全面地考察传媒业创新，尤其未能细致展现"持续性创新""颠覆性创新"与传媒创新研究之间的理论勾连及其在整个传媒创新理论框架中的逻辑关系。

六、范式转换：从持续性创新到颠覆性创新

由于传媒业的"断崖式下滑"，传媒创新作为一个研究领域逐渐得到关注。然而，该领域存在着多种概念的混用以及研究路径的分歧，正是因此，本章对于新闻创新、内容创新、传媒创新等核心概念进行了辨识，进而梳理其背后的理论路径。在此基础上，本章运用颠覆性创新理论作为一个整合性的框架，将现有的研究归纳为"持续性传媒创新""颠覆性传媒创新"两个阵营。这一整合性框架有助于我们理解传媒创新研究内部的理论张力和关联，也能够提升对于传媒行业各种创新性实践的认知。

从本质上看，以专业精神和新闻品质为内核的媒体持续性创新，更多的还是从内容生产者出发，而不是从用户与市场尤其是商业模式出发。因此，学术界和传媒业界对于持续性创新的高调呼吁，呈现出了强烈的新闻理想主义的色彩和使命感。但事实上，新闻业对于行业变革，特别是商业模式和运营流程上的变革，一直都呈现出较为迟钝的状态。媒体从业者往往倾向于进行内容生产上的创新或冒险，却不愿重视受众的消费习惯，更不愿意在商业模式有所变革和突破；但恰恰是媒体自身的商业危机，已经限制了新闻内容生产的质量和数量，并成为传媒业危机的核心症结所在（钟布，2017）。

我们认为，中国语境下的传媒创新与传媒业变革，需要从持续性创新转向颠覆性创新；而在研究上，也应该引入颠覆性创新的理论范式。颠覆性创新的理论路径，更多的是从商业的视角切入，并特别强调新的媒介形态对于传统媒体业的根本性颠覆，以及如何在商业上理解这种颠覆的本质。借助这一理论视角，我们希望寻求专业主义和商业主义两者之间的平衡，在保证内容生产质量的同时，更加积极地进行商业模式的开发，为媒体机构注入更多活力和从容应对变革的力量。

当然，本章尽管凸显了颠覆性创新的范式，但传统新闻业的公共价值和社会责任无论如何强调都不为过。这一价值，在所谓的"后真相时代"变得越发重要（d'Ancona，2017）。然而，在当下传媒业变革的语境中，媒体机构应该在

社会责任的大框架之下积极探索新的商业模式，由此才能应对危机，并获得持续发展。事实上，多家以内容品质著称的传统媒体机构，也同样面临商业上的困窘。这说明，一味地彰显专业理念，某种程度上容易忽视危机的本质。

值得注意的是，通过商业模式的创新，新的媒体行业形态正在形成，它将为公众提供新的社会价值和用户价值，并形成新的定价方式、工作流程与盈利模式。正如彭兰（2016b）所说，"我们也许可以期待，一种重新定义的'媒体'，一种全新的格局，以及更多元的生产力量，可以推动公共信息生产水准的提升，推动社会的更好发展。"

第三章　传媒创业研究的理论脉络与中国议题 [1]

基于移动互联网的新兴传媒形态，不但对于传统媒体业形成深刻的挑战，同时也开放了巨大的创新与创业机遇。传媒创业因而成为学术界乃至传媒业发展的关键词。本章对"传媒创业"这一核心概念进行了界定，并在梳理国内外相关研究的基础上，尝试提出中国传媒创业研究的核心议题。如何在充分引介西方相关理论的同时，贴近当下的实践现状，从而勾勒中国图景及其逻辑关系，是本土化传媒创业研究的巨大挑战。

一、传媒创业研究的兴起

2015 年，李克强总理提出要通过"大众创业、万众创新"，推动中国经济继续前行。在传媒行业，基于微博、微信等公众平台，大量创业者开始涌现。2015 年 11 月，在微信平台上，公众号数量突破 1000 万，并正以每天 1.5 万的速度增加；在微博平台上，内容作者平均每天发布文章超过 10 万篇，累计获得的收入超过 2 亿元人民币（2015 年 1—11 月）。[2] 2017 年，与短视频相关的优质内容或社交分享工具成为新的创业风口，多个短视频类传媒创业机构获得千万

1　本章初稿发表于《新闻记者》2019 年第 2 期，曾繁旭为第一作者，王宇琦为第二作者。本章在内容上进行了调整与增补。

2　清博大数据：《清华沈阳教授团队开年大作：自媒体发展报告》，2016-01-27[2016-03-30]，http://xmtzs.baijia.baidu.com/article/309823。

级甚至上亿级融资。[1]与此同时，不少传统媒体从业者正加入到传媒创业的大潮中，特别是在自媒体创业领域，媒体人依托原有的媒体从业经验，关注优质内容生产、聚合与分发，在自己擅长的领域进行垂直创业。[2]

在国外，传媒创业的理论视角，已经被引入对于当下急剧变革的传媒业的研究中。"创业新闻"（entrepreneurial journalism）与"传媒创业"（media entrepreneurship）正在成为学术界的关键词。除了有多家国外高校陆续开设传媒创业的课程、学位项目或是研究中心以外，传媒创业也日益成为西方学术界的研究热点。学术期刊《新闻实践》（*Journalism Practice*）于 2016 年出版名为"创业新闻"（Entrepreneurial Journalism）的专刊[3]，专题讨论传统媒体内部创新、传媒创业，以及传媒创业教育等话题。根据 EBSCO 大众传媒全文数据库（CMCC）的检索，这一领域的研究文献正处于井喷的状态之中。

但在国内学者对于传媒业变革的研究中，传媒创业研究并未得到足够的重视。这一方面是由于传媒从业者和研究者对于优质内容的追求和对于新闻专业主义的坚守（王维佳，2016），以及新闻业在某种程度上对于商业主义的排斥（钟布，2017），将研究者限制于新闻中心主义的分析框架中，认为通过媒体机构的自我调适和内部创新，便能帮助媒体机构安然度过危机，而不必观察全新的传媒创业现象。另一方面，传媒创业研究的跨学科特征也为研究者带来了一定的研究难度，它需要研究者灵活运用创业理论、传媒经济、品牌管理、市场营销等相关学科领域的理论，从而对传媒创业现象进行观照和反思。更为重要的是，从行业实践的角度而言，中国语境下的传媒创业现象兴起于移动互联网迅速发展之后，这意味着该现象作为一个新兴的业界实践形态，尚未得到学者们足够的关注。

值得注意的是，传媒创业（media entrepreneurship）研究与传媒创新（media innovation）研究虽然存在共通之处，但其观察对象与理论视角又有明显的差别。事实上，针对传统媒体业在用户规模、广告收入、市场份额等方面面临的危机，传媒创业的视角，提供了与经典的传媒创新研究截然不同的研究思路和解决方案。经典的传媒创新研究，其观察视角较多聚焦于传统媒体机构之上，往往认

1　凤凰文创洞察：《深度报告 |〈2017 中国自媒体全视角趋势报告〉发布，关注内容创业的趋势、资本和平台风向》，搜狐网，2017-06-19，http://www.sohu.com/a/150159355_697770。

2　《【"媒体人 +" 50 人论坛】中国首个媒体人创业价值榜发布》，微信公众号"南友圈"，2016-01-24。

3　参见 http://www.tandfonline.com/toc/rjop20/10/2。

为媒体应当通过提升内容质量、运用先进传播技术，或基于广告这一核心收入来源进行盈利模式拓展和经营管理创新等方式，进行新闻生产内容、流程和商业模式的创新，以应对危机（王辰瑶，2017；白红义，2018；喻国明、刘旸，2015）。但是，由于产权体制、媒体属性、政治使命、技术禀赋乃至传媒观念等因素的框限，传统媒体机构在创新活动尤其是商业模式的突破上必然会受到诸多的制约。仅仅依靠传媒创新的理论路径，已经难以帮助传统媒体业摆脱困境。而传媒创业的研究视角，更加强调商业模式、流程重塑和产品开发等层面的颠覆性创新，而且将研究视野从传统媒体机构拓展到了更宽泛的媒体创业现象，将有助于我们理解处于迅速变迁中的新闻业，特别是如今浸润于创业文化和氛围中的新闻业。正如学者们所说，新闻业的未来，某种意义上应该到新闻业之外去寻求答案（Deuze & Witschge, 2018）。也是因此，本章将聚焦于"传媒创业"这一核心概念。

二、传媒创业：概念界定与实践形态

长期以来，"传媒创业"这一核心概念都缺乏明晰的界定（Vos & Singer, 2016），尽管研究者们尝试从不同的面向对该概念进行了阐释。

霍格（Hoag, 2008）从创业内容的面向切入，认为传媒创业是指"小型企业或者机构的创立，其创业活动为媒介市场增加至少一种独立的声音或创新可能"。这一定义凸显了传媒创业在价值理念上的独特之处，得到后续相关研究较多的引用，但其不足之处在于：第一，一些不带有明显创业色彩的传媒活动（比如开设博客）没有被排除出该定义之外；第二，该定义强调了媒介内容与理念面向，但没有将传媒创业过程中的其他重要方面（如商业模式创新）囊括进来（Achtenhagen, 2008）。

与此不同，卡西罗-利波雷等（Casero-Ripollés et al., 2016）的定义，则更为凸显创业者的面向："传媒从业者们独立创造用以生产信息内容的媒介渠道，并在他们创办的商业中扮演创业者、拥有者和决策者的角色。"这一定义，容易让我们联想到"媒体人"参与创业这一特殊现象，有其偏狭之处。

　　还有一些定义，聚焦于创业过程这一重要面向，强调了诸如机会识别、新企业的创建，以及在现有企业内部进行战略性创新等重要创业环节（Hang & Van Weezel, 2007）。

　　相较而言，阿奇滕哈根（Achtenhagen，2008）所提出的定义更为宏观，也更有包容性。她将创业内容与理念、创业过程和创业结果等不同面向都纳入定义之中，强调传媒创业是一种"旨在生产媒介产品或提供媒介服务的新企业的创办过程，包括构思最初想法、谋求发展到产生盈利或非盈利后果"。这一定义的不足之处在于未能充分彰显"商业模式创新"这一核心内涵。

　　如果将以上定义所强调的不同面向用图表展示，大约如图3.1所示。在本章的第五节，我们将针对"传媒创业"定义的四个基本面向，提出传媒创业本土研究的若干核心命题。

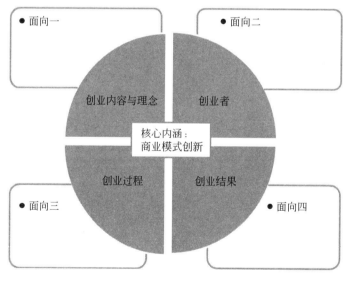

图 3.1　传媒创业定义的不同面向

　　基于既有研究成果，结合中国语境下的业界实践，我们将"传媒创业"定义为：创立旨在生产媒介产品或基于媒介信息而提供相关服务的新型信息生产企业，并致力于商业模式创新与可持续发展。[1]具体而言，其形态不仅包括新闻

1　在对"传媒创业"进行界定的过程中，我们参考了以下文献：Achtenhagen, 2008; Bruno & Nielsen, 2012; Wagemans et al., 2016; Casero-Ripollés et al., 2016。

类领域，也涵盖其他领域的内容创业以及更宽泛意义上以内容生产为基础的媒体创业模式。

需要说明的是，本章之所以选择从一个更为宽泛的层面界定"传媒创业"这一概念，是由于在新媒体时代，传媒的定义逐渐扩大，信息生产的形式也更为多元。如今，传媒业的边界正在变得模糊（彭兰，2016b），所有试图改变信息不对称、完成信息供需匹配的渠道，都可以在一定程度上纳入媒体的范畴（魏武挥，2015b）。曾经由传统媒体所垄断的公共信息生产领域，开始受到以自媒体为代表的各种信息传播力量的介入（彭兰，2016b）。

在行业实践当中，与传媒领域相关的创业现象，呈现出非常丰富的形态。总体而言，传媒创业主要囊括了以下四种类型：

第一，传统媒体内部创业（media intrapreneurship）。面对受众流失和收入下滑的困境，传统媒体开始通过体制创新和内部创业的方式寻求转型。其中最为典型的包括浙报集团 2011 年成立的创业项目孵化基地"传媒梦工厂"。依托于该孵化基地，浙报集团通过对其中发展前景较好的创业项目进行投资，间接实现媒体转型（郭全中，2013）。此外，上海报业集团旗下的"澎湃新闻"和"界面"也是重要案例。

第二，新闻创业。通过新型的方式进行新闻类信息的生产、聚合或传播，是不少新兴传媒创业机构的方向。这类传媒创业机构的业务与传统新闻业密切相关，对传统新闻业构成了直接的挑战。不少相关研究都聚焦于此类现象（Briggs，2011）。

第三，内容创业。这类传媒创业机构不局限于新闻领域，而是通过生产各类高质量的原创内容吸引受众，进而经由内容收费、广告，或社群经济、媒体电商等方式完成变现。其中，内容创业的形式，既包括依托于微博、微信、今日头条等平台运营的大量自媒体公众号，又包括视频直播、游戏、电影原创 IP 等。如今，媒体创业最为大众与行业所接受的内涵就是内容创业，这也是资本进入较多的领域。[1]

第四，内容+服务创业。这部分创业活动往往不以生产内容为直接目的，

1　参见新榜发布的《2015 年内容创业白皮书》，http://www.managershare.com/post/233622[2016-04-15]。

而是以内容生产为基础，叠加与内容提供相关联的优质产品和增值服务，以此开拓盈利来源，并增加商业模式的复杂性和灵活性，乃至形成独立的商业生态系统。比如，以财经内容提供和投资者服务为核心业务的"雪球财经"、以创业内容提供和创业者服务为核心业务的36氪等。当然，内容应该是该商业模式的基础性功能，它与服务相辅相成，而不是其派生性功能，比如小米、华为等硬件公司也介入内容生产，但它们显然不属于传媒创业公司。

这些形态所对应的内涵逐渐扩大，其商业模式也渐趋复杂，如图3.2所示：

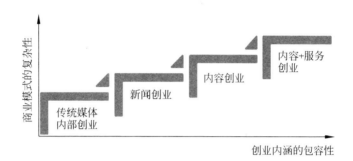

图 3.2　传媒创业活动的呈现形态

正是基于以上原因，本书对于"传媒创业"采用宽泛的定义，希望能够尽可能地涵盖多种不同的传媒创业形态，更好地呼应业界实践的语境。

与商业领域的创业活动相比，传媒创业的特殊性体现在，它是一种整合商业利益和社会价值创造的行为（Mair & Marti, 2006；张煜麟，2014）。对于传媒创业者来说，他们面临的主要挑战就在于如何保持传媒企业自身的经济利益和新闻业应该提供的公共服务这两者之间的平衡（Wagemans, Witschge & Deuze, 2016），这一定程度上触及了新闻业的伦理核心（Porlezza & Splendore, 2016），并增加了传媒创业活动的复杂性。但在传媒创业的形式逐渐多元的语境下，这一伦理核心渐趋松动，其对于行业产生的影响值得细致观察。

在沙恩与文塔卡拉曼（Shane & Venkataraman，2000）看来，对于一个有价值的社会科学研究领域而言，它必须要包含一个概念框架，来解释并预测一系列的经验现象，而这些现象是无法被其他研究领域已经存在的概念框架所解释或预测的。基于此，作为一个相对独立的学术领域，传媒创业研究的理想目标，在于在一般性的创业理论与媒介产业和传媒机构的特殊性之间建立一座桥

梁（Achtenhagen, 2008），并提供能解释现有传媒创业现象的概念性研究框架，
而这仍是现有研究所缺乏的（Shane & Venkataraman, 2000）。

三、国外研究的主要路径及其不足

为了了解国外主流学术界中传媒创业研究的概况，我们在 EBSCO 大众传
媒全文数据库（CMCC）以 "entrepren* & media" "entrepren* & journalism"
"entrepren* & journalist" "media & startup" 为关键词进行了文献检索（使用
entrepren* 为关键词，包含了 entrepreneurship，entrepreneurial，entrepreneur 等
词汇），检索时间段为 1970—2017 年。除了 CMCC 数据库以外，我们还借助
Google Scholar 检索平台对样本进行了增补，以防遗漏。检索结果见图 3.3。

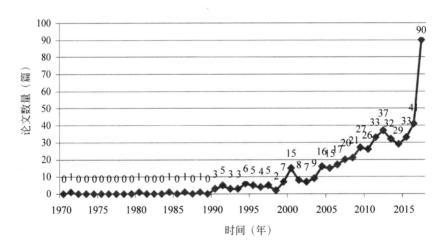

图 3.3　EBSCO-CMCC 数据库中以传媒创业为主题的论文数量（1970—2017）

正如图 3.3 所示，关于传媒创业的国外早期研究较少，近年来则快速增长：
2000 年该领域发表的论文为 15 篇，2010 年 26 篇，2015 年 33 篇，2017 年则为
90 篇。

相关研究大多从媒介产业的视角，分析传媒领域的商业现象和创业行为。
其中包括彼得森与伯杰（Peterson & Berger，1971）对于在线音乐行业的创业行
为研究、里斯与斯坦顿（Reese & Stanton，1980）关于小型广播站的用户获取研究、

吉利欧（Ghiglione，1984）对于美国 10 家社区报纸并购案例的分析等。

　　由于创业研究与社会新兴趋势紧密相连（Timmons & Spinelli, 1990），所以，包括传媒创业研究在内的各种新兴创业形态的相关研究直到 21 世纪初才随着互联网技术的发展而逐渐引发研究者的关注（Alvord, Brown & Letts, 2004）。从 2001 年起，国外学术界关于传媒创业研究的数量开始呈现出明显的上升趋势。其中，代表性的著作包括布里格斯（Briggs，2011）的《创业新闻：如何建立未来的新闻》（*Entrepreneurial Journalism: How to Build What's Next for News*）一书，该书从商业模式、盈利空间、内容生产、平台选择等多个实践角度探讨了传媒创业的话题。

　　奥德斯等（Audretsch, Grilo & Thurik，2007）认为，对于已有创业研究的分析，可以借助"微观—产业（中观）—宏观"的三层分析框架加以探讨。其中，微观层面的研究涉及对单个创业项目的特征、运营和战略分析，中观层面涉及创业项目所在产业的分析，而宏观层面涉及创业项目与宏观政策和国家管制的关联和互动。霍格（Hoag，2008）认为，该理论框架对于传媒创业领域也同样适用。

　　因此，本章借用奥德斯等（Audretsch, Grilo & Thurik, 2007）的三层分析框架，对已有传媒创业研究进行分析。总体而言，目前西方传媒创业研究的主要内容可以归纳为以下几种：

　　首先，微观层面的传媒创业研究，成为西方传媒创业研究的主流。这些研究大多通过个案分析，从商业模式、策略制定等诸多核心环节出发，试图为传媒创业机构提供具体运作层面的指导。比如，相当多的传媒创业研究聚焦于传媒创业机构带来的全新商业模式，指出在新的媒体环境下，传媒业以交叉补贴（如广告、外部资助等）为主要形式的传统商业模式正面临巨大挑战（Wagemans et al., 2016），而传媒创业机构中出现的商业模式，如针对细分受众的超本地化商业模式、聚焦特定细分内容市场的利基内容模式（Kaye & Quinn, 2010），以及众筹等（Porlezza & Splendore, 2016），正在为媒体业的多元盈利模式开掘提供新的可能。此外，一些研究也关注传媒创业过程中产品、营销、公关等具体环节的策略制定，借助反复实验、快速迭代的方式设计"最小化可行产品"的产品策略（莱斯，2012），以及以创造高质量内容、搭建内容分享平台为特征的内容营销策略等（Rose & Pulizzi, 2011），都被后续传媒创业相关研究提及。

其次，从中观层面展开的传媒创业研究，大多聚焦于整个传媒行业变革和传媒产业结构变迁。其中，一些研究探讨产业变迁为传媒创业带来的发展机会，并将传媒创业机构的运作置于整个传媒产业的运作中。在媒介产业中，规模经济、巨大的成本和制度性的管制等因素，为新的进入者构成了壁垒（Hass, 2015）。互联网技术的发展在一定程度上降低了媒体行业的进入壁垒，为传媒创业带来了新的机会（Compaine & Hoag, 2012），并使得传统媒体由于无法自我调适，而在新的产业变迁环境中面临更大的发展困境（尼等，2013）。对于传媒创业者而言，传媒创业与新的市场机会的识别与使用紧密相连（Casero-Ripollés et al., 2016；Shane & Venkataraman, 2000），成功的传媒创业活动在一定程度上意味着发现了现有媒体行业中新的商业机会和利基市场（Mellor, 2009）。此外，也有相关研究以传媒创业活动中的创业者群体为研究对象，探讨传媒创业者的创业动因（Shane et al., 2003）、传媒创业者进入传媒产业的壁垒与机会（Compaine & Hoag, 2012）、传媒创业者的资源获取等（Naldi & Picard, 2012）。此外，基于传媒创业活动的特殊性，也有研究突出了传媒创业者肩负社会使命的特点，认为社会使命将会影响创业者对于机会的感知、使用，以及对于盈利方式的选择（Achtenhagen, 2008）。

最后，从宏观层面出发的研究取向，一直以来很少为西方研究所采用（Hoag, 2008），鲜有研究将传媒创业现象与更宏观的制度和政策问题相结合。

总体而言，这些研究大多从西方语境出发，立足于以美洲、欧洲等地区为主要背景的传媒实践和产业发展现状，相对而言与中国现实有较大的区隔。此外，西方传媒创业的研究也呈现出一些不足之处，主要体现在：

一方面，作为一个相对独立的研究领域，传媒创业研究尚未形成比较成熟的理论体系。从已有文献来看，这些研究仍处于起步阶段，导论性质较为明显，专题化的精深研究相对缺乏。即使是专门探讨传媒创业现象的著作，[1] 也大多参照西方创业理论的相关概念，从具体操作层面对传媒创业活动的关键步骤和主要环节进行剖析，试图为传媒创业者的创业实践提供指南，但缺乏抽象化的理

1　比如 Briggs, 2011。

论建构；另外一些专题论文，虽然通过引介传媒经济、市场营销、产业分析等领域的相关理论，对传媒创业的具体问题进行探讨，但这些研究总体而言依然比较松散，没有形成该领域的关注焦点和文献脉络。

另一方面，相关研究缺乏对于传媒创业核心概念的清晰界定，导致研究焦点的模糊。相关研究各自使用传媒创业（media entrepreneurship）、创业新闻（entrepreneurial journalism）、传媒创新等不同的核心概念，这些概念之间的区别尚未能得到充分的厘清。

四、国内研究的主要路径及其不足

在国内，由于传媒创业的研究刚刚起步，因此我们对 2000—2017 年国内相关领域的研究情况进行了检索。在中国知网上以"传媒＆创业""媒体＆创业"为检索主题词（"新闻创业"与"内容创业"的相关论文，都涉及"传媒"与"媒体"等关键词，所以也包含在检索结果之中），排除无关结果后，共获得相关研究 130 篇。检索结果如图 3.4 所示。

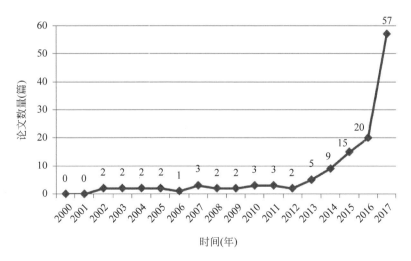

图 3.4　中国知网上以传媒创业为主题的论文数量（2000—2017）

我们发现，国内以传媒创业为主题的研究，一直以来都比较少，即使在

2010 年，该领域发表的论文也仅为 3 篇。从 2014 年起，受到国外学术界相关研究的启发，加之国内传媒创业浪潮的兴起，该领域的研究数量开始呈现较大幅度的上升趋势，2015 年为 15 篇，2017 年为 57 篇。

总体而言，国内已有的对于传媒创业的研究大多集中于微观（初创企业的视角）和中观（媒介产业的视角）这两个层面。

从微观层面出发的研究，往往通过对传媒创业机构的个案描摹，引介当下传媒创业领域的新尝试，分析传媒创业机构的运营、管理与盈利（魏武挥，2014; 2016a），以及传媒创业过程中的机会识别等具体运作问题（曾繁旭、王宇琦，2017）。

从中观层面出发的研究，则聚焦于传媒产业的视角，探讨在新的媒体环境下，媒体业如何才能吸引受众、增加盈利。这些研究在相当程度上延续了传统的传媒经济学的理论架构。比如，朱松林（2014）通过考察传统媒体数字化转型过程中以防御型创业策略为主的内部创业行为，认为传统媒体内部创业主要包括一体化、二元制、分化基础上的内部整合以及外部合作四种创业组织模式。基于移动互联网对传统媒体广告收入和用户规模的冲击，一些学者建议传统媒体通过产业化转型（黄升民、周滢，2014）、创新商业模式等方式（喻国明、焦建、张鑫，2015），推动媒体行业收入多元化和规模发展。此外，也有研究通过对传媒行业变迁和传媒从业者职业转型的分析，将对传媒创业者，特别是媒体从业者离职创业现象的分析置于研究的核心。这些研究通过对于媒体从业者的离职宣言以及媒体人创业现象的分析，探讨传媒创业者的身份认同、职业选择、创业策略，并借此关注媒体工作者从普通从业者向创业者的身份转变，以及媒体业的转型和出路（张煜麟，2014；陈楚洁，2018；陈敏、张晓纯，2016）。与此相关，也有研究者指出了传媒行业变革与传媒创业现象发展背后新闻教育的转型问题，强调应当借鉴西方新闻院校与传媒创业相关的课程和学位项目，推进国内的传媒创业教育（戴佳、史安斌，2014；王斌、戴梦瑜，2017）。

传媒创业研究的宏观视角，往往关注影响传媒创业行为的外部影响因素，如国家管控、经济政策等（Audretsch et al., 2007）。在国内，还较少有研究采用这一视角。

目前，国内传媒创业领域的研究还存在一些不足。第一，大多停留在对传媒创业的个案或现象层面的描述，较少充分援引国外相关研究的理论资源，或运用相关的经典概念对现象进行抽象化和理论化处理。第二，研究较少涉及传媒创业的重要面向与核心问题（如创业家的资源与话语、创业过程中的机会识别和商业模式创新、竞争策略、盈利来源、社会使命等）。此外，西方传媒创业研究中的概念界定不清晰、缺乏实证研究等问题，在国内的相关研究中也很明显。

五、传媒创业研究的中国议题

基于"传媒创业"这一定义的四个基本面向，结合国内外传媒创业研究和中国语境下的传媒实践，我们认为，传媒创业的本土研究可以从以下几个核心议题入手：

（一）传媒创业的内容与理念面向：主要形态与理念挑战

在西方研究中，学者们普遍强调了技术发展对于传媒行业的影响，新媒体语境下的传媒变革和媒体创业始终被置于注意力的中心（Achtenhagen, 2008）。在全新的媒体环境下，传统媒体时代以广告和内容订阅为主的商业模式，其盈利的可能性正在逐渐被压缩（Mings & White, 2000）。此外，新媒体和信息技术的使用，正在深刻地影响新闻内容、新闻业理念以及受众的新闻体验，甚至可能导致"新闻业危机"或引发"新闻范式"转换，技术发展语境下的传媒变革因而成为一个亟须系统研究的重大课题（潘忠党，2016）。

在中国的语境下，有学者认为，需要在规范层面上展开对新闻创新和传媒变革的探讨，反思中国传媒行业到底需要什么性质和形态的创新性，应采用什么标准来筛选和采用新观念和新实践（王辰瑶，2016）；而更为重要的是：由技术变革所驱动的传媒创业活动，主要包括哪些形态，这与西方传媒创业实践有何不同，哪些传媒创业路径更适合当下中国传媒行业发展的语境。

进一步而言，传媒创业机构，对于媒体业原有的实践范式与行业理念带来了哪些冲击，事实上，以人工智能和算法等技术元素为内核的传媒创业机构，正在深刻改变新闻生产、分发和消费的机制，并为传媒业带来了全新的行业理念（方师师，2016；陈昌凤、霍婕，2018）。而且，在以新闻内容生产与分发为主营业务的创业机构之外，那些更为宽泛的内容创业机构和内容＋服务创业机构，又如何拓展乃至模糊了传媒业的边界？

（二）传媒创业的过程面向：关键步骤与策略

在行业急剧变动的语境之下，中国传媒创业者如何进行创业关键步骤的设计？具体而言，传媒创业者应当如何在对于传媒产业分析的基础上，识别新的创业机会？面对传媒行业日益激烈的竞争环境，他们又该如何制定相应的竞争策略加以应对？而对于创业发展过程中至关重要的融资问题，哪类传媒创业机构更容易获得风险资本的青睐？对这些问题进行系统回答，将有助于厘清中国语境下传媒创业机构的发展过程和关键步骤，并对传媒创业实践提供可能的理论指导。

（三）传媒创业者面向：更替、资源与话语

传统新闻机构中的新闻从业者向媒体创业者的身份转变，已然成为传媒业界新的发展趋势和迫切需要探讨的问题（张煜麟，2014）。在当下中国，不少传统媒体从业者开始以离职创业的方式寻求转型（陈敏、张晓纯，2016），试图在变迁的媒体结构中重新寻找文化价值追求与制度化手段之间的平衡点（丁方舟，2016）。

围绕中国的传媒创业者，可以探讨的核心问题包括：如何定义传媒领域的创业者？传媒创业者具有哪些特点（陈敏、张晓纯，2016；陈楚洁，2018）？与其他传媒创业者相比，传统媒体人在转型创业的过程中拥有哪些先天的资源优势，又会遇到哪些限制？传统媒体人能否借助新媒体平台上的创业活动，实现在传统媒体上未能实现的文化目标（丁方舟，2016）？除了离职创业的传统媒体人，还有哪些传媒创业者正在涌现？后者与前者相比，有何主要的不同，又面临着怎样的挑战？不同的传媒创业者所使用的话语有何特征？如何定义自己的使命与资源？

（四）传媒创业的结果面向：商业模式、盈利来源及社会使命

创业过程中的行为模式（包括商业模式、盈利来源、产品设计等）及其可持续发展，被西方学者界定为创业研究的重要问题（Per Davidsson, 2003）。但是，目前国内学者的相关研究，往往局限于对媒体创业活动的现象性描述，缺乏理

论化和抽象层面的总结概括。为此，需要在借鉴西方经典理论和相关概念的基础上，对国内传媒创业的商业模式与社会使命之间的张力关系作细致梳理。

　　其中，需要重点探讨的议题可能如下：基于全新技术平台的内容生产与服务，传媒创业有哪些重要的商业模式创新（如平台化、垂直化等）和盈利模式创新（如社群经济和媒体电商，参见曾繁旭、王宇琦，2016）？这些不同的商业模式，如何实现对于传统媒体商业模式的"颠覆性创新"（克里斯坦森，2010）？它们适用于哪些传媒创业机构，又分别有着怎样的潜力与限制？传媒创业活动中的商业模式创新，还有怎样的可能性？

　　进一步而言，传媒创业的颠覆性商业模式创新以及对于盈利模式的拓展，如何能与社会使命的履行达成某种平衡？在传媒创业活动中，特别是与新闻内容生产密切相关的领域，商业利益有时会与新闻内容的独立性和专业性产生冲突。尤其，当创业机构面临资金匮乏、收入减少的困境时，来自商业利益团体和市场的双重压力，更使得新闻的公正性与客观性面临考验（Porlezza & Splendore, 2016）。值得追问的是，在中国传媒业的语境下，商业模式创新与社会使命这一张力，是否有其独特的表现逻辑？

　　事实上，针对传媒创业与媒体公共性的平衡问题，现有研究已经产生了一定程度的分化。其中，一种研究路径更为侧重传媒创业的商业特征，强调传媒创业机构需要充分发掘和识别能够盈利的商业机会并加以充分利用（Shane & Venkataraman, 2000; Khajeheian, 2017），并从商业模式、运营策略、融资等诸多环节尽可能实现创业项目的盈利（魏武挥，2016b）。而另一种路径的研究，则已经意识到了传媒创业中的商业主义与新闻专业主义之间的博弈，强调传媒创业活动应当具备获得商业盈利和追求社会责任的双重属性（Achtenhagen, 2008），因而倡导传媒创业者在追逐利润的同时也应当充分兼顾社会责任和传媒公共性（张煜麟，2014）。

　　由此出发，后续研究可以进一步探讨与新闻内容密切相关的传媒创业形式应当如何从商业转型这一工具理性过渡到实现新闻业之社会使命的价值理性（李艳红、陈鹏，2016），以实现经济利益与社会效益的平衡（张煜麟，2014；Wagemans et al., 2016）。而与新闻内容相距较远的传媒创业形态，应如何理解商业模式与社会使命的微妙关系，也是值得关注的问题。

六、探索中国语境下的传媒创业理论

本章对"传媒创业"这一核心概念进行了辨析，并在梳理国内外相关研究的基础上，尝试提出中国语境下传媒创业研究的核心议题。

中国语境下的传媒创业研究，需要真正紧扣中国传媒业的变迁和趋势，将研究视野从传统媒体机构拓展到基于移动互联网的新兴传媒创业浪潮，探讨其中一系列的核心命题，比如创业家思维、机会识别、资源、障碍、话语、竞争策略、商业模式创新、盈利来源与社会使命等。尤为值得注意的是，传媒创业研究，在理论路径与观察视角上与传媒创新研究有着十分微妙的联系与区隔，需要研究者加以细致辨识。而传媒创业研究的发展，也必然会极大地丰富我们对于当下媒体业的理解。

由于其鲜明的跨学科特征，传媒创业研究需要融汇狭义的创业新闻研究与更广义的商业创业研究。后者作为一个商业研究的领域已经存在多年，学者们可以通过引介其相关理论，提高传媒创业研究的系统性和理论性。具体而言，可以将机会识别、竞争策略制定、产业结构分析乃至颠覆性创新等理论模型和框架运用于中国传媒创业的研究，从而弥补国内学界对传媒创业研究的不足，改变国内传媒创业研究过于侧重个案描述而忽略理论整合的现状。与此同时，该领域研究也应该力求贴近当下中国的行业实践现状，从而勾勒中国图景和逻辑。

当然，传媒创业作为一个重要的现象得到学者们关注，并快速发展成为新闻传播学院的相关课程乃至学位项目，都是发生在移动互联网对于传统媒体形成极大挑战之后。正是因此，学科的积累仍十分单薄——不仅国内的研究刚刚起步，西方的研究也远未建立成熟的体系。从这个意义上讲，中国语境下的传媒创业研究，势必经历漫长的探索之路。我们一方面需要引介现有的西方理论，另一方面则需进行大量的原创性探索，从而通过对话建立中国的相关学科知识，探索中国语境下的传媒创业理论。

第二部分

传媒业的商业模式如何被颠覆

第四章　传媒业的垂直化创新 [1]

传统媒体业商业模式的核心在于扩大受众规模并宣称其经济地位的高端，从而吸引广告投放并获得盈利。但在移动互联网时代，聚焦于特定利基市场或细分领域的垂直化媒体开始出现，并推动了传媒业商业模式的颠覆性创新。本章以当下媒体实践中典型的垂直化媒体为例，探讨它们带来的颠覆性创新以及对于整个行业变迁的影响。

一、垂直化媒体的崛起

移动互联网的发展，正在深刻地改变传媒行业的商业模式。在当下中国的传媒创业浪潮中，小众的利基市场或细分的主题开始受到更多的关注，出现了大量聚焦于细分用户群体或细化领域（如财经、教育、医疗等）的垂直化媒体。

研究者们认为，许多小众利基市场的用户需求没有得到现有创业项目的充分满足，因而具备后续盈利的可能性（科特勒、凯勒，2009）。为此，在移动互联网语境下，需要建立内容生产的利基模式（Briggs, 2011），即垂直化的内容生产方式，围绕更加细分的主题（Haque, 2009），或者针对更加小众的受众群体，进行深入、聚焦的内容生产，实现从大众内容向高度瞄准目标受众的定制类内容的转变（Willis & Bowman, 2005）。

1　本章初稿发表于《编辑之友》2020 年第 6 期，王宇琦为第一作者，曾繁旭为第二作者。本章在内容上进行了调整与增补。

典型的垂直化媒体,包括面向 P 端(professional,专业用户)的垂直化产品,如针对记者群体的"蓝鲸财经记者工作平台"、针对学者的"学术中国"等;面向 B 端(business,企业用户)的垂直化产品,如"餐饮老板内参";面向 C 端(customer,普通消费者)的垂直化产品,如"黎贝卡的异想世界""一条""果壳网"等;以及面向特定地域的垂直化产品,如"触摸重庆""最爱大北京"等。

事实上,一些传统媒体机构也已经意识到垂直内容生产的重要性,并开辟了基于特定细分内容或针对特定地区受众的版面、栏目或线上平台,比如南方报业传媒集团聚焦于教育新闻这一垂直领域的微信公众号"上学了"和信息提供平台"粤教翔云"(黄馨茹 等,2017)、浙报集团以旅游信息提供和服务为主要业务的"浙报集团旅游全媒体中心"等(吴桥,2017)。在这些垂直化媒体的运作中,内容的指向性和受众的标签化特征都较为明显(王晓红、董鑫,2018)。

随着"信息 + 服务"的垂直化战略为越来越多传统媒体所采用(黄楚新,2017),有研究者认为,传统媒体转型的出路,正是利用其"在地性"资源优势,建立以各类信息资源匹配为核心业务的"垂直信息服务系统",而非建设大规模的入口级平台(喻国明,2015c)。

那么,垂直化媒体对于传媒业传统商业模式形成了怎样的颠覆性创新?具体到商业模式的各个维度,有哪些新的突破?传统媒体机构的垂直化内容生产,又与新创的垂直化媒体有何不同?本章以蓝鲸财经记者工作平台、餐饮老板内参、果壳网和触摸重庆这四家新创的垂直化媒体为例,从价值主张、关键业务、盈利模式和用户运营四个维度,探讨它们带来的商业模式创新。

二、传媒业的商业模式:狭义和广义

根据奥斯特瓦德、皮尼厄(2011)在《商业模式新生代》一书中对商业模式的经典定义,商业模式是指企业创造价值、传递价值和获取价值的过程,包含客户、产品 / 服务、基础设施和财务生存能力四大维度,具体而言,可以细分为价值主张、客户细分、渠道通路、客户关系、收入来源、核心资源、关键业务、重要合作和成本结构九个部分。

　　然而，既有西方文献中对于传媒机构的商业模式的研究和考察还停留在比较狭义的层面。相关研究认为，广告、付费订阅（Arampatzis, 2004）、在线电商、虚拟社区（Swatman, Krueger & Van Der Beek, 2006）等，是如今传媒机构比较常用的几种商业模式。这些研究关注传媒机构通过何种方式获取收入，以维护持续性的发展。研究中提及的广告、付费订阅等形式，更侧重从盈利/收入的角度对商业模式进行分析与划分。事实上，从更准确的层面而言，这部分内容，应该被纳入传媒业的收入模式（revenue model ; Enders et al., 2008）或是盈利模式进行考察，而非将其定义为完整意义上的商业模式。

　　皮卡德（Picard, 2000b）认为，对于商业模式的理解，需要采取更为宏观的视角，回归到商业活动本身，来考察使关于产品或服务的交易得以实现的商业活动的基础和内在的特征，其中包括了商业的运作流程、内在基础，以及交易活动和财务流动。具体到传媒业，特别是新兴的传媒创业机构，费斯凯林与诺尔迈耶（Fetscherin & Knolmayer, 2004）认为，对商业模式的考察需要涵盖产品、顾客、收入、价格和传播等多个面向，其中，产品是决定在线内容传播企业是否能盈利的最为关键的推动因素。

　　本章对于垂直化媒体的商业模式分析，不仅考察其如何盈利，更深入挖掘其可持续运作的内在逻辑。具体而言，参考奥斯特瓦德、皮尼厄（2011）和皮卡德（Picard, 2000b）对于商业模式的界定，我们的分析主要包括以下四个维度：

　　（一）价值主张

　　价值主张关注企业的细分用户选择与价值创造，是指企业针对目标用户亟待解决的问题而提供的包含特定价值的产品或服务（奥斯特瓦德、皮尼厄，2011）。

　　（二）关键业务

　　关键业务这一维度，是指为了确保商业模式可行，企业必须实施的最重要、最核心的工作（奥斯特瓦德、皮尼厄，2011）。关键业务的设计，关系到企业的可持续运营和长期盈利。

　　（三）盈利模式

　　盈利模式这一维度，包括收入来源与成本结构两个部分，这一维度关注企业依靠何种方式获得盈利。总体而言，企业需要探索出能激发目标受众消费意愿的产品或服务，并尽可能压缩成本（奥斯特瓦德、皮尼厄，2011）。

（四）用户运营

用户运营涉及企业如何获取用户，并维系与特定细分用户的关系（奥斯特瓦德、皮尼厄，2011）。

本章在一定程度上超越了传统研究中仅从盈利来源的角度分析商业模式的方式。总体而言，贯穿于这四个维度之中的，则是传媒机构的价值创造，即对于目标受众需求的持续满足。正如皮卡德（Picard，2000b）所指出的，价值创造附加在产品的生产、传播与盈利的全过程中，是商业模式的核心。

三、传媒业的传统商业模式及其颠覆性创新

长期以来，在传媒业，特别是传统媒体的商业模式中，订阅和广告是两种最主要的收入来源（Meyer, 2000）。根据西方学者的考察，媒体行业的传统收入结构中，大约有 70% 的收入来自于广告（Swatman et al., 2006）。

在中国，传媒市场化进程开始后，广告在媒体收入中的比重逐渐增长，并在 20 世纪 90 年代成为除了少数几家官方媒体之外其他媒体最主要的收入来源（Chan & Qiu, 2001）。以广告为核心的传统商业模式，其运作逻辑在于，通过提高受众的规模，同时宣称受众具有较高的社会经济地位，以此换取广告和发行的收入。但在新的媒体环境下，传统媒体业的广告收入正在面临持续下滑的态势 [1]，而媒介市场上海量内容对于受众注意力的争夺日益激烈，传媒创业机构也不应依赖广告这一单一的盈利形式获取稳定收入。因而，以广告为核心的传统商业模式，无论是对于建制化媒体，还是对于传媒创业机构而言，都难以成为稳定而能持续盈利的发展方式（Mings & White, 2000）。

为此，一些媒体机构开始尝试对传统商业模式进行创新，以更好地适应互联网环境。一方面，传统媒体借助移动互联网的技术手段，探索媒介转型和商

1　参见传媒圈：《2015 中国总体广告花费下降，传统媒体广告收入跌幅创纪录》，2016-02-17，http://www.mediacircle.cn/?p=33643。

业模式创新。国内的一些门户网站（如网易、腾讯等）以及传统主流媒体纷纷开辟"两微一端"（微博、微信、新闻客户端）平台，以增加用户数量并拓展广告份额（崔保国，2016a）。但这类尝试与传统商业模式的运作逻辑差异不大，只是增加了分发内容的渠道，而且用户的数量、活跃程度有了数据基础。另一方面，媒体机构开始尝试新的营销手段，并对传统商业模式中的广告和内容收费方式进行了改造。比如，传统媒体开始借助活动营销的方式，拓展用户群体并吸引广告客户资源，以增加广告收入（于迎，2014）。此外，为了拓展收入来源，一些媒体机构也开始尝试通过众筹（crowdfunding）的方式进行新闻生产，即通过互联网寻求大量的资金支持者，由他们共同资助新闻生产所需的费用（Porlezza & Splendore，2016）。当然，媒体机构也开始通过尝试免费 / 付费内容与免费 / 付费服务的灵活组合（邓建国，2010），创新在线内容收费的形式（Nel, 2010）。

但是，传统媒体的这些商业模式创新尝试，并未能挽回收入下滑、受众数量减少的颓势。2015 年，我国报业发行量依然呈现出两位数的持续下滑态势，相对稳定的订阅市场也开始加速下滑；而新兴媒体，特别是网络视频行业、社交媒体市场和视频直播行业等，正在高速发展，并与传统媒体行业争夺受众、资本等优质资源（崔保国，2016b）。移动互联网时代，由传媒创业机构引领的商业模式"颠覆性创新"（disruptive innovation；克里斯坦森，2010）正呈现出巨大的活力。

"颠覆性创新"的概念最早由哈佛大学商学院教授克里斯坦森提出。该理论阐述的核心问题是，在面临技术变革或市场结构变化时，为何处于领先地位的大企业会遭遇失败（克里斯坦森，2010）。颠覆性创新理论认为，建制化大企业的运作逻辑，往往通过生产高质量产品或服务的方式一味追求对高端市场的满足，进而寻求市场份额的占有（Christensen et al., 2015）。但是，一旦颠覆性创新出现，即颠覆性创新者们通过开发简单而有替代性的新产品，瞄准现有市场的缺口，特别是主流市场之外的新兴市场，并有针对性地提供产品或服务（克里斯坦森，2010），就会逐渐对传统企业的市场份额形成挑战，甚至颠覆整个行业格局。

在移动互联网时代，由传媒创业机构引发的对于传媒业传统商业模式的颠覆性创新同样存在。当面临包括移动互联网在内的"破坏性技术"威胁时，主流的建制化传媒机构，往往会固守原先的经营习惯和盈利结构，并忽视破坏性技术带来的新兴市场和商业模式；而基于移动互联网的传媒创业机构，则会瞄准之前被主流建制化媒体忽略的特定细分受众，并提供价格更低廉、性能更先进的产品或服务（克里斯坦森，2010）。这类传媒创业机构的商业模式，一定程度上颠覆了传统媒体行业中以广告和付费为核心的操作方式，体现出对特定细分利基市场的关注（Küng, 2007; Kaye & Quinn, 2010），或是搭建多边平台的努力（Evens, 2010）。其中，一些传媒创业机构开始借助搭建网络社区的方式进行用户运营，并尝试提供深度满足细分用户核心需求的定制化服务（Swatman et al., 2006），以维系用户黏性。此外，在线电商、社群经济等全新的盈利来源也被这些传媒创业机构的商业模式所采用（曾繁旭、王宇琦，2016）。

值得注意的是，传统媒体机构由于体制与观念的束缚，错失了进入移动互联网的黄金时期，而传媒创业机构进入移动互联网这一新兴领域的时间较早，它们往往能建立巨大的先发优势（克里斯坦森，2010），并迅速积累在各个垂直领域的细分受众，彻底地颠覆原先建制化传媒机构的行业地位。

接下来，本章主要通过对典型案例的分析，探讨垂直化媒体对传统媒体商业模式的颠覆性创新。我们以用户规模、市场份额、融资情况等指标作为综合标准，从众多垂直化媒体中选择了蓝鲸财经记者工作平台、餐饮老板内参、果壳网和触摸重庆四个案例。作为比较有代表性的垂直化媒体，它们在价值主张、关键业务、盈利模式和用户运营等维度呈现出了对传统媒体商业模式的颠覆性创新。

四、垂直化媒体的用户选择与价值主张：摆脱盲目规模化的陷阱

客户是任何商业模式的核心（奥斯特瓦德、皮尼厄，2011）。商业模式设计，需要清晰定义自己的细分目标用户，并分析其共同特征、需求和行为逻辑，在此基础上提出相应的价值主张。价值主张需要回答的问题是，创业项目为用户提供了怎样的便利性，特别是该项目提供的产品和服务在何种程度上满足了特定细分用户群的需求（奥斯特瓦德、皮尼厄，2011）。

传统媒体业往往以追求用户绝对数量的增长为目标，而将普通大众作为传播的受众（Cook & Sirkkunen，2013），它们的日常运作中缺乏明确的用户群体概念，更不会将其细化；与此相应，其价值主张，也以宽泛的信息告知为主，而非提供有针对性的内容或服务。

垂直化媒体则有意识摆脱盲目规模化的陷阱，它们并不将普通大众作为目标受众，而是瞄准某一类特定群体或主题进行垂直化的内容生产和服务提供。其中，相当一部分垂直化传媒创业项目往往选择对某类主题（如财经、科技、娱乐等）感兴趣的受众群作为其目标用户，比如以医疗科普为主题的"丁香医生"、以生活文艺为主题的"一条"、以母婴育儿为主题的"年糕妈妈"等。也有相当一部分垂直化媒体选择了特定的细分利基市场，比如专门面向财经记者的"蓝鲸财经记者工作平台"，专门针对学者用户群的"学术中国"等。从这个意义上而言，垂直化媒体在目标用户与价值主张的设定上对传媒业商业模式形成了颠覆性创新。

案例 4.1　蓝鲸财经记者工作平台

案例提要：

蓝鲸财经记者工作平台如何瞄准细分化的用户群体，分析其目标用户特征，并据此设定相应的价值主张？

蓝鲸财经记者工作平台，是一个面向国内一线财经记者和编辑的工具型社区。它的价值主张的根本在于为财经记者的新闻生产流程提供最大的便利，降低其工作难度。它提供了包括实时财经动态、新闻线索采集、采访对象通讯录等在内的新闻采编服务。

蓝鲸财经记者工作平台将财经记者群体作为其目标受众，对于用户的身份审核极为严格。该平台的用户注册采用邀请制，只有中国大陆地区在职财经记者和编辑才能申请注册。[1] 在创立之初，蓝鲸对普通用户完全屏蔽；后期虽然开放了普通用户的浏览权限，但是普通用户可以接触到的财经新闻信息也非常有

1　参见：http://wb.lanjinger.com/index.php?app=home&mod=Public&act=document&id=2。

限。对于这种设置，他们的解释是：

（蓝鲸 App 采用邀请制）不仅是为了保证注册的用户都是记者，而且也是
为了保证第一批用户是十分优秀的记者，以保证蓝鲸 App 的运营质量。

中国有多少财经记者，他们在增加还是在减少？每天会产生多少财经新闻，
到底有多少人读过这些新闻？记者从什么地方获取新闻线索？他们又去哪里寻
找采访资源？这不是每个人都会想到的问题，但却是中国数十万财经记者共同
面临的困境。蓝鲸就是为他们解决问题。[1]

蓝鲸对于注册用户的严格控制，使其更加聚焦于专业财经记者群体这一目
标用户，在价值主张的设定上，也体现出对于这一群体需求的满足。

为了满足财经记者发掘最新新闻线索、寻找权威专家信源、与同行记者交
流的核心诉求，蓝鲸 App 设置了相对应的功能。具体而言，蓝鲸 App 开辟了"新
闻时间轴"功能[2]，由蓝鲸团队对当前最重要的财经新闻进行实时追踪，并将当
天财经领域的新闻发布会、热点新闻事件、新闻线索呈现给用户。此外，蓝鲸
管理员也会对用户在该平台上发布的财经新闻线索进行实时筛选，并将其中有
价值的内容经整理后显示在 App 的"推荐"中，方便用户查阅。通过这样的方式，
财经记者追踪实时新闻热点的效率得到提高，遗漏重要新闻的可能性也大大
降低。

在获得新闻线索后，记者如果需要联系采访对象，蓝鲸财经记者工作平台
也提供了相应的便利性。蓝鲸拥有超过 6000 条业内通讯录，涵盖各大主流企业
高管、创投、股权基金、专家学者等相关资源，为财经记者寻找专业信源提供
支持。[3]记者采访之后，还可以在平台上对专家进行点评，以便供其他记者后续
采访参考。[4]

1 参见王海萍：《蓝鲸传媒在搞什么？｜对话 CEO 徐安安》，刺猬公社，2015-10-08, http://chuansong.me/
  n/1788741。
2 参见蓝鲸 TMT：《【蓝鲸 App】国内唯一供记者专用 App 面向一线记者开放》，2015-09-24, http://
  chuansong.me/n/2810319。
3 参见蓝鲸 TMT：《【蓝鲸 App】国内唯一供记者专用 App 面向一线记者开放》，2015-09-24, http://
  chuansong.me/n/2810319。
4 参见一辉：《解密蓝鲸：潜在水下的战略性新媒体平台》，新浪专栏·创事记，2014-01-14, http://tech.
  sina.com.cn/zl/post/detail/i/2014-01-14/pid_8440778.htm。

因此，蓝鲸财经记者工作平台在价值主张的设定上，充分考虑财经记者这一细分群体的诉求。价值主张对于用户需求的匹配，使得用户黏性增加。目前，蓝鲸财经记者工作平台的注册记者数量已近 6000 人。[1]

由此可见，垂直化媒体并不盲目追求用户的规模化效应。在商业模式的设计上，这类媒体往往根据对特定利基市场用户的充分了解，设计匹配用户需求的价值主张，使媒体提供的内容或服务更有针对性。

五、垂直化媒体的关键业务：为特定利基市场开发深度服务

在采用垂直化商业模式的传媒机构中，为了实现产品的价值主张、维系客户关系并盈利，最核心的业务应该是什么？这涉及奥斯特瓦德、皮尼厄（2011）对商业模式经典定义中的"关键业务"这一维度。

在传统媒体业的操作习惯中，生产高质量而有公信力的新闻内容往往是建制化媒体机构的关键业务。而对于移动互联网时代的垂直化媒体而言，在提供高质量内容的基础上，核心业务的开发更需要叠加与特定利基市场相对应的深度服务，以提升用户黏性。因此，垂直化媒体往往都体现出围绕利基市场进行"纵深发展"或"重度开发"的特征。

案例 4.2　餐饮老板内参

案例提要：

餐饮老板内参是如何围绕目标用户进行关键业务"重度开发"的？

餐饮老板内参成立于 2013 年，是一个面向餐饮行业的垂直化媒体，致力于"用互联网思维思考餐饮业"[2]。它创造性地从 B 端切入，以餐饮行业的老板、从业者和投资者为目标用户。从商业模式的角度而言，餐饮老板内参对于关键业

1　来自蓝鲸财经记者工作平台首页的统计，参见 http://wb.lanjinger.com/，统计时间截至 2016 年 7 月 15 日。

2　参见新浪微博 @ 餐饮老板内参，http://weibo.com/cylbnc?is_all=1。

务的设定极为清晰，目前已经形成了以内容生产为基础，以餐饮培训、企业融资等服务为核心的商业模式。

成立初期，餐饮老板内参把重心置于微信公众号的运营上，提供涵盖餐厅营销、风格设计、经营转型等主题的优质原创内容。在内容定位上，餐饮老板内参以互联网对餐饮业的冲击为出发点，强调信息一定要"对餐厅老板们有用"，为餐饮老板提供新媒体时代餐饮行业的运作法则。公众号运营两年后，餐饮老板内参推出了近700期原创内容，向用户介绍了上万家餐饮企业的运作经验，因而也吸引了30万粉丝。[1]

依靠微信平台上的优质内容获得行业影响力和大规模受众后，餐饮老板内参开始探索业务范围的延伸。2015年年底，该项目启动互联网金融和教育培训两个板块的服务，在运营培训和融资两个方面，为目标用户提供便利。

餐饮企业创立和发展过程中的资金问题，始终是餐饮行业创业者、特别是中小规模餐饮企业老板面临的一大难题。餐饮老板内参联合点融网推出的互联网金融产品"大食贷"，为餐饮老板开分店、装修升级或临时大宗采购等环节提供资金支持，一定程度上解决了餐饮企业老板融资难的行业痛点。[2] 用户提出贷款申请后，只要通过点融网的风险评估，最快一到两天即可拿到不高于150万元的贷款。"大食贷"推出半年后，发放贷款额度就超过4000万元。[3]

此外，从2015年年底开始，餐饮老板内参开始推出教育服务，满足餐饮老板知识更新的需求。

传统行业处在转型节点，餐饮业对于创新的敏感性和需求尤其强烈，餐饮老板的知识体系更新诉求也空前迫切。过去两年多，我们用自媒体内容的方式与用户交流，这本身也是一种学习场景，现在我们打造学习产品、延伸用户的学习场景，从手机里到商学院，甚至将来再反向到手机形成更大的学习社群，

1　参见曙驰:《自媒体人必看!"餐饮老板内参"估值1亿的幕后运营秘诀》，今日头条，2015-08-29，http://toutiao.com/i6188250834980815362/。

2　参见周昶帆:《又一瞄准垂直群体的金融产品，这次是给餐饮业主》，36氪，2015-11-17，http://36kr.com/p/5039779.html。

3　参见新榜:《"餐饮老板内参"A轮融资5000万，年薪80万招总编辑》，百度百家，2017-05-25，http://xudanei.baijia.baidu.com/article/500670。

这是很有意思的商业实验。[1]

根据不同用户的支付能力和信息需求，餐饮老板内参推出了两种教育产品：

一种教育产品是服务于高端人群的"中欧餐＋创新营"，由《中欧商业评论》与餐饮老板内参合办，采用主题授课、私享会、主题游学等方式，探讨互联网时代餐饮行业的商业模式、痛点与机遇、自我定位与品牌打造等话题，为参与者提供应对当下餐饮业变革的学习机会，课程费用12.8万元。[2]虽然课程价格不菲，但由于课程内容满足了国内餐饮老板寻求急剧变动期餐饮业发展策略的需求，因此初期培训的30个名额在平台上迅速售罄。[3]

另一种教育产品"餐＋云课堂"则更为灵活。用户只要在微信公众号"餐家云课堂"上报名，就可获得一次线下课堂学习机会。

对于以餐饮老板内参为代表的垂直化媒体而言，其核心业务包括两部分：一部分是优质内容生产，这与传统媒体行业较为类似；另一部分，则涉及用于深度满足利基市场核心需求的产品和服务，这部分产品和服务的提供，不仅有助于用户黏性的维系，也使这类媒体的盈利来源具备更多样化的可能性。这也正体现出垂直化媒体区别于传统传媒业商业模式的独特性。

六、垂直化媒体的盈利：从更少的人那里赚更多的钱

在商业模式中，企业如何盈利的问题，关系到企业在为客户提供价值主张过程中依靠何种途径获得收入（奥斯特瓦德、皮尼厄，2011）。如上所说，传统媒体业的盈利模式就是广告与付费阅读。那么，垂直化媒体如何基于细分用户的使用黏性开发出盈利来源？是否可以依赖广告这一传统的盈利方式作为持续

1　参见氧分子网：《要做第二个罗辑思维？餐饮老板内参超越社群升级自媒体商业模式》，2016-03-02，http://www.yangfenzi.com/zimeiti/59580.html。

2　参见餐饮老板内参：《"中欧餐＋创新营"黄埔一期招生》，搜狐公众平台，2016-03-01，http://mt.sohu.com/20160301/n439011235.shtml。

3　参见新榜：《"餐饮老板内参"A轮融资5000万，年薪80万招总编辑》，百度百家，2017-05-25，http://xudanei.baijia.baidu.com/article/500670。

的收入来源？

案例 4.3　果壳网

案例提要：

果壳网的主要盈利模式是什么？它如何基于细分用户的使用黏性开发出盈利来源？

相当一部分垂直化媒体选择对某类主题（如财经、科技、娱乐等）感兴趣的受众群作为其目标用户。相关的传媒创业项目包括以流行时尚为主题的垂直化项目"黎贝卡的异想世界"、以生活文艺为主题的垂直化项目"一条"等。

果壳网是一个垂直化的科学兴趣社区，以"科技有意思"为口号，致力于向公众倡导科技理念,提供负责任、有智趣的科学普及类内容。[1] 从 2011 年以来，果壳网在盈利模式方面的探索，体现出一个典型的垂直化媒体的发展路径。

广告和商业合作是果壳网早期主要的盈利来源。2011 年起，果壳网陆续跟 IBM、宝洁、通用电气等数十家企业合作，帮助它们进行科技信息传播与品牌推广，以从中实现盈利。这些企业虽然在研发上投入大量经费，并且这些研发的工作事实上跟用户关系密切，但是这些科技信息却很难传达给用户。借助果壳网平台，较为深奥的科技信息被以平民化的方式传播开来。这一盈利来源，在 2012 年、2013 年分别给果壳网带来了 500 万元和 1000 万元人民币的收益。[2]

一开始，就有很多商业品牌找上门合作，我们大量与 500 强（企业）合作，它们在中国做了很多研发投入，希望用科学模式讲故事，宣传自己的产品，这一点就是科学传播。这些是果壳最传统的收入，今年大概是 2000 万元，算是主要的商业模式。[3]

1　参见维基百科：https://zh.wikipedia.org/wiki/ 果壳网。

2　参见果壳·万有青年演讲集：《果壳网 COO 姚笛：果壳的商业模式是什么？》，优酷网，2014-03-31，http://v.youku.com/v_show/id_XNjgzNzkzNDA4.html。

3　引自果壳网创始人姬十三受邀在清华大学"传媒创新与创业"课堂的分享,2014 年 11 月 30 日,清华大学。该课程由曾繁旭老师主持。

　　的确，对于垂直化媒体而言，广告是最传统、也是最为广泛采用的盈利模式。但事实上，广告并不是最适合这类媒体长期发展的收入来源。豆瓣就是一味地依赖广告作为收入来源的例子。作为文艺青年聚集地的豆瓣，由于片面追求用户规模的扩大，导致原有的社区特性被稀释，社区质量下降，整个产品的影响力也就随之下滑。[1] 垂直化媒体的发展，关键是与拥有共同兴趣和风格的用户形成高度的情感关系，而这与依靠广告变现的模式中追求用户规模的诉求形成了矛盾。

　　2013 年年初，果壳网开始探索除了广告之外更适合垂直化媒体的盈利模式。核心思路是，针对其最核心的用户群体，专注于垂直细分领域，"从更少人那里赚更多钱"。

　　2013 年 IDG[2] 投了钱，果壳是要继续变得更大，比现在大十倍？那还是科学的社区么？不可能，世界上找不到几千万人的科学社区，它是别的社区。这不是我们最初想法。但是我们必须要赚钱……那时候做了一个解决方案，不一定是对的，但是一个尝试，那就是下沉——做更重（垂直）的事情。于是，果壳开始下沉，不只是用户产生内容，做广告和流量，（更重要的是）要找到细分群体，哪怕是十分之一的用户，将这十分之一用户的需求满足到极致，就能赚更多钱。[3]

　　为此，果壳网开始从现有的用户群体出发，对核心用户进行深度分析。"MOOC 学院"的成立，就来源于果壳网在线社区中人数众多、活跃度也极高的小组——MOOC（大型开放式网络课程）小组。该小组由果壳网用户自发形成，在相当长一段时间内，都是果壳网社区中最有影响力的小组之一。以这群对在线教育有需求的用户为切入口，果壳网将 MOOC 小组升级为一个相对独立的子

1　引自果壳网创始人姬十三受邀在清华大学"传媒创新与创业"课堂的分享，2014 年 11 月 30 日，清华大学。该课程由曾繁旭老师主持。

2　IDG，全称为美国国际数据集团（International Data Group），其主要业务包括信息技术出版、会展与风险投资等。IDG 是第一家进入中国的美国风险投资公司，也是目前中国最大的投资早期与成长期的风险投资基金。参见：http://www.idg.com.cn/n6/index.html。

3　引自果壳网创始人姬十三受邀在清华大学"传媒创新与创业"课堂的分享，2014 年 11 月 30 日，清华大学。该课程由曾繁旭老师主持。

品牌 MOOC 学院，通过对接全球多个跨国在线教育项目，成为全球在线教育内容的中文用户入口[1]，为用户提供优质教育资源。

与这样的逻辑类似，果壳网 2015 年 3 月推出付费制一对一经验交流平台"在行"，探索知识盈余变现的可能性。在行是一个知识技能共享平台，让各领域专家为用户提供一对一个性化问题的解决方案。该产品延续了果壳网一贯的产品定位和用户风格，其中几大主要主题，如创业投资、职业发展、行业经验等，都是瞄准其用户群体的需求而设计，并可能切中最早一批用户的痛点。[2] 2016年 6 月，在行及其孵化出的产品"分答"完成 A 轮融资，估值超过 1 亿元人民币[3]，果壳网的商业价值和盈利潜力进一步凸显。

目前，果壳网旗下的创业项目，都是围绕知识展开，充分深挖其核心用户群的主要诉求。其中，果壳网专注知识分析，慕课专注知识学习，"在行"专注知识服务。[4]

因此，对于垂直化媒体而言，广告并不是最有潜力的盈利来源。可持续的盈利模式设计，往往需要通过充分挖掘产品核心用户的特征与需求，借助优质内容、产品化运作和线上社区运营，满足特定利基市场的需求，加强用户对于产品的黏性与认同，进而从较少的用户身上获得更高的盈利。比如，借助内容获得稳定用户后，借助媒体电商与社群经济的方式完成变现，成为不少垂直化媒体的盈利来源（曾繁旭、王宇琦，2016）。

七、垂直化媒体的用户运营：培育垂直化社群

传媒业的用户运营与"客户关系"这一维度密切相关。在传统的商业模式

1 参见果壳：《商业证伪与证实》，看商界，2015-03-04，http://www.kanshangjie.com/article/51391-1.html。
2 参见荔闽：《姬十三亲自督导，果壳新产品"在行"以 O2O+C2C 的模式切入非标准化的教育产品》，36 氪，2015-03-23，http://36kr.com/p/220932.html。
3 参见周昶帆：《借着分答的火热，在行完成 A 轮融资，姬十三称估值超 1 亿美元》，36 氪，2016-06-08，http://36kr.com/p/5047903.html。
4 参见彭琳：《"在行"：探索知识盈余变现的可能性》，南方日报，2016-02-29，http://tech.sina.com.cn/i/2016-02-29/doc-ifxpvysv4989648.shtml。

中，传媒业并没有用户运营的观念，机构与用户的关系仅限于"传者"与"受众"的单向关系。而垂直化媒体的客户关系，其核心就是针对利基市场的特定用户展开运营，即通过优质内容吸引垂直领域的用户，并增强与用户之间的互动，吸纳用户参与垂直化社群。[1]

在垂直化媒体中，有一类专门针对特定细分地域的超本地化传媒项目，它们大多基于特定的地理范围，针对某个社区、城镇等较小范围，提供与本地受众密切相关的在线新闻资讯或其他形式的内容（Radcliffe，2012），因而在用户运营方面要求较高。在其中，比较受欢迎的超本地化项目包括"触摸重庆""最爱大北京""深圳潮生活"等。

案例 4.4   触摸重庆

> **案例提要：**
>
> 作为瞄准特定地域的垂直化媒体，触摸重庆如何精准把握受众信息需求并有针对性地进行用户运营？

"触摸重庆"是一家以重庆本地居民为目标受众、以发布当地新闻资讯为主的微信公众号。在"新榜"（一家内容创业服务平台）的民生类微信号中，"触摸重庆"的综合影响力排名第六[2]，超过"最爱大北京""深圳潮生活"等同类地域性公众号。特别值得注意的是，"触摸重庆"创始人周经纬仅用一年时间，就将该公众号的粉丝数从 0 增加至 200 万。[3] 在用户运营方面，"触摸重庆"体现出超越同类传媒机构的独特优势。

为了吸引当地民众的关注，"触摸重庆"所发布的新闻资讯与本地居民的生活密切相关，并特别侧重娱乐类和民生类信息的发布。新榜显示的"7 天热门"发布中[4]，该公众号每天约有一至两篇文章突破"10 万 +"的阅读量，这些微信

1　参见李浩:《内容创业的春天并未结束》，i 黑马网，2016-05-31，http://www.iheima.com/zixun/2016/0531/156193.shtml。

2　数 据 来 自 新 榜 2016 年 7 月 榜 单， 参 见 http://www.newrank.cn/public/info/list.html?period=month&type=data###。

3　参见微果酱:《1 年 200 万粉丝，"触摸重庆"快速赚钱的 6 个秘籍！》，今日头条，2016-06-12，http://toutiao.com/i6295329656463688194/。

4　数据来自新榜，参见 http://www.newrank.cn/public/info/detail.html?account=chumocq。

文章都与重庆本地的饮食、休闲、娱乐等话题相关。

在用户运营策略方面，"触摸重庆"主要通过打造特色网络红人、增加用户互动等方式吸引用户。具体而言，"触摸重庆"的用户运营策略体现在：

一方面，通过打造特色网络红人以凝聚粉丝。"触摸重庆"打造了触摸哥、触摸妹两位网络红人以及"重庆汤姆猫"这一卡通人物，很多新闻资讯以及原创视频中都有他们的身影。随着资讯的发布，这几位特色网络红人逐渐获得受众关注，并成为"触摸重庆"凝聚粉丝的重要途径。在触摸重庆微赞页面的"吐槽触摸妹"板块，每隔五到十分钟就有用户发布新帖，热门帖子的浏览量高达2000多次。[1] 在这个板块中，用户可以自由发布帖子，或者与触摸妹互动，包括为该公众号提出意见建议、分享生活见闻等。

另一方面，通过线上活动增加用户互动。在推送消息时，"触摸重庆"会定期推出粉丝福利，吸引粉丝参与相关话题讨论，积极参与讨论的粉丝有可能获得礼品。比如，在《爆笑|打麻将赢钱的秘诀，全了！》（"触摸重庆"，2016 年8 月 16 日）中，该公众号设计了与此相关的话题"你打麻将手气最霉的一次"，吸引粉丝互动；公众号从中筛选十位粉丝送出奖品。

对于超本地化传媒机构而言，除了生产符合目标受众信息需求的原创优质内容，这类媒体项目开始借助移动互联网实时互动的特点以及搭建社群的便利性，从而打造垂直化社群并维持用户的黏性。这样的用户运营方式更多地带有移动互联网时代商业模式创新的特点，也超越了传统媒体时代仅依靠优质内容吸引用户的方式。

八、垂直化创新的潜力与挑战

移动互联网时代的垂直化媒体，尤其是垂直化的传媒创业机构，对传统传媒业的商业模式形成了颠覆性创新。这在商业模式的主要维度，即价值主张、关键业务、盈利模式与用户运营四个方面都有体现（见表 4.1）。

---

1 来自对"触摸重庆"微赞账号"重庆第一社区"的统计，访问日期 2016 年 8 月 31 日。

表 4.1　垂直化媒体对传媒业商业模式的颠覆性创新

	传统媒体业的商业模式	垂直化媒体的商业模式
用户细分与价值主张	面向公众进行宽泛的信息告知	摆脱盲目规模化的陷阱，聚焦于利基市场
关键业务	生产高质量而有公信力的新闻内容	为特定利基市场开发深度服务
盈利模式	以付费订阅和广告为核心收入来源	从更少的人那里挣更多的钱
用户运营	限于"传者"与"受众"的单向关系	培育垂直化社群

具体而言，在客户细分与价值主张方面，垂直化媒体往往会着力摆脱盲目规模化的陷阱，从而聚焦于某个细分的目标用户群体，而非普通大众，并充分挖掘这部分用户的需求，设计与此相匹配的价值主张；在关键业务方面，除了像传统媒体业那样致力于生产高质量内容外，垂直化媒体更重视为特定的利基市场开发出深度的服务；在盈利模式方面，垂直化媒体并不过于倚重广告这一传统的盈利模式，而是从数量较少的用户身上获得更高的盈利；在用户运营方面，垂直化媒体往往通过打造网络红人的方式维持用户黏性，并借助线上活动增加用户互动，从而培育垂直化领域的社群。

当然，近些年来，一些传统媒体已经意识到针对细分受众进行内容生产的重要性。由传统媒体机构推出的垂直化媒体，既包括专门针对社区 / 地区的版面，如《北京青年报》社区版（《北青报亦庄社区报》等)、《南方都市报》各个地市城市版（南都佛山版等)；也包括聚焦于特定主题的垂直领域产品，比如南方报业传媒集团瞄准教育新闻领域所推出的微信公众号"上学了"（黄馨茹 等，2017)、浙报集团以旅游信息提供和服务为主要业务的"浙报集团旅游全媒体中心"等。以此为代表的传统媒体垂直化产品，虽然有了比较明确的细分受众的意识，但产品的运营依然受到传统媒体操作习惯的束缚，因而在用户运营、盈利来源的开掘方面，还是无法突破原有的局限。

在当下的媒体环境中，虽然传统媒体和传媒创业机构都开始进行垂直化运作的相关尝试，但两者还是呈现出明显的差异。传统媒体垂直化运营的尝试，大多源起于传统媒体针对特定主题或针对特定地域受众的报纸版面、电视栏目或地方网站[1]；通过生产与特定主题更为相关或更为特定地域受众所关注的资

---

[1] 媒体垂直化运营的早期案例，较为典型的比如腾讯网推出的地方分站，包括广东地区"大粤网"、京津冀地区"大燕网"、上海地区"大申网"等。

讯，传统媒体得以借助相对而言更有针对性的内容吸引受众。但传统媒体的垂直化运作，往往很大程度上停留在内容生产层面，缺乏与内容的垂直化运营相对应的用户运营、产品开发，以及与此相关的盈利模式创新。而传媒创业机构的垂直化运营，则以垂直化的内容生产为基础，涵盖价值主张提供、盈利模式开发、用户运营等各个环节，因而也更具盈利空间和用户规模增长的潜力。从这个意义上讲，垂直类传媒创业项目确实从更深层次上挑战了传统媒体的运作方式，并对传统媒体商业模式形成了颠覆性创新。

在垂直化媒体中，商业模式设计的关键问题就在于，如何通过提供足够优质的内容或服务，吸引一个定位明确的用户利基市场。从本章的案例不难看出，垂直化媒体往往定位于被传统媒体机构所忽略的某个细分的用户群体，并借助深度垂直的运营策略，实现对主流媒体市场的蚕食和颠覆。其本质是克里斯坦森（2010）所提出的"新市场颠覆性策略"或"低端市场颠覆性策略"。比如，蓝鲸财经记者工作平台，就是在各个媒体机构之间对于时效性和独家新闻的争夺已经成为新闻行业操作惯例的前提下，针对财经记者的利基社群创建一个新兴媒体市场，使得记者之间能够共享新闻线索、重要资讯和权威消息源。

即使垂直化媒体获得较为稳定的用户群体，要实现持续性的盈利，也往往需要不断的探索。垂直化媒体对于用户质量和社群凝聚力的追求，与广告盈利存在着必然的矛盾，决定了这类媒体不适合单一依赖广告实现长期的盈利。借助优质内容设计或是产品化运作的方式，能更好地增强媒体的商业价值，但这需要根据具体媒体机构的用户特征进行谨慎的开发与尝试。中国的大多数垂直化媒体，无疑正面临着如何实现持续盈利的巨大挑战。

第五章　传媒业的平台化创新 [1]

移动互联网的发展,使各种平台化媒体备受关注。在当下的媒体行业生态中,平台化是传媒创业机构所采用的一种具备颠覆性的商业模式,并在一定程度上引发了传统媒体机构的应对和调整。本章深入剖析平台化媒体的商业模式特征,分析其创新之处,并探讨平台化媒体能否成为传统媒体业转型的重要出路。

一、何谓平台化媒体

移动互联网发展和媒体技术变革,正在使用户之间的互动和连接变得空前便捷。这不仅催生了以微博、微信等为代表的社交媒体平台之争,[2] 也使诸多以信息供需匹配或信息聚合分发为主营业务的平台化媒体备受关注。

平台是通过推动两个或多个彼此独立群体(通常是消费者和生产者)之间的互动来获取价值的商业模式形态(Moazed, 2016)。总体而言,平台自身往往并不直接生产内容,也不片面追逐在某个特定市场的绝对利润最大化;平台的作用更多地在于搭建一个用于信息互动、价值交换的双边或多边市场,并在协调各方利益的过程中寻求盈利(Ballon et al., 2008)。

1　本章初稿发表于《新闻与写作》2020 年第 2 期,王宇琦为第一作者,曾繁旭为第二作者。本章在内容上进行了调整与增补。

2　新媒:《清华沈阳教授团队开年大作:中国自媒体发展报告(part 1)》,清博,2016-01-22, http://home.gsdata.cn/news-report/research-report/541.html。

在传媒行业中，由于为具备信息需求的各方提供信息匹配和连接渠道，平台化媒体是连接者、匹配者，甚至是市场机制的设计者（方军，2017）。"平台化媒体"的概念，也开始从狭义上的社交媒体平台，向更宽泛意义上以提供信息生产去中心化和信息聚合再中心化为核心业务的信息产品转变（Helmond，2015）。

在日常运作中，平台化媒体的规则制定，主要是服务于平台多方用户的信息匹配。从内容的分类而言，平台化媒体不仅涵盖传统意义上的社交媒体平台（如微博、微信，陌生人交友平台陌陌），也涵盖了新闻与娱乐平台（如今日头条、爱奇艺、喜马拉雅、抖音），乃至更宽泛意义上的专业内容服务平台（如知识型社区平台知乎、医疗信息服务平台春雨医生、投资理财内容与服务平台雪球财经等）。在其中，专业内容服务平台，未必是传统意义上的平台化媒体，但目前同样有较好的发展潜力。

然而，目前国内关于平台化媒体的讨论，更多集中在对微博、微信、新闻客户端等传统平台的关注，探讨各大平台发展策略和市场竞争（魏武挥，2016a），以及如何通过进行更严格的版权保护、实施更多元化的扶持政策，提供更丰富的变现模式，以吸引优质自媒体账号，抢占市场份额。[1] 此外，也有研究通过对当下新闻或娱乐类平台的分析（喻国明，2017），试图对于整个平台化媒体的发展现状提供整体性的介绍和描摹（喻国明、何健、叶子，2016）。但总体而言，这些研究更偏重于对平台化媒体进行个案考察或大致分类，并未集中从商业模式的角度对其具体特征和颠覆性潜力进行细致剖析。这正是本章希望有所增补之处。

不仅如此，随着传统媒体业以广告与发行为核心盈利来源的商业模式日渐衰落（崔保国 等，2018），加之传统媒体在受众规模、发行数量和收视率等方面的持续下降（黄楚新、王丹，2015），平台化媒体能否成为传统媒体转型的一种可能，也引起了学者们的关注乃至争论（喻国明，2016；宋建武 等，2017）。如何对这些争论进行厘清与解读，也是本章期待完成的任务。

具体而言，本章试图回答：作为传媒业一种新兴的商业模式，平台化媒体

1　新媒：《清华沈阳教授团队开年大作：中国自媒体发展报告（part 1）》，清博，2016-01-22，http://home.gsdata.cn/news-report/research-report/541.html。

在何种程度上对传媒业的传统商业模式形成了颠覆？平台化媒体的商业模式展现出怎样的特征？平台化媒体是否可能成为传媒业转型的出路？

与已有研究相比，本章的创新性主要体现在两个方面：首先，通过引入商业领域研究中对于平台的经典分类（徐晋，2007：15-18），将平台化媒体分为纵向平台、横向平台和观众平台三种形态，并通过对这三种形态中典型平台化产品的分析，尝试从更加系统、全面的视角理解当下的平台化媒体现象。其次，本章尝试将创业研究等领域的相关理论运用于传媒业实践的研究中，通过引入商业模式的概念和相关理论体系，剖析平台化媒体在商业模式的若干维度上相对于传统媒体的创新性特征。

二、平台化革命与颠覆性创新

平台化的商业模式，往往将两个或多个有明显区别但又相互依赖的用户群体连接起来，充当这些用户之间的中介，通过为各方用户提供便利性并促进各方互动来创造价值（奥斯特瓦德、皮尼厄，2011）。

事实上，多边市场并不是一个全新的商业概念，但社交媒体发展及其为信息匹配与连接带来的前所未有的便利，正在使以多边市场供需匹配为内核的平台化产品，成为重要而具备主导性的行业现象（Nieborg & Poell，2018）。

在这样的语境下，平台化商业模式得到了许多学者的关注，并由于其在互联网及传统产业中的统治力和强大盈利能力，被认为是 21 世纪最具革命性的一种商业现象（陈威如、余卓轩，2013）。如今，"平台革命"正在大范围兴起，平台已经成为基于互联网的一种主导性基础设施和经济模型（Helmond，2015），而对于教育、传媒等以信息为关键要素的产业而言更是如此（帕克等，2017）。

根据平台所连接的多边市场的性质，徐晋（2007：15-18）将平台分为纵向平台、横向平台和观众平台三类。根据他的定义，在纵向平台中，平台各方之间的关系并不完全对等，而是有相对较为明显的"买方"和"卖方"存在；平台运营的目的是推动实现买卖双方的交易，最为常见的纵向平台包括医疗服务平台、商品销售平台等。而横向平台的各方用户之间地位对等，不存在明显的买卖关系，平台运营主要是为了满足各方彼此之间的信息交流需求，常见的横向平台包括电子邮件平台、社交媒体平台等。而观众平台则是在信息生产者和消费者之间引入了广告主等第三方的角色，运营成本主要来自第三方对信息生产者的补贴，其中最为典型的是网络搜索引擎、以内容提供为主营业务的网站等。

"颠覆性创新"作为描述技术变革语境下行业结构调整的重要概念，探讨特定行业中原先处于领先地位的企业会由于固守原有市场、排斥技术创新，而被具备颠覆性精神的新进入者所超越，这些新进入者往往能基于先进技术开发全新的产品、瞄准新兴市场，并设计全新的运营模式（克里斯坦森，2010）。从这个意义上而言，平台化商业模式对于传统行业的颠覆，主要可以分为两个阶段（帕克等，2017）：第一阶段，高效渠道淘汰低效渠道，即平台借助其为高效、便捷的分发、营销、运营渠道（pipeline），淘汰传统产业中效率低下的渠道。其中最为典型的是依托于互联网的线上新闻分发平台对于传统新闻行业的巨大冲击，以及线上零售、共享经济等行业。当平台化产品逐渐获得用户份额和市场地位时，平台对传统行业的发展就进入第二阶段，即平台吞噬传统渠道，平台正式实现对传统行业中竞争者的颠覆。

三、传统媒体业的平台化转型？

为了帮助传统媒体机构应对收入下降和用户流失的困境、推动媒体业转型，相关研究指出了传媒机构进行商业模式创新的若干路径。比如，有研究指出，传媒机构应当借助从媒体到会展、游戏、地产、酒店等领域的跨行业发展，拓展传媒机构的盈利来源，并增加收益（郭全中，2017）。此外，聚焦于特定垂直化主题、特定地域或细分用户进行新闻或资讯的生产（蔡雯、贾茜，2013），也成为传统媒体转型的一种可能路径。

当然，平台化商业模式作为传媒业商业模式创新的一种可能路径，也为传统媒体业带来了转型与持续发展的可能。有学者指出，平台化策略由于能帮助主流媒体聚合全网资源、吸引海量用户，并带来全新的盈利来源，因而应当成为主流媒体深度融合的战略之一（宋建武 等，2017）。但另外一些学者则认为，"传统媒体的最大困境是渠道失灵与用户流失"，而在以今日头条、微博、百度为代表的较为成熟的信息平台的冲击下，传统媒体无法建立真正具备市场竞争力的"入口级平台"（喻国明，2016）。另外，从运营的角度而言，传统媒体机构平台化转型所面临的困境之一，是其原有的内容生产与分发方式，与互联网语境格格不入；传统媒体所开发的平台化产品，往往将内容简单复制到新的平台上，平台孤立、封闭运营，缺乏平台运营所必需的共享性、开放性和互动性，这无疑加剧了传统媒体平台化转型的难度（喻国明、焦建、张鑫，2015）。

　　无论平台化商业模式是否可以成为传统媒体机构的重要出路，采用平台化商业模式的新型传媒产品，正在借助对新闻 / 信息生产、流通和盈利方式的颠覆，通过更为多样化的盈利来源、更低的成本和更为灵活的运营方式，对传统媒体机构进行颠覆性创新（Nieborg & Poell, 2018）。

　　在已有研究的基础上，本章则进一步围绕商业模式的若干关键维度（奥斯特瓦德、皮尼厄，2011），具体探讨平台化媒体的运作逻辑及其对于传统媒体业的颠覆性创新。

四、横向平台、纵向平台和观众平台

　　本章综合了创业项目的用户规模、市场份额、营收数额等多项指标，选取发展较为成熟的平台化媒体，尤其是完全商业运营的平台化媒体作为案例，以凸显代表性。

　　在案例选择过程中，我们也试图纳入不同类型的平台化媒体，以呈现平台化商业模式运作的复杂性。具体而言，本章参考徐晋（2007：15-18）对平台的分类，将当下主要的平台化媒体分为横向平台、纵向平台和观众平台三类。为此，我们在这三大类中各选择了一个平台化媒体，即喜马拉雅、春雨医生和爱奇艺，作为典型案例进行分析。

其中，喜马拉雅为用户提供高质量音频内容，并支持用户原创音频内容的上传和共享；在该平台上，用户之间在信息供求上地位较为平等，平台的盈利也较少依赖于外部广告商，因而可以算作较为典型的横向平台。春雨医生致力于为用户搭建医疗信息交流的平台，其中，普通用户作为专业医疗信息需求方，医生作为专业医疗提供方，双方用户之间具备较为明显的信息供求关系，因而该平台是较为典型的纵向平台。而爱奇艺以向用户提供正版视频内容为核心业务，但其运作模式在很大程度上依赖于外部广告商的支持，因而该平台更具备观众平台的特征。

三种平台类型与本章所选案例以及具体分析维度的对应关系如表 5.1 所示。

表 5.1　本章主要探讨的平台化媒体

所属平台类型	案　　例	本章分析维度
横向平台化媒体	喜马拉雅 FM	价值主张
纵向平台化媒体	春雨医生	用户运营
观众平台化媒体	爱奇艺	盈利模式

五、平台化媒体的价值主张："千人千面"叠加"工具与服务"

在平台化商业模式的运作中，价值创造是其中最核心的逻辑（方军，2017）。平台化媒体，往往运用智能化的方式进行海量信息的抓取与算法推荐，从而提供千人千面的用户界面，满足用户更为个性化的信息需求（如今日头条），或者用 UGC（用户生成内容）或 PGC（专家生成内容）等方式为不同的利益相关方进行专门化信息和服务的匹配，比如面向知识学习者的"喜马拉雅 FM""知乎""豆瓣"等。

总体上，平台化媒体并不直接生产内容，而是借助平台各方用户所生产的内容实现信息供需匹配，或从事信息聚合和信息分发业务。它们会针对公众的某项具体信息需求或某个特定主题进行海量信息的抓取与个性化分发，并据此设定相应的价值主张和关键业务；更为重要的是，平台化媒体往往会在内容提供的基础上，叠加与此相关的工具与服务，实现对于用户需求的多层次满足。

案例 5.1　喜马拉雅 FM

案例提要：

在价值主张的设计上，喜马拉雅 FM 是如何在进行"千人千面"价值提供的同时，叠加相关工具和服务的？

作为一家以在线专业音频分享为主营业务的平台化媒体产品，喜马拉雅 FM 在产品定位上，明确锁定线上音频这一细分化的内容类型，以"随时随地，听我想听"为产品口号，为用户提供高品质的音频内容。

在价值主张的设计中，喜马拉雅 FM 满足了用户两方面的核心需求。一是用户利用碎片时间的需求：喜马拉雅充分利用用户在通勤、午休、入睡前等场景下的碎片时间，为用户提供伴随式的音频内容，使用户得以在碎片时间便捷收听自己感兴趣的音频内容。二是用户获取知识的需求：普通公众获取专业知识的渠道极为有限，而喜马拉雅通过邀请专业人士入驻平台、录播专业音频内容，某种程度上满足了用户获取国学、理财、心理、亲子等兼具专业性和实用性的知识的需要。目前，喜马拉雅平台上的内容涵盖财经、音乐、新闻、销售等 300 多类主题[1]，用户规模达 4.5 亿，占据音频市场 73% 的市场份额。[2]

在前期运营的基础上，喜马拉雅开始逐渐向内容与服务相结合的方向转变。除了向用户提供音频内容外，更将重点置于为用户提供优质内容产品，以及与此相匹配的知识服务上。

为了提升平台价值提供的质量，2016 年 6 月，喜马拉雅 FM 推出"付费精品"专栏[3]，作为平台一个较为独立的知识付费产品进行打造。该专栏中整合了

1　赵秋：《内容平台喜马拉雅是如何打造有声帝国？》，百家号，2018-01-4，https://baijiahao.baidu.com/s?id=1588642651715812363&wfr=spider&for=pc。

2　尚钺：《喜马拉雅 FM 副总裁周晓晗：什么是平台服务下的内容新经济 |WISE2017 新商业大会》，36 氪，2017-12-13，https://36kr.com/p/5107892.html。

3　《从月入几百到月入百万，喜马拉雅 FM 的主播如何赚钱？》，腾讯网，2018-07-13，https://new.qq.com/omn/20180713/20180713A0B72P.html。

平台上用户评价和内容质量都较高的精品音频，特别是其中的"大师课"栏目，更是汇集了各个学科领域顶尖专家的系统性课程，如"耶鲁大学陈志武教授的金融课"等。[1] 此外，喜马拉雅也在付费精品专栏中也推出了一些更为大众化的课程内容，这些内容往往更容易为普通公众所接受；如马东主讲、以谈话技巧为主题的"好好说话"累计播放量超过 4000 万次，以古典文化品读为主题的"蒙曼品最美唐诗"上线仅一个月的收入就超过了 300 万元人民币。[2]

在付费内容产品的基础上，喜马拉雅 FM 自 2016 年 12 月起，每年举办"123 知识狂欢节"活动，将付费内容产品在该节日期间进行集中推广和营销。2017 年举办的第二届知识狂欢节活动中，喜马拉雅实现内容消费总额 1.96 亿元人民币的营收规模，达首届知识狂欢节营收额的近 4 倍。[3]

2018 年 9 月，喜马拉雅 FM 与百度视频合作，推出了音频知识付费产品"听吧"，打造全方位的知识付费服务。除了内置喜马拉雅平台上所有的优质音频内容以外，"听吧"最大的特点是基于算法和用户订阅等方式，实现了音频内容的个性化推荐和分发。[4]

此外，喜马拉雅 FM 以智能推荐为核心功能的全内容 AI 音箱"小雅"的推出，以及尝试打通"手机 + 车 + 智能家居"为载体的全方位音频应用场景的努力，[5]都体现出该平台从内容到服务的转型。

不难看出，在平台的运作中，为平台各方提供"千人千面"的海量信息并帮助各方实现价值匹配，只是平台最基础的结构和功能。而要真正打造一个优质平台，则要在此基础上叠加"工具与服务"（帕克等，2017）。具体而言，平台需要为平台各方用户提供与其需求相匹配的个性化服务，或为用户提供与此

1　骑士爱骑驴：《"喜马拉雅 FM"产品分析报告》，人人都是产品经理，2018-04-24，http://www.woshipm.com/evaluating/982368.html。

2　姜峰：《拥有 3.5 亿用户的喜马拉雅 FM 如何定义优质内容》，凤凰财经，2017-06-27，https://finance.ifeng.com/a/20170627/15489885_0.shtml。

3　《123 知识狂欢节内容消费总额达 1.96 亿　越来越多的年轻人愿意为知识买单》，极客公园，2017-12-04，http://www.geekpark.net/news/224613。

4　《百度视频推出"听吧"产品　携手喜马拉雅进军知识付费》，新浪科技，2018-09-07，https://tech.sina.com.cn/roll/2018-09-07/doc-ihiixzkm5841044.shtml。

5　引自喜马拉雅 FM 副总裁周晓晗在 WISE2017 新商业大会上的演讲，参见尚钺：《喜马拉雅 FM 副总裁周晓晗：什么是平台服务下的内容新经济 |WISE2017 新商业大会》，36 氪，2017-12-13，https://36kr.com/p/5107892.html。

相关的实用工具，以充分满足各方的使用需求（帕克等，2017）。

　　事实上，"内容＋工具／服务"作为平台化媒体价值主张的核心机制，恰恰成为传统媒体平台化转型的难点之一。一直以来，传统媒体的核心优势在于优质内容生产，但缺乏进行精准化内容分发的技术（彭兰，2018），也缺乏开发相关工具或服务的灵活运营机制。因此，目前传统媒体的平台化运营，还很大程度上停留在以内容生产和简单分发为核心的阶段，而与"用户＋入口＋场景"相匹配的平台建设还相去甚远（许同文，2015）。

六、平台化媒体的用户运营：寻求多方利益的动态平衡

　　在奥斯特瓦德、皮尼厄（2011）对于商业模式的考量中，"重要合作"与"客户关系"这两个维度，与创业项目的用户运营密切相关。其中，重要合作这一维度描述的是企业有效运作所需的供应商和合作者网络（奥斯特瓦德、皮尼厄，2011）。客户关系这一维度关注企业在客户获取、客户维系与产品销售过程中与客户建立的关系类型。商业模式中所要求的客户关系，深刻影响着客户体验与创业项目的发展（奥斯特瓦德、皮尼厄，2011）。

　　与传统商业模式相比，平台化媒体的运作由于涉及需求端用户、供给端用户、平台运营者等多方的利益相关方关系平衡，因而需要根据平台各方用户的信息供求关系和利益诉求，对平台运营模式进行实时调整，以保持平台各方之间的利益平衡并推动平台自身的持续运营。

案例 5.2　春雨医生

案例提要：

　　在用户运营中，春雨医生如何保持平台各方用户利益的动态平衡？

　　春雨医生是移动医疗领域的一个平台化媒体产品，致力于为用户提供来自公立医院医生的在线医疗健康咨询服务和健康医疗类的信息内容。该产品从2011 年成立初期的远程问诊开始尝试，如今已涵盖健康咨询、家庭医生、预约

挂号、健康保险等一系列相关服务[1]。

作为国内首个进入移动问诊这一细分市场的传媒创业机构[2]，春雨医生从成立之日起不断调整平台的运作机制，以平衡平台多方用户的需求，不断积累用户数量和医疗资源。目前，春雨医生的月活用户总数和用户渗透率等指标都在同行业处于较为领先的地位。[3]对该案例的分析，有助于探讨平台化媒体如何通过利益相关方关系调整实现平台的持续发展。

某种程度上，春雨医生是一个较为典型的医疗信息类 P2C 内容生产平台。在这个平台上，专业方（P 端）与用户（C 端）共同寻求信息匹配，医生作为第三方专业人士借助该平台为用户生产内容或提供服务。

作为连接专业信息提供者与用户的平台，春雨医生根据信息供求关系，设计相应的平台运行机制，试图平衡信息需求方（C 端用户）与信息供给方（P 端专家）之间的关系。在成立之初，由于信息供给明显小于信息需求，该平台每天向用户开放一定数量的免费问诊名额，其余则通过收费的方式满足用户的个性化需求。[4]

> 刚开始我们医生少用户多，所以我们做的机制叫"抢号机制"，每天我们平台上放 500 个号，每天分三个时段让用户抢号，用户抢得不亦乐乎，这是医生少的时候；后来医生多了，我们现在就变成一个叫"抢答机制"，以前让用户抢号，现在让医生抢答，这都是在不断调节这里面 P 端和 C 端之间的关系。这是你做平台的时候，永远都会面临的问题。[5]

随着使用平台的医生人数增加以及医生抢答机制的推进，平台运营又面临新的问题：

---

1 i 黑马：《从春雨医生倒闭传闻　看移动医疗行业之困》，网易财经，2015-10-19，http://money.163.com/15/1019/09/B69E7CK3002552IK.html。

2 《易观智库：移动医疗 App 实力矩阵　问诊类 App 用户月活跃比较》，健康点，2015-12-11，http://www.healthpoint.cn/archives/38369。

3 《比达咨询：春雨医生月活领先对手 3 倍以上》，2016-01-25，http://oicwx.com/detail/719875。

4 谢丹丹：《春雨医生：小入口的大数据生意》，中外管理，2014-10-29，http://www.zwgl.com.cn/cn/readinfo.asp?nid=12572&id=696&bid=732。

5 春雨医生 CEO 张锐受邀在清华大学"传媒创新与创业"课堂分享，2014 年 10 月 26 日，清华大学新闻与传播学院。该课程由曾繁旭主持。

春雨医生众包问诊业务早期的形式是，问题放出后医生进行抢答，抢到问题的医生可以获得补贴。但由于真正优秀的医生平时工作比较忙，反而很多一般医生有很多时间抢问题，平台上出现"劣币驱逐良币"的情况。春雨的解决方案，（就是）参考 Uber 的模式把问题派给熟悉相关领域的优秀医生。

设计平台型产品时，创业公司需要思考的是，如何设计好游戏规则和合理的商业模式来解决实际问题。其中一个关键点是"关注利益平衡点（供需平衡、多方共赢），而不仅仅是需求和用户体验"。[1]

在线问诊模式逐渐发展成熟后，春雨医生也在尝试推出新的服务，以进一步提升平台各个利益相关方的体验，推动商业模式的进一步完善。

春雨医生在成立三年后推出了名为"空中诊所"的 C2C 付费服务，用户可以指定医生进行实时咨询、线下加号、预约就诊等服务，而其他更为个性化的医疗服务，医生也可自行提供、定价，并由患者来"按需购买"。[2] 从平台使用者的角度，"空中诊所"服务可以说兼顾了医生和用户等多个利益相关方的诉求。对于医生而言，除了可以借助"空中诊所"随时解答患者提问外，还可以充分发挥自己专长，通过与其他医生的差异化竞争树立自己的品牌，并以此获得相应的收入；而对于患者而言，获得有针对性医疗服务的需求则得到了进一步满足。

作为一个充分开放的移动医疗平台，春雨也开始通过与移动健康数据集成平台的合作，在充分掌握用户健康数据的基础上，依靠数据资产打通 B 端，为药厂、保险公司等相关企业提供数据产品和相关服务。[3] 此外，春雨医生于 2016 年 8 月正式推出"在线问诊开放平台"，在未来，第三方的服务商，包括硬件厂商、App、网站和微信公众号等，都可以免费接入春雨医生的在线问诊服务。[4]

1　引自春雨医生产品总监赵媛在 36 氪主办的创业课 KrLass 第二期的分享，参见 https://36kr.com/p/5035748.html

2　段钦：《春雨医生 5.0 上线推出"空中诊所"服务，允许医生提供自行定价的医疗服务，由患者来"按需购买"》，36 氪，2014-04-30，http://36kr.com/p/211534.html。

3　张雨忻：《"春雨医生"获 5000 万美元 C 轮融资，将瞄准数据产品开发，加强 B 端服务》，36 氪，2014-08-19，http://36kr.com/p/214667.html。

4　刘涌：《春雨医生在线问诊开放平台正式上线，免费开放核心医疗资源》，36 氪，2016-08-03，https://36kr.com/p/5050496.html。

可以看出，春雨医生平台的开放度正在逐步提升，平台的用户也从居于核心的 P 端（医生）与 C 端（普通用户），扩展到药厂、医院、保险公司等 B 端用户，甚至延展到网站、微信公众号等其他平台。这也在一定程度上增加了平台利益相关方关系维护的复杂性。

在平台化媒体的商业模式设计中，相比于纵向的产品运作链设计，横向的用户运营与利益相关方关系平衡往往更为重要。围绕需求端用户、供给端用户、平台运营者等利益相关方的关系平衡，贯穿于平台化媒体发展的各个阶段，使这类媒体机构的运作具有区别于传统媒体商业模式的复杂性，也因而呈现出此类创业项目的多重可能。总体而言，平台化媒体往往需要随时根据平台各方的信息供求关系和各方的利益诉求，动态调整平台的运营模式，以寻求适合各方的利益平衡点。

在当下的媒体环境中，用户流失成为传统媒体面临的主要困境之一。为了寻求转型出路，有学者认为，传统媒体应当通过平台建设的方式满足用户多元信息需求，进而积累用户（宋建武、陈璐颖，2016）。在此基础上，未来媒体发展的理想形态，应当是以"内容分销、共享和多方参与"为核心并同时具备良性运作规则和平衡力量的"平台型媒体"（喻国明、弋利佳、梁霄，2015）。然而，透过以上案例不难看出，平台化媒体的用户运营具有相当高的难度。可以说，传统媒体在用户运营、用户黏性的维系和用户体验的塑造上都不具优势（彭兰，2018），传统媒体的平台化转型因而困难重重。

七、平台化媒体的盈利模式："交叉补贴"与"打通上下游"

平台化媒体的盈利模式，更多地依赖平台各方的"交叉补贴"（cross-subsidization; Gomes & Pavan, 2013）机制，即平台对多边用户采取非对称的定价策略（Rochet & Tirole, 2005），将平台使用者的一方作为资金来源，而对平台的另一方使用者则完全免费甚至给予补贴。

因此，在设计平台化媒体的盈利模式时，创业者们需要回答的核心问题是，在平台多方用户中，哪方用户对价格更加敏感？能够通过补贴吸引价格敏感一边的用户吗？平台的其他几方能否产生足够的收入来支付这些补贴（奥斯特瓦德、皮尼厄，2011：69）？

当然，这一盈利方式有它的局限性，因此平台化媒体往往尝试加以突破，通过打通上下游的内容产业，推动更多元的盈利模式开发。

案例 5.3　爱奇艺

案例提要：

在盈利模式设计上，爱奇艺一定程度上超越了同类视频网站以广告为主要来源的盈利模式，而是探索出用户付费等更多元的盈利可能。

爱奇艺是百度旗下的高清视频播放平台，网站建立了涵盖高清电影、电视剧、综艺、动漫等在内的中国最大正版视频内容库，并致力于生产高质量的原创视频内容。此外，爱奇艺也构建了包括电商、游戏、电影票等业务在内的多元化视频平台商业模式。[1]

与同类视频网站平台相比，爱奇艺一定程度上超越了传统意义上以广告为主要来源的盈利模式，而是探索出用户付费等更多元的盈利可能。作为中国视频行业中成立时间最短的网站，爱奇艺经过若干年的发展，一跃成为如今国内付费用户规模最大的视频网站平台之一。[2]对这个案例的解读，有助于我们理解平台化媒体盈利模式转型的可能及其背后的复杂性。

在相当长一段时间内，爱奇艺一直把广告作为盈利的主要来源；而针对普通用户，则提供免费视频内容。这种主要依赖广告商获取收益的盈利模式，是视频网站平台较为常用的盈利模式，也一直为优酷土豆、乐视、腾讯视频等视频网站所采用。2015 年，在线视频网站收入中，广告收入占比超过一半（57.8%），而用户付费等增值收入仅占总收入的 12.8%。[3]

1　参见爱奇艺官方网站 http://www.iqiyi.com/common/aboutus.html。

2　参见爱奇艺官方网站 http://www.iqiyi.com/common/aboutus.html。

3　《2015 年中国在线视频用户付费市场研究报告》，艾瑞咨询，2016-02-02，http://report.iresearch.cn/wx/report.aspx?id=2528。

但 2015 年下半年开始，爱奇艺的平台盈利策略，开始从几乎完全依赖广告商的盈利模式，向用户付费模式转移。通过开发针对年轻用户这一目标群体的优质内容，激发他们的消费意愿，爱奇艺开始逐步推动免费用户向付费用户的转化。具体而言，爱奇艺主要进行了两方面的尝试：

一方面是开发优质自制内容，包括《盗墓笔记》等网络自制剧和《奇葩说》等自制综艺，这部分自制内容推动了爱奇艺付费用户的迅速增长。2015 年，爱奇艺自制剧《盗墓笔记》播放仅 24 小时就点击破亿，并为爱奇艺带来了 27 亿流量[1]；该剧播放期间，爱奇艺的付费会员数从 500 万人增加至 1000 万人。[2]

另一方面，争取优质版权剧的播放权。对热门剧集版权的争夺，一直是视频网站平台竞争的焦点。[3] 视频网站往往高价购买热播剧版权，再以部分或全部收费的方式播放。2016 年年初，爱奇艺在全网同步独播《太阳的后裔》，付费会员可观看最新剧集，而对非会员则延迟一周更新。《太阳的后裔》推动爱奇艺付费会员增加 50%，并为爱奇艺带来约 1.9 亿元人民币会员费。[4]

当然，除了高价购买以热门版权剧为代表的"头部"内容以外[5]，爱奇艺也开始开发一些小众优质视频内容并进行用户付费尝试。爱奇艺将个人和小团队等内容制作商作为平台的合作对象，采用收入分成模式，将他们的作品在平台上播放，从用户付费中进行分成。这一方面降低了内容制作的成本，另一方面也有助于推动爱奇艺的平台发展。比如，爱奇艺曾推出付费电影收益分成机制，即"分甘同味"计划，用户可以以较低的价格观看青年导演或者独立制片公司所制作的小成本电影，平台再与电影制作人分成。

我们希望是有一些不能上院线，或者在院线上表现得不一定好的电影，加

1　缪定纯：《爱奇艺宣布付费会员数超 2000 万，下一步将打儿童牌》，36 氪，2016-06-14，https://36kr. com/p/5048087.html。

2　张汉澍：《爱奇艺付费模式"奇袭"半年内付费用户翻番至 1000 万》，新浪财经，2015-12-08，http:// finance.sina.com.cn/chanjing/gsnews/20151208/032423956757.shtml。

3　陶力：《爱奇艺：广告收入将调整为三分之一，付费会员收入占到三分之二》，IT 时代，2016-06-16，http://www.itxinwen.com/news/news_11536.shtml。

4　《韩媒：爱奇艺靠〈太后〉增付费会员 500 万进账 1.9 亿》，参考消息网，2016-03-26，http://www. cankaoxiaoxi.com/finance/20160326/1110361.shtml。

5　陶力：《爱奇艺：广告收入将调整为三分之一，付费会员收入占到三分之二》，IT 时代，2016-06-16，http://www.itxinwen.com/news/news_11536.shtml。

入"分甘同味"计划。当然我们也欢迎院线的一些大片来我们的电影频道做付费这样一种模式。用户可以以 5 块钱一部的价格来观看一些片子，然后我们会把整个爱奇艺网站上的付费收入以一定的方式分享给导演或者制片人。

分成分两个阶段，第一个阶段是在付费期，如果是独家跟我们合作，我们每一次用户的观看都会分两块钱（给片方），如果是非独家每一次都会分一块五。在第二个阶段的免费期，我们也会就广告的收入与电影的出品人进行分成。[1]

通过借助优质视频内容的原创制作或版权购买，并针对有潜力的内容设计较为灵活的引入与变现方式，爱奇艺的内容开发战略，有效地推动了付费用户规模的增长。目前，爱奇艺付费会员规模突破 2000 万，成为国内最大的付费视频网站平台。[2]

除了围绕广告商、内容制作者和普通用户的盈利模式设计，作为一个以视频为核心的传媒平台，爱奇艺也开始进行影视作品的衍生品开发、营销，电影票的销售，以及与影视 IP 相关的游戏开发等，进一步将电影院、电商平台、文化产业等纳入平台运营中，实现多元的内容变现。

如果爱奇艺过去不到六年的时间是一个视频网站，未来将成为一个门户。这个门户主要的内容是视频，但是已经不是简单的视频观看，而是以内容 IP（知识产权）为核心，打通跟内容 IP 相关的视频体验和服务，比如电影票、商品、游戏等。

把它打穿，变成一个完整的商业模式，变成好莱坞模式的缩影，这是我们需要努力做的，我们筹划了一年多的时间终于看出点眉目出来。我们并不想颠覆谁，颠覆不是我们的理想，理想是建造一个开放型的平台。[3]

可见，在盈利模式设计上，平台化媒体往往在分析平台多方用户需求和支付意愿的基础上，设计交叉补贴的定价策略，并随着平台发展进行实时调整。

1　对爱奇艺高级副总裁杨向华的采访，参见 http://www.iqiyi.com/w_19rr8ewhk5.html。
2　《爱奇艺 VIP 会员数超 2000 万　开启全民 VIP 时代》，DoNews, 2016-06-14，http://www.donews.com/net/201606/2930640.shtm。
3　引自《中国经营报》对爱奇艺 CEO 龚宇的采访，参见 http://tech.sina.com.cn/i/2016-01-17/doc-ifxnqriy3023490.shtml。

与此同时，平台化媒体发展成熟后，往往会进一步拓展与平台业务相关的上下游产业，并将产业利益相关方纳入平台运营中，以推动平台规模扩大，并增加收益。

八、平台化媒体的颠覆性潜力

通过对喜马拉雅、春雨医生和爱奇艺三个平台化媒体案例的分析，我们发现，作为一种新兴的商业形态，平台化媒体在商业模式的若干维度上对传媒业形成了颠覆性创新（见表5.2）。

表5.2　平台化媒体对传媒业商业模式的颠覆性创新

	传统媒体业的商业模式	平台化媒体的商业模式
价值主张	面向广大公众进行内容生产，缺乏清晰受众意识	以海量信息为基础，提供千人千面的用户界面，并叠加有针对性的工具与服务
	以生产原创新闻内容为核心价值提供方式	不直接生产内容，而是将具备彼此互补信息需求的平台各方聚合在一起
用户运营	将普通受众作为"读者"，缺乏用户运营的意识	基于需求端用户、供给端用户、平台运营者等利益相关方的信息供求关系和利益诉求，进行用户运营机制的实时调整
盈利模式	以广告和发行作为盈利的主要来源	以交叉补贴作为盈利的核心机制，并打通上下游以增加收益来源

首先，在价值主张和关键业务方面，与传统媒体相比，平台化媒体的创新体现在两个方面。一方面，平台化媒体的价值主张设定，往往以海量的信息为基础，通过智能推荐等技术为用户提供千人千面的信息，并进而叠加相应的工具与服务，因而其价值提供具备较强的针对性；而传统媒体的价值提供往往面向广大公众，缺乏明确的受众意识，因而也缺乏内容的针对性和对受众的吸引力。另一方面，与以生产内容为核心价值提供方式的传统媒体相比，大多数平台化媒体往往不直接生产内容，而是采用用户生产内容或直接进行外部内容分发的方式，用以满足用户的信息需求；由于平台将具备彼此互补信息需求的平台各方聚合在一起，平台的内容分发某种程度上会增加内容与用户需求的匹配程度，

从而更有利于维持用户黏性。正是因此，传统媒体正在逐渐失去对于渠道的控制权，各种以个性化内容分发和服务提供为主要业务的平台化媒体，正在凭借其更有开放性、更为个性化的内容和服务，实现对于传统内容运营和价值提供方式的重构（彭兰，2016b）。

其次，在用户运营方面，传统媒体机构往往将普通受众作为其最直接的利益相关方，但在实际运营中，传统媒体机构却对受众缺乏了解和沟通，主要聚焦于内容生产和常规性的发行渠道建设之上。相比之下，在平台化媒体中，用户运营的机制则更为复杂。平台运作包含了几种不同的角色，包括需求端或终端用户（end-users）、供给端用户（比如内容提供者）、平台运营者（作为用户之间交易的中介），以及平台创办者（Eisenmann et al., 2008）。平台化媒体的商业模式设计，需要充分考量平台各方用户的利益，并保持平台各个利益相关方之间的平衡。此外，与传统媒体机构不同的是，平台运营中网络外部效应的存在，使得平台价值与用户数量之间发生彼此推动的良性循环（Rochet & Tirole, 2003）；借助网络效应，平台化传媒/信息产品以远低于传统行业的成本扩大规模、开拓市场、获取用户（帕克等，2017；Parker & Van Alstyne, 2005）。

最后，在盈利模式设计方面，传统媒体业通常将广告作为盈利的主要来源，通过积累大量用户并吸引广告投放，得以盈利。而目前，平台化媒体已经开始超越传统的以广告为主导的盈利模式,通过设计"交叉补贴"（cross-subsidization; Gomes & Pavan, 2013；Rochet & Tirole, 2005）的定价机制尝试更灵活的盈利方式；发展较为成熟后，其中一些创业媒体开始打通平台运营上下游相关产业和相关方，以拓展收益方式。此外，跨界经营、内容孵化、聚合服务等方式，也都能成为平台型产品持续的盈利来源（喻国明、何健、叶子，2016）。

九、传统媒体的平台化转型：两种路径

通过分析平台化媒体的商业模式特征以及其颠覆性潜力，我们发现平台化媒体在价值主张（信息生产、分发与服务叠加）、用户运营（寻找多方的动态平衡）和盈利模式（交叉补贴与打通上下游）等关键的商业模式维度上形成了对

传统媒体的颠覆。我们认为，平台化媒体虽然有可能成为传统媒体未来转型的出路之一（喻国明，2019），但在具体实践层面，传统媒体平台化转型的可行性需要结合媒体机构的特征进行具体分析。

事实上，根据媒体层级的不同，当下传统媒体的平台化转型，呈现出两种不同的路径。

一方面，地方传统媒体的平台化转型，往往通过提供地方资讯并叠加相关服务的方式，建立地方综合性信息平台。比如，长兴、安吉县级融媒体中心的客户端平台在充分挖掘本地化优质资讯的同时，也通过与相关政府部门对接，将当地公众需要的服务整合到该平台上；公众可以通过该平台进行相关业务的办理，也可以在平台上与当地政府部门进行沟通。类似这样的平台化转型方式，其建设成本较低，加之地方媒体在本地化资讯以及行政和社会资源的获取上有先天的优势，因而这样的平台化转型方式具备一定的可行性。

另一方面，大型建制化传统媒体的平台化尝试，往往借助内部整合，以建设大型"入口级平台"为最终目标。近些年来，各大主流媒体均推出了相应的新闻资讯客户端或短视频客户端等，希望通过这类媒介产品的建设维系原先的渠道优势，使传统媒体依然成为受众日常新闻消费的主要入口。这些媒介产品虽然使传统媒体生产的优质内容得以借助更丰富的媒介形态和更多元的渠道传播给受众，但本质上，这类媒介产品依然是内容生产方，而非以开放和连接为主要特征的平台化媒体，距离真正的"入口级平台"也相去甚远。除此以外，大型建制化媒体的这种平台化转型方式还在以下几个方面面临困境。

首先，平台化媒体的发展，需要强大的技术支撑，它往往从提供特定服务的工具型产品起步（如提供搜索服务、视频播放、新闻资讯或社交通信等）（魏武挥，2015a）；也需要较长时间的积累和较大的资本投入，从而实现用户黏性的逐渐形成并成为有强大市场竞争力的"入口级平台"（喻国明，2016）。与新闻资讯领域已经占据寡头垄断地位的商业化媒介产品相比，传统媒体在多大程度上能够与之抗衡依然未知。从这个角度而言，大型建制化传统媒体在建设入口级平台上并不具备优势。

其次，由于平台不直接生产内容，而是以多方连接、匹配和良性互动为特征，因此传统媒体要实现向平台化媒体的转型，就要求它们不再作为占主导地位的话语主体进行自上而下的信息发布，而是更多充当连接者和服务者的角色，为平台各方彼此互动提供条件和保障，维持各方利益平衡；而这对于传统媒体，特别是大型建制化媒体而言很难实现，因为它们往往受到体制层面的约束，承担着舆论引导的社会功能。

最后，平台化媒体作为更加具备互联网特征的媒介产品，要求媒体创办人员能够洞察多方的利益匹配方式，寻找灵活多变的运营方式，并具备搭建新商业模式的开拓能力。而传统媒体机构的核心竞争力则体现在通过专业人士生产高质量的新闻内容，而非进行市场运营。这决定了这两种媒介产品形态的核心运作观念存在本质差异。

在某种程度上，正是学者们对于平台化媒体的定义有着不同的理解，以及传统媒体的平台化转型存在着不同的路径，导致学者们形成了相去甚远、甚至彼此矛盾的看法。如果将平台化媒体严格限定为不直接生产内容的连接者和多方协调者，并充分考虑建制化大型传统媒体在平台化转型中的复杂性，学者们会更为强调垂直化内容提供在传统媒体转型中的可行性，而非大而全的平台建设（彭兰，2018；喻国明，2016）；而如果将传统媒体以新闻客户端为代表的媒介产品也视作平台化产品，或者片面考察地方传统媒体的平台化转型，将会使学者们倾向于对传统媒体的平台化转型持更为乐观的态度（韦嘉，骆正林，2019；黄楚新，刁金星，2019）。

值得注意的是，平台化媒体可能会是其他新型传媒产品发展成熟后的转型方向。比如，蓝鲸财经记者工作平台早先主要采用针对财经记者群体的垂直化模式，但它正致力于打通 B 端的金融服务，打造一个集记者、专家、企业于一体的财经服务平台，[1] 这已经体现出平台化媒体的发展思路。与此类似，钛媒体的发展路径，也呈现出了从以提供专业财经科技类信息为主的垂直化媒体，向覆盖资讯提供、科技服务、企业转型、精品电商等多重业务的服务型平台化媒体的转变趋势。这意味着新型传媒产品对于不同商业模式的采用，并非泾渭分明。（Mings & White, 2000），它们之间的转换，要比传统媒体向平台化媒体转型更为容易。

---

1 孙乐：《看看人家蓝鲸：从 200 万到 5000 万》，微头条，2015-07-17，http://www.zhixuan.com/toutiao/article/34203。

第六章　内容创业盈利模式的快速迭代 [1]

移动互联网时代，高质量原创内容的影响力和商业价值正在不断凸显。本章提出，目前国内内容创业的盈利模式主要分为两种。第一种是直接盈利模式，这种模式往往以热门的版权内容或原创 IP 为基础，通过内容付费与广告两种方式实现内容变现。第二种是间接盈利模式，即首先以内容为跳板吸引足够多的用户，再通过媒体电商与社群经济的方式变现。这两种盈利模式也预示了内容创业领域的潜力。

一、内容创业的春天？

媒介技术的发展，使内容创业领域的进入门槛进一步降低。一方面，该领域的技术壁垒被打破，借助于移动互联网，任何人和企业几乎可以零成本、随时随地在网络上发布内容；另一方面，该领域的专业壁垒也大大降低，大量专业的内容生产者（如传统媒体从业者）正在逐渐参与互联网的内容生产领域，这有助于创业者和企业生产出更高质量且有吸引力的内容（Pulizzi, 2012）。

在中国语境下，大量创业者正在加入内容创业的大潮。根据新榜提供的数据，截至 2015 年年底，各个平台上的内容创业者数量呈现井喷态势。[2] 其中值得注

---

1 本章初稿发表于《新闻记者》2016 年第 4 期，曾繁旭为第一作者，王宇琦为第二作者。本章在内容上进行了调整与增补。

2 新媒体排行榜，《2015 年内容创业白皮书》，2016-01-23，http://help.3g.163.com/16/0219/22/BG7JDQKG 00964KDF.html。

意的是，在 2015 年度中国微信 500 强中，有 88% 的公众号属于创业者，这些公号全年推送图文 95 万篇，共获取 967 亿阅读，4.6 亿点赞，远超专业媒体。[1]高质量原创内容的重要性和影响力不断凸显，依托优质内容吸引受众、获取商业价值的创业项目增多，"内容创业的春天"似乎已经到来。

那么，内容创业领域的常规盈利模式是什么？该领域的盈利模式正在面临怎样的迭代与变迁？国外的学者们对此有何总结？国内的行业实践又有怎样的趋势？从这些问题出发，本章将对当下中国内容创业领域盈利模式的发展现状进行探讨，并追问其中的趋势与规律。

二、在线内容行业：盈利模式与创业可能

在线内容行业，往往以有价值的信息或知识为核心（Rowley, 2012），借助互联网等数字平台进行传播（Strader & Shaw, 2000），主要包括在线新闻、专业资讯等新闻产品，在线视频、电影、动漫、游戏等原创内容，以及基于内容的互联网服务（Rowley, 2008）。

在线内容行业中，主要有两种盈利模式（Pulizzi, 2012）。

一是直接盈利模式，通过用户对内容的直接购买或是广告商对内容的赞助而获利。一直以来，互联网用户已经习惯于免费接收信息（Swatman, Krueger & van der Beek, 2006），因而，如何说服用户对内容付费成为在线内容行业的核心问题之一（Rowley, 2008）。对此，有学者指出，内容生产者有必要瞄准特定利基市场（niche market; Kotler & Keller, 2011），通过聚焦、深入并且与目标受众高度相关的内容来吸引特定读者群，并针对这部分用户收费（Kaye & Quinn, 2010）。此外，内容本身质量的好坏也是能否直接通过内容盈利的重要影响因素之一（Ulin, 2013）。而广告作为在线内容行业，特别是在线新闻市场中最基本的盈利方式（Soukup, 2004；转引自 Swatman et al., 2006），在互联网语境下虽有一定的生存空间，但其对内容行业利润的贡献率已经大不如前（Picard, 2000b）。

---

1 新媒体排行榜，《2015 年内容创业白皮书》，2016-01-23，http://help.3g.163.com/16/0219/22/BG7JDQKG00964KDF.html。

在线内容行业的另一种盈利模式，是间接借助内容盈利。在这种模式中，内容成为企业吸引用户注意的核心元素（Rowley，2008），企业往往先借助内容留住特定用户群，进而销售针对该用户群的产品或服务（Pulizzi，2012）。

在内容产品供应链中，一般包含五种利益相关方：创造性利益相关方（比如作家、艺术家、设计师等），管理性利益相关方（比如政府），商业性利益相关方（比如出版商、电影公司、音乐公司等），技术性利益相关方（比如 IT 公司，软件 / 硬件供应商），以及顾客（Umeh，2007；转引自 Rowley，2008）。间接借助内容盈利的模式，往往将关注点聚焦于搭建商业性利益相关方（即内容提供者）与顾客之间的互动平台（Umeh，2007；转引自 Rowley，2008），通过优质内容吸引用户互动和参与，搭建在线社群（Lieb，2011）。

这种盈利模式，一定程度上与内容营销（content marketing）的内在逻辑一脉相承。内容营销的相关研究认为，与直接宣传产品的商业广告相比，优质内容往往能达到更好的宣传效果。优质内容可以帮助形塑品牌形象，增加消费者对企业及其产品的信任度（Lieb，2011）。为此，企业必须持续创造有价值的、相关的和有说服力的内容（Pulizzi，2012），通过搭建内容分享平台（Rose & Pulizzi，2011），吸引稳定的关注群体，并最终促进企业产品的销售（Handley & Chapman，2012）。

基于这样的逻辑，内容营销领域的研究者普利兹（Pulizzi，2015）提出创业的"内容模式"（content model），创造了一种基于内容的创业模式。他认为当下最有潜力的创业路径就是从内容出发，依靠优质内容吸引用户，此后再针对该用户群提供特定产品或服务，实现盈利目标。

三、直接盈利模式：内容付费 + 广告

直接通过内容盈利的创业项目，往往以热门的版权内容或 IP 为基础。IP（intellectual property），即知识产权，以及拥有知识产权的内容、形象或故事，[1]

1　王琼慧：《IP 推动网络视频多样化变现》，财新网，2016-01-08，http://finance.qianlong.com/2016/0108/259013.shtml。

包括文学、漫画、动画、电影、游戏等。根据付费的对象不同，直接通过内容盈利的模式中又可以分成内容付费（将内容售卖给受众）与广告（将内容售卖给广告商）两种不同的方式。

（一）内容付费

内容付费最初被传统媒体作为增加收入的一种辅助来源，主要包括电子期刊的付费订阅、特定报道的付费阅读以及个人化的新闻定制等（Swatman, Krueger & van der Beek, 2006）。如今，内容付费作为一种盈利模式，在内容创业领域同样被采用，但其表现形式更加多元。

案例 6.1　视频网站的热门 IP

> **案例提要：**
> 视频网站主要借助哪些方式实现对热门 IP 的盈利？

具体而言，内容付费有以下两种形式。第一种形式，表现为用户付费等增值服务，即线上的某些内容需要用户付费之后才能使用。目前，国内一些视频网站开始采用通过特殊版权与强力 IP 促使付费用户增长的战略。腾讯、爱奇艺等视频网站的热门 IP，比如《暗黑者 2》《盗墓笔记》等，均采用仅供付费会员观看的模式，以此实现内容变现。腾讯视频的 NBA 篮球比赛或影视剧的诸多内容，也因为版权的独特性，需要观众支付会员费用才能观看。视频网站爱奇艺更是计划增加会员收费在总收入中的比例，甚至预期使用用户付费收入的量级超越其广告收入。[1] 然而，正如斯沃特曼等（Swatman, Krueger & van der Beek, 2006）所指出的那样，互联网用户已经习惯于免费接收信息，在中国亦是如此，互联网用户的内容付费习惯仍然需要较长时间的培养。

内容付费的第二种形式，是在 IP 取得较大影响后，通过内容的衍生品（如游戏、电影等）获利。特别是近些年，网络热门视频通过开发大电影的方式放大 IP 价值，依靠线上积累的粉丝，将内容变现渠道从单一的线上市场拓展到线下的电影市场，进一步拓宽变现渠道。2015 年 7 月，搜狐视频网络自制剧《屏

1　王琼慧：《IP 推动网络视频多样化变现》，财新网，2016-01-08，http://finance.qianlong.com/2016/0108/259013.shtml。

丝男士》原版制作团队拍摄的大电影《煎饼侠》上映。依靠《屌丝男士》线上超过 36 亿次点击量积累的粉丝,《煎饼侠》这部前期投入不足 2000 万元人民币的低成本电影,最终赢得了 11 亿元人民币的高额票房。[1]

大鹏自信《屌丝男士》给了电影深厚的观众基础……《煎饼侠》成功的主要原因是抓住了网络上本来的受众,并成功把他们转化为电影的受众。大鹏说,《屌丝男士》前四季 36 亿的点击量是巨大的观众群体,他在拍第四季《屌丝男士》的时候在每一集都强化一个概念,就是"我们拍了一部电影,这部电影 7 月 17 日上映"。[2]

（二）广告

作为在线内容行业的盈利模式之一,广告的重要性和贡献度正在逐渐降低（Lieb,2011）,但广告在特定的细分内容市场、特别是在线视频行业中依然具备一定的生命力。根据中国网络视听节目服务协会 2015 年 12 月发布的《2015年中国网络视听发展研究报告》,网络视频行业的主要收入来源为广告,占比约70%,而剩下的 30% 则包括版权分销、视频增值服务等其他形式的收入。[3]

案例 6.2 奇葩说

案例提要:
　　网络自制综艺节目《奇葩说》为何会获得高额广告收入?

目前,网络平台上的一些热门版权内容或 IP 依然吸引着广告商的注意。比如网络自制综艺节目《奇葩说》仍然依赖广告这一传统的盈利模式作为其收入的主要来源。早在 2014 年年底《奇葩说》第一季开播之时,美特斯·邦威就以5000 万元人民币拿下该节目的总冠名,创视频网站自制综艺节目冠名费之冠。[4]

1　界面:《大鹏:〈煎饼侠〉票房破 11 亿 我却感觉很悲壮》,搜狐公众平台,2015-08-12,http://mt.sohu.com/20150812/n418632957.shtml。
2　界面:《大鹏:〈煎饼侠〉票房破 11 亿 我却感觉很悲壮》,搜狐公众平台,2015-08-12,http://mt.sohu.com/20150812/n418632957.shtml。
3　《IP 推动网络视频多样化变现》,财新网,2016-01-09,http://qu.weixinyidu.com/e_3276514。
4　《〈奇葩说〉狂砸上亿制作费 只为说人话? - 奇葩说》,今日头条,2015-09-22,http://toutiao.com/i6197222957238190594/。

伴随点击量突破 11 亿的播出业绩，《奇葩说》的赞助费用水涨船高，第三季总招商额破 3 亿元人民币，再次刷新纯网综艺招商纪录。[1]

当然，高额广告收入，仍然需要优质内容作为支撑，而高质量内容的生产恰恰是挑战所在（Pulizzi，2012）。在内容设计上，《奇葩说》将社会广泛争议的热点议题作为每期节目辩论的主题，诸如 "你选择大城床还是小城房""到 30 岁时做稳定工作还是追求梦想" 等议题，又特别符合目标受众 "90 后" 的关注点。此外，节目充分接近目标受众的价值观念和语态，正如《奇葩说》主持人马东所言：

真实，"这是我们的核心价值观"。目前 "90 后""95 后""00 后" 的年轻人热衷娱乐节目，"但他们对真实的要求更高，所以我们要让他们产生共鸣，为此一定要进入他们的语态，生产他们没有想到的东西"。"任何节目内容都要在情理之中，意料之外，用户永远不知道他所不知道的东西，你只有做出来了，他才会喜欢看。"[2]

除了依靠独特热门版权内容与强力 IP 吸引大众消费品广告投放外，在自媒体创业项目中，广告作为一种传统的盈利模式也出现了新的表现形式。一些地区性民生类微信号（如 "最爱大北京"）采用超本地化模式（Kaye & Quinn，2010），发布针对社区受众的细分内容，提供相对低成本的广告空间给本地广告商，以此进行盈利。此外，"利基内容模式"（Kaye & Quinn，2010）也为一些内容创业者所使用，他们瞄准特定的利基内容和比较小众的市场，通过聚焦于细分读者群，吸引相关领域的商家投放广告。

四、间接盈利模式：媒体电商 + 社群经济

目前，间接盈利模式主要包括媒体电商和社群经济两种形式。与直接盈利模式不同，一些基于自媒体平台的内容创业，往往以内容为跳板吸引足够多的

1　吕文凯：《有范 App 强势冠名〈奇葩说〉第三季》，搜狐公众平台，2016-01-07，http://mt.sohu.com/20160107/n433758117.shtml。

2　《马东：全世界商业模式都被中国人买光了》，中新网，2015-09-23，http://wap.eastday.com/node2/node3/n7/u1ai525916_t71.html。

用户，再实现盈利。

在内容的设计上，作为一种"小而美"的商业尝试，自媒体平台上的内容生产大多聚焦于某个细分的话题，通过生产某个垂直领域的话题来吸引特定用户。

（一）媒体电商

以媒体电商为特征的盈利模式，往往首先借助社会化媒体进行价值观和生活方式的传播，在深度影响受众之后形成电商交易的需求，并予以满足。采用这种模式的自媒体创业项目，往往以时尚（如"黎贝卡的异想世界"）、美妆（如"化妆师 MK- 雷韵祺"）、生活、文艺（如"一条"）等为主题。

案例 6.3　黎贝卡的异想世界

案例提要：

"黎贝卡的异想世界"如何在运营优质内容的基础上借助媒体电商完成变现？

这些公众号运营者大多对流行趋势、时尚搭配有敏锐的判断力，他们在自媒体上发布的内容更多是从个人品位和眼光出发，把实用单品推荐与日常生活场景紧密对接，为受众"在买买买的时候提供一些参考，少走弯路"[1]。比如公众号"黎贝卡的异想世界"有一个栏目"叫醒你的衣柜"，在推荐商品的同时提供实用的穿搭建议，诸如《有没有一条裙子美貌百搭，胜任所有场合，还适合所有体形？》《一件风衣，解决过渡季所有穿衣烦恼》这样的推送，让该公众号在开通短短 7 个月后粉丝数就达到 26 万。[2]

基于社会化媒体平台的内容发布者处于电商的导流层，通过产品推荐，将客流引入淘宝、京东等电商平台层。[3] 完成这个转变的基础，是受众对自媒体公众号内容的足够信任，以及对公号运营者个人魅力和所传达的生活方式的认同。这种信任，一方面取决于公众号运营者对内容质量的严格把关，比如"黎贝卡

1　新榜：《连 Prada 都敢黑，"黎贝卡的异想世界"到底是谁？》，2015-07-08，http://toutiao.com/a4675810517/。
2　新榜：《连 Prada 都敢黑，"黎贝卡的异想世界"到底是谁？》，2015-07-08，http://toutiao.com/a4675810517/。
3　《红人电商：小而美的突围》，网易科技，2015-12-20，http://tech.163.com/15/1220/10/BB98CE8N00094O E0.html。

的异想世界"运营者方夷敏谈及有关包含产品推广的内容时说道：

> "所有的东西我都试用过，我觉得好才推广给你。如果我拿不准的，我会告诉商家，我自己去买来试用，效果好我再联系你们。"而所有广告，推送时前面一定会加上"推广"的前缀，"我会告诉你，这就是广告。你觉得合适就买，我不能让读者有被骗的感觉"[1]。

另一方面，在社会化媒体平台上，公众号运营过程中用户对公众号内容的频繁阅读、评论、转发，以及公号运营者与受众之间的密切互动，一定程度上有助于两者之间形成比较正向的情感认同关系（Derks, Fischer & Bos, 2008），用户对运营者的信任感也会增强。"黎贝卡的异想世界"在开通半年拥有稳定关注后发布的第一则产品推广内容，非但没有使公号的粉丝数下降，反而在发布后阅读量突破 10 万。被推广的产品商家在一夜之间接到 1000 多份订单，几个小时内好多商品直接断货。而在商品评论区，有不少人留言"看了黎贝卡的推荐来的"[2]，可见粉丝对公众号及其运营者的牢固信任一旦建立，就可以迅速推动从内容到电商的变现。

媒体电商的盈利模式，能在短时间内借助优质内容聚集大量的粉丝并形成购买流，为电商带来大额收益。这个转化过程是借助微信、微博等成熟的社会化媒体平台搭建起来的，因此平台建设不需要额外投入，导流成本相对较低。

但是，采用媒体电商这一盈利模式的自媒体创业项目，稳定性相对较差。这些自媒体账号大多与快时尚议题相关，这些议题的快速迭代决定了掌控的难度也相对较大。[3]公号运营者对新一轮时尚潮流如果缺乏实时追踪，很可能被同类竞争者淘汰。此外，与社群经济的模式不同，媒体电商的路径更多是基于受众对公号运营者个人的信任和情感依赖，而非共同的价值观念和文化，因此凝聚力相对社群而言会弱一些，也很难产生基于共同理念和价值观的长期、稳定

1　张明萌：《黎贝卡　异想世界的"买神"》，《南方人物周刊》，2015-11-11，http://chuansong.me/n/1902909。

2　《她做了什么，让 45 万人都跟着她买？》，新浪专栏·风尚标，2015-10-26，http://fashion.sina.com.cn/zl/fashion/2015-10-26/10554563.shtml。

3　36 氪的朋友们：《红人电商会有天花板问题，社群电商更有大的空间和未来》，2015-12-13，http://36kr.com/p/5040936.html。

的收益。

（二）社群经济

间接通过内容盈利的另一种方式，更多带有社群经济的特征。

社群经济的运营模式，集中体现在"罗辑思维""吴晓波频道"等基于社会化媒体平台运营的优质内容创业项目中，其运作过程主要包含三个阶段：第一，借助优质内容产品吸引用户；第二，以这部分用户为基础，形成基于共同理念和价值观的社群，社群凝聚的方式包括发展会员、线下活动等；第三，通过社群电商实现内容变现（参见图6.1）。

图 6.1　社群经济的运作流程

案例 6.4　罗辑思维

> **案例提要：**
> 具体而言，"罗辑思维"如何实现社群经济的运作流程？

在内容运营阶段，内容创业者在微博、微信等社会化媒体平台上结合自身定位和目标受众的信息需求发布内容。微信公众号"罗辑思维"每天定时推送语音信息，并配合每周五推出的知识型脱口秀节目《罗辑思维》，向受众推荐有关科普、历史、当下社会热点等话题的书籍。"罗辑思维"的内容设计，始终围绕其目标受众展开，用罗振宇自己的话说，就是试图吸引"爱智求真、积极上进、自由阳光、人格健全"的人，"实现自由人的自由联合"。[1] 凭借高度贴近用户的优质内容，该微信公众号开通仅 8 个月就吸引了 50 万粉丝[2]，为打造一个具有共同价值认同的知识社群打下了基础。

1　罗振宇：《夜观天象》，2013-05-30，http://blog.sina.com.cn/s/blog_687c458f0101cw7o.html。
2　《新媒体人应该关注的公众号——罗辑思维》，2015-08-24，http://bbs.kgc.cn/post/7046.shtml。

在社群凝聚阶段，内容创业者需要将内容运营阶段已经吸引的用户凝聚为社群。

借助社会化媒体平台成功搭建社群需要具备三个核心要素，即值得信任的承诺、高效的协同工具和成员普遍接受的协议（Shirky, 2008: 260）。其中，值得信任的承诺解决了成员为何要加入社群这一首要问题，高效的协同工具（如微博、微信等社会化媒体平台）为社群的搭建和共同目标的达成提供了基础保证，成员普遍接受的协议有助于维护社群的正常运作（Shirky, 2008: 260-265）。

罗辑思维微信公号开通 8 个月后，罗振宇发起了第一次会员招募，进行从粉丝到社群的转变尝试。这次所谓"史上最无理的会员方案"，"没有高高在上的特权，没有清晰可见的权益回报"，仅凭一句"爱，就供养，不爱，就观望"，在短短 6 小时内售完全部 5000 个普通会员和 500 个铁杆会员名额。[1] 短时间内社群凝聚的关键，在于社群成员对罗辑思维中展现的"魅力人格体"以及其中蕴含的承诺的充分认同和信任。

初步完成社群组织后，自媒体的内容运营者往往会通过线上互动与线下活动相结合的方式，进行会员互动与社群凝聚。就罗辑思维而言，线上活动主要借助微博、微信平台进行组织，比如微博账号 @ 罗辑思维朋友圈发起了微博活动 # 罗辑思维相亲大会 #，罗辑思维微信公号向粉丝征集《罗辑思维》新书封面"神对白"等。在线下，罗辑思维组织了与线上相亲大会互为补充的线下相亲活动，并不定期为会员发放福利。类似这些活动虽然不一定与自媒体日常的运营主题完全相关，但是作为充分吸纳受众参与、鼓励受众互动的方式，有助于强化受众对社群的认同、增强社群的凝聚力（Jones，1997）。

在电商变现阶段，创业者主要通过社群电商完成内容变现，以社群成员为主要目标群体，销售与他们的兴趣、需求密切相关的商品。罗辑思维 2014 年在各大城市举办"罗辑思维公开课"，以互联网时代传统企业转型为主题，学费最高收费 13 998 元人民币，远高于同类培训价位，但报名者众。[2] 与此类似，吴晓

1　《再谈罗辑思维，自媒体该如何玩转自商业？》，钛媒体，2013-10-14，http://www.tmtpost.com/70767.html。

2　《"罗辑思维"的社群生意从网上做到成都》，《成都商报》，2014-07-31，http://tech.sina.cn/i/gn/2014-07-31/detail-ianfzhnh2876278.d.html。

波频道的三次公开课，门票也卖出 3000 张。除此之外，这些自媒体账号也借助微信平台销售与公号创始人鲜明人格特质紧密相连的商品，比如罗辑思维公众平台销售罗振宇在节目中推荐的书籍，近一年内卖出 832 900 本（2014 年 6 月 17 日—2015 年 5 月 18 日），订单 42 万笔，营收约 3 587 万元人民币。[1] 吴晓波频道销售"吴酒"，曾在 2015 年 10 月的一次预售中销量突破 2 万瓶。[2] 由于商品与社群特质紧密相关，依赖前期积累的社群成员和粉丝，后期自媒体账号的内容变现相对容易。

社群经济这种盈利模式，关键是需要具备形成稳定社群的凝聚力量。促进社群凝聚，不仅需要强有力的组织者（Armstrong & Hagel, 2000），更需要共同价值观以及基于此的观念、知识的密切互动，充分发挥知识流动在社群营造中的重要作用（Hiltz & Goldman, 2004）。目前采用社群经济作为盈利模式的内容创业项目中，比较成功的项目如罗辑思维、吴晓波频道、少年商学院等，更多还是带有知识社群的特征，即借助知识互动组建社群、推动社群凝聚。因此，在当下内容创业语境中，知识社群可能具备较强的变现潜力。

五、不确定性、迭代与未来

通过对国内内容创业领域的梳理，我们发现，目前内容创业的盈利模式主要分为两种。第一种是直接借助内容盈利，这种模式往往以热门的版权内容或原创 IP 为基础，通过内容付费与广告两种方式进行内容变现。第二种采取间接通过内容盈利的方式，即首先以内容为跳板吸引足够多的用户，再通过媒体电商与社群经济的方式变现，这种盈利模式常常为基于自媒体平台的内容创业者们所采用。

在内容创业中，是否能生产出足够优质的原创内容是关键（Ulin, 2013）。

1　刘璐：《罗辑思维，凭什么有这么大的魔性？》，《南都周刊》，2015 (21)，http://www.nbweekly.com/news/special/201511/39441.aspx。

2　《"咸鱼翻身" PK "吴酒不欢"白酒圈新势力玩出卖酒新花样》，《金陵晚报》，2015-11-02，http://qing.3g.cnfol.com/index.php?r=Article/Rssarticle&date=20151102&Id=21700211&source=yidianzixun

在直接盈利模式中，优质内容才能说服用户付费并吸引广告商（Kaye & Quinn,
2010）。与此相似，在间接盈利模式的自媒体内容创业项目中，由于社会化媒体
平台上优质内容的高度稀缺，高质量的原创内容也因而更具备识别度和商业潜
力。

直接通过内容盈利，包括内容付费和广告，属于比较传统的盈利模式。对
于热门版权内容或强力 IP 来说，运用这样的盈利模式，可以在一定程度上带来
内容变现和商业增值。但是，一个热门版权内容或强力 IP 维持红火的时间往往
较短，比如《我是歌手》《奔跑吧兄弟》《缘来非诚勿扰》(《非诚勿扰》新版)
等热门内容最近却面临收视率明显下滑的问题，这将影响其持续盈利的可能性。
此外，在内容过剩、付费习惯尚未形成（Swatman et al., 2006），而且广告资源
不断摊薄的环境下，这种盈利模式难免困难重重。

在社会化媒体平台上，依靠专业性的内容进行社群培育，已经成为不少内
容创业者选择的盈利模式。培育财经深度阅读爱好者社群的吴晓波频道、培育
专业财经记者社群的蓝鲸财经记者工作平台，以及围绕创业圈子进行社群培育
的 36 氪、虎嗅网、网易创业 Club 等，都是类似的案例。更宽泛意义上而言，
除了专家生产内容的模式，雪球财经、美黛拉等依靠用户生产内容的创业项目，
也具有一定的社群经济的特征。这些内容创业项目具有高度的细分化、专业化
特征，而且创办人往往具有特殊的人格魅力，能与受众建立深入的情感联系。
依靠社群成员的作用，社群经济这一模式具备较强的变现潜力，可能会被更多
的内容创业项目所运用。

在迅速变迁的媒体环境中，内容创业领域未来可行的盈利模式依然具备很
大的不确定性（Rowley, 2008）。成为更宽泛意义上的内容提供者，将增值服务、
社群营造与内容提供相结合，同时创新广告收入的方式，可能是在线内容行业
较有潜力的盈利模式（Swatman et al., 2006）。

第三部分

传媒业颠覆性创新的关键步骤

第七章　传媒创业者的机会识别 [1]

创业活动中的机会识别，是创业研究的核心问题。本章引入机会识别的理论框架，对于当下十分活跃的传媒创业现象进行考察，并提出传媒创业者的机会识别应该从市场需求、竞争环境、团队优势、商业价值四个维度展开评估。机会识别的过程，有利于传媒创业者避开过度竞争的市场领域，进而发现与自身优势相匹配且具有长期盈利潜力的创业方向。

一、传媒创业者从何入手？

以移动互联网为代表的传播技术发展，带来了传媒业的商业模式变革，并催生了新的创业机会（Timmons & Spinelli, 2009）。以微博、微信为代表的内容生产平台，持续降低了内容创业的进入门槛，使普通民众得以通过 UGC 的方式参与内容生产活动，这推动了传媒领域创业项目的持续增多。在微信平台上，公众号数量已于 2015 年年底突破 1000 万个，并正维持着 57% 的年增长率。[2]

然而，在数量庞大的传媒创业项目中，真正能实现持续盈利、吸引大规模用户的优质创业项目却为数不多。根据新榜 2015 年年底的统计数据，有 28%

1　本章初稿发表于《现代传播》2017 年第 10 期，曾繁旭为第一作者，王宇琦为第二作者。本章在内容上进行了调整与增补。

2　新媒体排行榜：《2015 年内容创业白皮书》，2016-01-23，http://help.3g.163.com/16/0219/22/BG7JDQKG 00964KDF.html。

的内容创业者没有实现盈利，近八成内容创业者月收入不足万元。[1]这很大程度上源于创业者在创业之初缺乏完整、清晰的机会识别过程，更多创业者是从兴趣出发，而非基于对真实市场需求的发现与解决，也缺乏后续的商业潜力挖掘等细致的考虑。很多内容创业类项目的主题都集中于八卦娱乐、情感心理等热门领域，而这些领域中，用户注意力红利正在逐渐衰减。[2]

事实上，面对潜在的市场机会，大多数创业者往往缺乏敏锐的识别能力。即使是在发展比较成熟的企业中，能在企业发展早期准确识别出特定创业机会并加以利用的企业也只占少数（Timmons, 1990）。创业机会识别因而受到研究者们的关注。

创业者对特定市场机会的感知与识别，被创业领域的不少研究者置于创业研究的中心位置。文卡塔拉曼（Venkataraman, 1997）从创业机会的角度定义创业，认为创业的过程就是对于能够创造未来产品和服务的机会的发现、评估和使用过程。

在此基础上，沙恩与文卡塔拉曼（Shane & Venkataraman，2000）进一步提出创业研究的三个核心问题，这三个问题都与创业机会紧密相关：第一，创业机会的来源问题，即用于创造产品和服务的机会为何、何时以及怎样出现；第二，创业机会的使用者，即这些机会为哪些创业者所使用，为何是一些人而不是另一些人发现并使用了这些机会；第三，创业机会的识别、使用和评估过程，即创业机会使用过程中不同的行为模式。

本章着重关注传媒创业领域的机会识别过程，认为传媒创业者的机会识别需要从市场需求、竞争环境、团队优势、商业价值四个维度展开。具体而言，传媒创业者首先对创业机会进行一般性评估，特别是对创业机会所处的目标市场的市场需求和外部竞争环境进行分析。在此基础上，创业者需要转向更为个体化的机会识别匹配过程，评估自己的团队优势与该创业机会的契合程度。此外，传媒创业者还应评估创业机会的商业价值，即触及受众的高频次使用的需求，并具备在特定领域规模化发展和后续盈利的潜力。

1　新媒体排行榜：《2015 年内容创业白皮书》，2016-01-23，http://help.3g.163.com/16/0219/22/BG7JDQKG
　　00964KDF.html。

2　新媒体排行榜：《2015 年内容创业白皮书》，2016-01-23，http://help.3g.163.com/16/0219/22/BG7JDQKG
　　00964KDF.html。

二、机会识别理论与传媒创业

在西方已有研究中，创业机会被定义为"通过创造性的资源整合行为来传达卓越的价值，进而满足特定市场需求或利益的可能性"（Ardichvili et al., 2003）。创业机会的出现，来源于现有的某些资源未被最优使用，或某种市场需求未被满足。创业机会的成功识别，往往意味着创业者在此前彼此分离的市场需求与资源之间创造一个新的匹配关系（De Koning & Muzyka, 1999）。这种新的匹配关系的出现，可能为创业者带来新的盈利潜力（Casson, 1982）。

具体而言，创业机会包含两个组成要素，即未被完全开发的市场需求，以及未被利用或充分利用的资源、技术或能力（Kirzner, 1997）。在此基础上，阿迪奇费里等（Ardichvili et al., 2003）用市场需求和价值创造能力两个维度，将创业机会分成四大类（见图 7.1）。其中，市场需求这一维度关注现有市场中存在的痛点和待解决的问题，而价值创造能力则关注创业者已有的财力、人力或技术资源的占有和使用情况。根据市场需求和价值创造能力的不同组合，创业机会则呈现出不同的特性和发展目标。在市场需求水平低、价值创造能力高的情境中，创业机会发展的重点是"技术转移"（technology transfer），即为已经成熟的技术寻找一个合适的市场应用点；在市场需求水平高、价值创造能力低的情境中，创业机会发展的目标则是"问题解决"（problem solving），即针对已有市场需求，设计相对应的产品或服务，以提供价值增量并满足市场需求（Ardichvili et al., 2003）。

在创业活动中，比较成熟的创业机会出现在坐标系的右上角，即市场需求水平高且存在与市场需求相匹配的解决方案或价值创造能力。在这种情境下，创业机会发展需要将创业者已有资源与市场需求相匹配，以建立一个能创造并传递价值的新企业（Ardichvili et al., 2003）。

研究者们对于创业机会的研究，主要集中于整个创业活动中的创业机会发展过程，包括机会识别（opportunity recognition）、机会使用、机会评估（opportunity evaluation）等主要环节。

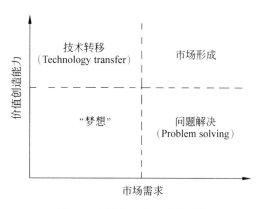

图 7.1　创业机会的四种类型[1]

在创业机会发展过程中，创业者们为新出现的市场机会寻求一个解决方案，逐渐将初步想法演变成具体的商业概念，并落实到具体的商业决策中（De Koning & Muzyka, 1999）。作为创业机会发展中的重要一环，创业机会识别首先出现在企业发展的早期阶段，是创业者寻找合适的市场机会并创办新企业的过程（Hills & Shrader, 1998）。但需要说明的是，机会识别作为企业用以发现盈利机会、提高企业市场地位的活动（Christensen et al., 1990），又伴随着企业发展周期的全过程。当然，本章主要聚焦于企业创立之初的机会识别过程，即创业机会识别过程。

总体而言，在现有的理论框架之中，创业机会识别的过程包括两个阶段。在第一阶段，创业者需要对可能的创业机会进行一般性的评估，需要回答的核心问题是"这是一个真实的机会吗？"（Lindsay & Craig, 2002）为此，目标市场的市场需求、市场结构、市场规模等面向，都需要被创业者纳入考量的范围。相关的评价标准包括：目标市场的市场规模和成长潜力如何？这种增长潜力是否可持续？该市场的进入壁垒是否存在？市场回报率如何？（Timmons & Spinelli, 2009: 112）通过对机会所处的外部市场进行综合评估，创业者对可能出现的创业机会进行一般性的考量。

创业机会识别的第二阶段，则体现为更为个体化的机会识别匹配过程（Lindsay & Craig, 2002）。在这一阶段，创业者需要回答的核心问题是，"这个

1　引自 Ardichvili et al.（2003）。有部分改动。

创业机会适合我吗？"（Lindsay & Craig, 2002）。为此，创业者需要结合自身的资源占有情况和综合实力，决定是否利用该机会开展创业活动。如果创业者自身占有使用该机会所需的必要资源，或与该资源提供者有紧密社会关系，那么创业者会更倾向于使用该机会（Aldrich & Zimmer, 1986）。此外，如果创业者掌握了与该机会识别使用相关的已有知识（Lumpkin & Lichtenstein, 2005），或拥有较强的经济实力（Evans & Leighton, 1989）与风险承受能力（Keh et al., 2002），那么创业者更有可能识别出潜在的市场机会并加以利用。

在已有研究的基础上，结合中国语境下传媒创业实践，我们认为，在完成创业机会识别的以上两个阶段后，创业者还应侧重对创业机会背后所蕴含的商业价值潜力进行考察。真正蕴含商业价值潜力的创业机会，往往能触及用户高频次使用的需求，并具备在特定领域规模化发展和后续盈利的潜力。为此，本章尝试对机会识别的理论框架进行调整，将其细分为四个阶段（见图7.2）：

图 7.2　传媒创业机会识别的四个阶段

下文将依次对传媒创业机会识别的四个阶段进行具体分析。在分析过程中，我们选取了雪球财经、美黛拉和视知传媒这三个传媒创业机构作为分析对象。雪球财经和美黛拉创办数年，在用户规模、市场份额等方面都在细分领域具有较大的影响力；视知传媒虽然创办时间不太长，但一进入市场，就在全网点击量和用户数量方面增长迅速。此外，雪球财经、美黛拉和视知传媒这三个案例分别在机会识别的市场需求和商业价值潜力分析、竞争环境分析和团队分析这几个层面上各有可取之处。

需要说明的是，本章对于传媒创业采用了更为宽泛的界定方式，不仅仅局限于单纯的内容创业或自媒体创业，也包括更宽泛意义上以内容生产、信息交互和服务提供为特征的内容＋服务创业。因而，本章所选取的三个案例涉及投资理财、医疗美容和知识经济等更为专业化的内容＋服务创业领域，对这三个代表性案例的分析，有助于我们理解较为成功的传媒创业机构进行机会识别的一般性逻辑。

表 7.1　传媒创业机会识别的四个阶段及本章案例

机会识别的阶段	分析案例	所处领域
第一阶段：市场需求评估	雪球财经	投资理财
第二阶段：竞争环境评估	美黛拉	医疗美容
第三阶段：团队优势评估	视知传媒	知识经济
第四阶段：商业价值评估	雪球财经	投资理财

值得说明的是，本章所分析案例的一部分资料来源于我们在清华大学主持的"传媒创新与创业"课程。该课程定期邀请传媒创新与创业领域的业界精英分享他们的创业心得，他们的演讲为本章的案例分析提供了丰富的一手素材。本章涉及的讲座嘉宾及相关情况见表 7.2。此外，案例的部分资料来源于各大媒体对相关传媒创业机构的报道以及对项目创始人的访谈，这些二手资料为案例分析提供了有益的补充，我们也在文中标明了相关出处。

表 7.2　本章案例的一手资料来源说明

讲座嘉宾	所在创业项目	方　式	日　　期	地点
方三文	雪球财经创始人	讲座、交流	2014 年 9 月 25 日	北京
赵莹	美黛拉创始人	讲座、交流	2015 年 12 月 27 日	北京
马昌博	原壹读传媒 CEO，视知传媒创始人	讲座、交流	2015 年 3 月 29 日	北京

三、市场需求评估

市场需求是衡量创业机会的核心要素（Timmons & Spinelli, 2009）。对于传媒创业机会的考量，需要首先从市场需求出发，即从用户行为和消费趋势中发现提供新的产品或服务的可能性（Timmons & Spinelli, 2009: 111）。一旦识别出未被充分满足的市场需求，创业者就有机会以此为突破口进行新产品或服务的构思。

那么，如何对于一个市场需求进行评估呢？　一个有潜力的市场需求，往往是具体的、可被清晰定义的，并可以经由特定产品或服务的提供而得到满足；

对该市场需求的满足，往往能为目标受众带来比较明显的价值增值（Lester &
Piore, 2006）。此外，机会识别中的市场需求评估，还可以结合目标市场的市场
回报率，选择能在相对短时间内为创业者带来盈利可能的市场需求（Timmons
& Spinelli，2009）。

案例 7.1　雪球财经

> **案例提要：**
> 雪球财经如何在分析用户需求的基础上进行产品设计？

雪球财经由网易原执行副总编辑方三文创办，是一个专业化的财经信息提
供和用户互动平台，主要为投资者提供跨市场与跨品种的数据查询、新闻订阅
和互动交流服务，目前已涵盖 A 股、美股、港股市场。[1]

作为一个以提供股票信息和交流投资心得为主要业务的专业内容服务平台，
雪球财经创立的初衷，来源于试图通过产品设计满足股票投资者这一目标用户
的以下两个基本需求：

作为一名股票投资者，我有两个基本需求。

第一，我要跟踪我关注的股票，查看它们的价格涨跌、看跟它们有关的新闻，
偶尔也看几眼分析师报告。第二，我对别的投资者在想什么、看什么也很感兴趣，
我希望和跟我关注同一家公司的投资者交流，看看解他们对公司的看法跟我有
什么不同、他们的信息和思维有没有我未曾触及的地方。

……

我虽然接触投资不久，直觉却告诉我，（市场上）这些服务都满足不了我
的需求。既然如此，那我为什么不自己做一个呢？这就是我做雪球的出发点：
我相信有这些需求的投资者远不止我一个，并且认为有更好的方法来满足这些
需求。[2]

1　来自雪球官网，参见：https://xueqiu.com/。
2　《雪球财经创始人方三文：雪球是如何滚起来的》，品玩网，2012-12-10，http://www.pingwest.com/
　　xueqiucaijing/。

　　在当时的市场环境中，为股票投资者提供股票信息和市场动态的产品，主要包括以"大智慧""同花顺"为代表的股票行情分析软件。这类软件致力于为用户提供实时股票信息，包括大盘走势、交易量、个股排行等数据。虽然信息更新速度较快、数据量也较为丰富，但这类软件的信息呈现方式以 K 线图和各类指标数据为主，缺乏更为直观的数据解读和分析报告，这为普通投资者的股票分析和决策带来了一定的不便；此外，股票投资者彼此之间以及投资者与权威分析人士之间交流的需要，在这类软件中也尚未得到满足。

　　那么，针对投资者的需求，应该如何设计一款有针对性的股票投资与交易产品，从而为投资者提供简明易懂而有针对性的股票投资信息，并搭建有效的在线交流平台？

　　从这个问题出发，雪球财经在产品设计上突出了以下两点特征：

　　一是个性化的信息推送。在雪球平台上，用户可以对特定股票或上市公司行情进行定制，以实时获得相关信息。此外，用户也可以选择关注与自己兴趣相符的其他用户。基于此，雪球向每个用户推送两部分内容，即用户关注的个股最新动态，以及用户所关注的其他用户的发言和交易动态。这颠覆了传统的信息提供方式，使每个用户都会接收到满足其需求的个性化信息，实现了千人千面的传播效果。

　　过去，证券公司给它的每个客户看的内容都是差不多的，内容大多来自于和讯网、新浪财经等；而在雪球，大家看到的内容是不是一样的呢？每个人看到的雪球都是不一样的，有他关注的股票，和他关注的其他会生产内容的投资者，1 万个用户有 1 万个雪球，10 万个用户就有 10 万个雪球，是个性化定制的。[1]

　　二是建立基于用户彼此分享和互动的交流社区，使雪球成为一种"金融 + 社区"的创业产品。正如雪球财经创始人方三文所言，"雪球的独特之处是拥有独特的社区气质"[2]。雪球网首页设置了"今日话题"栏目，用户可以自己悬赏，

1　雪球财经创始人方三文受邀在清华大学"传媒创新与创业"课堂分享，2014 年 9 月 25 日，清华大学。该课程由曾繁旭老师主持。

2　王海天：《从雪球开始，往大了说垂直社区》，创业邦，2013-09-01，http://www.cyzone.cn/article/4769.html。

设置话题，吸引有共同兴趣的用户参与讨论。比如，今日话题"【评论送雪币】万科暴力拉升，你会买还是卖？"鼓励用户就"你今天买万科，卖万科，持股不动还是围观看戏"给出投资建议。[1] 通过类似的方式，用户不仅可以从社区讨论中分享心得、获取信息，也可以在与其他用户的交流提高自身的投资能力。这样的互动社区在一定程度上增加了用户对于雪球的黏性。

对于市场需求的评估和感知，是传媒创业机会识别的起点（Timmons & Spinelli, 2009），也是创业者需要考虑的首要问题。在机会识别过程中，创业者需要发现目前市场上真实的需求，并分析市场现有竞争对手是否提供了特定的产品和服务对该市场需求予以满足。对市场需求进行准确分析之后，创业机会识别的后续步骤才有意义。

四、竞争环境评估

创业机会识别过程的第二个环节，是对创业者所处细分市场的发展趋势与竞争环境的分析。这意味着传媒创业者需要准确识别出目标市场的竞争情况，避免进入已经过度饱和的市场领域。

案例 7.2　美黛拉

> **案例提要：**
> 　　在创办之初，"美黛拉"是如何进行市场竞争环境分析，进而锁定医美市场的？

美黛拉是一款女性医疗美容类社交及电商平台[2]，致力于提供专业全面的医学美容资讯、打造用户互动交流社区，并为用户提供医疗美容服务。创办仅 8

---

1 《【评论送雪币】万科暴力拉升，你会买还是卖？》，雪球财经，2016-07-06，https://xueqiu.com/8152922548/71334786。

2 百度百科"美黛拉"，http://baike.baidu.com/link?url=o4A1ja1xTl37eppLQoSP3nwWfLU06PY6_9My-4NvNz37k50hYfJLCY4znoqsNIx03hIPB7AeG2Gh4kGboUWBAfNhM8wg0E0bqfuz0k6qta5uMReJFK-fc9WSWXJMjASApe。

个月后，美黛拉获取 50 万活跃用户，社区活跃度在同类产品中位居首位。[1]

作为一个以社区互动和资讯提供为基础的传媒创业机构，在创办之初，美黛拉创始人赵莹对即将进入的信息服务市场进行了分析。

我们去看一下竞争对手，……原来传统媒体里面，尤其是地方传统媒体，有几个大的客户，一个是房产业，一个是汽车，一个是旅游，还有分类信息服务，现在还有 58 同城、赶集这些网站。其他三块就不用说了，彻底"红海"，每一块都有非常充分的互联网竞争，就只有这一块（指信息服务——笔者注）相对来说比较"蓝海"。我为什么说比较蓝海呢，它其实还是有竞争的，比方说百度就是一个比较大的原料提供商和入口，但它提供的不是更能满足用户信息的产品；现在市场上也有一些小的竞争产品，但是我们可以留意到，它们都没有垄断型的优势，都不够强大，所以我们觉得这个市场或许是有机会的。[2]

而具体到创业的细分市场领域，赵莹则选择从医疗美容这一领域切入。从市场规模来看，我国医疗美容市场规模约为 1000 亿元人民币，并正以年增速 30% 的速度增长。[3]

然而，在庞大的市场规模背后，医疗美容行业的供求关系很大程度上并不能相互匹配。事实上，信息不对称是医疗美容行业面临的主要困境，也是影响交易形成的因素之一。在该行业中，B 端（企业端）占有医疗美容的主要资源和信息，但这类企业往往提高客单价格、封闭医疗信息，加之网络上与整容整形相关的大量广告和虚假信息泛滥，导致 C 端（普通用户端）对 B 端的不信任，有美容整形需求的用户无法找到真正权威、安全的医美机构。在这样的市场环境中，医美行业的市场供给无法满足旺盛的市场需求，该领域的市场缺口依然存在。

2013 年起，医疗美容这一细分市场的市场潜力开始为创业者们所发掘，一

---

1 《从决策到交易：医美社区冠军美黛拉怎样炼成的？》，搜狐科技，2015-10-12，http://it.sohu.com/20151012/n422982098.shtml。
2 美黛拉创始人赵莹受邀在清华大学"传媒创新与创业"课堂分享，2015 年 12 月 27 日，清华大学。该课程由曾繁旭老师主持。
3 《从决策到交易：医美社区冠军美黛拉怎样炼成的？》，搜狐科技，2015-10-12，http://it.sohu.com/20151012/n422982098.shtml。

批医疗美容类传媒创业机构开始涌现，以解决医美市场信息不对称以及客单价过高的问题。其中，比较典型的包括 2013 年成立的"更美""新氧"，以及 2014 年初成立的美黛拉。从竞争策略而言，更美主打低价策略，通过减少供应链环节，压缩营销费用；新氧则侧重以明星为主导的娱乐营销方式，通过在线上推出"明星整形教室"节目，借助明星的社会影响力扩大自身知名度。[1] 在美黛拉进入医美行业之初，更美和新氧就已经占据了一定的市场份额。

面对行业痛点，美黛拉在一定程度上采取了与以上两者相比的差异化解决方案。

美黛拉首先从 C 端切入，通过搭建在线社区的方式，解决医美信息不对称的问题。在创立之初，美黛拉致力于运营以医疗美容信息互动为主要内容的纯社区，邀请 300 多位美妆达人、时尚博主、文化名人等作为意见领袖入驻社区，向用户介绍他们在医疗美容方面的切身体验与心得。[2] 早期意见领袖在社区的分享，一定程度上化解了普通用户对于医美信息的不信任。

而关于订单价格问题，美黛拉并没有一味采取低价策略，而是在 C 端用户逐渐增多后打通 B 端，通过与医疗机构的沟通，尝试降低客单价格、增加信息透明度。对于平台上所有的交易项目，美黛拉都会对医疗机构进行实地调研，并公示项目所用原料、仪器配置和项目成本等信息，消费者可以自主选择适合自己的价格以及相应的医美服务。

在创业机会识别中，传媒创业者需要通过对市场趋势和竞争环境的分析，识别出有潜力的细分市场领域，发现该市场存在的现有问题和痛点，并对市场中已有竞争者的竞争策略进行分析。在美黛拉的早期运营中，医美行业虽然市场潜力巨大，但其中存在的信息不对称和客单价过高的问题阻碍了市场发展。美黛拉采取区别于行业中已有竞争者的解决方案，通过社区运营和平台搭建，打通 B 端与 C 端：一方面联系 B 端，降低客单价、增加信息透明度；另一方面通过社区运营和优质内容生产，增加 C 端用户的信任度，从而提高订单量。

---

1 "36 氪"的朋友们：《医美行业拿钱停不下来，千亿市场还未开发就上演"三国杀"戏码》，36 氪，2016-08-15，https://36kr.com/p/5050666.html。
2 二水水：《【首发】美黛拉获 1200 万美元 B 轮融资，医美的"社区＋电商"如何做出差异化？》，36 氪，2016-03-21，https://36kr.com/p/5044797.html。

五、团队优势评估

根据林赛与克雷格（Lindsay & Craig，2002）对于创业机会识别过程的研究，在对可能出现创业机会的目标市场进行受众需求、市场规模、竞争环境等方面的一般性评估的基础上，创业者需要转向更为个体化的机会识别匹配过程，通过审视自身的资源占有情况，分析该创业机会是否适合自己所处的创业团队。

案例 7.3　视知传媒

案例提要：
　　视知传媒的团队优势是什么？

视知传媒创办于 2016 年 8 月，是一家专注知识类视频生产的传媒创业机构。该传媒创业机构由壹读传媒原 CEO 马昌博创办，致力于将专业、晦涩的知识，用生动清晰的视频形式呈现出来，从而让"知识看得见"[1]。

事实上，视知传媒由马昌博和不少原壹读同事，包括原壹读传媒执行总编辑吴久久共同创办。[2] 这意味着视知传媒的主创团队沿袭了原先壹读传媒在短视频制作方面的突出优势。

早在创办视知传媒之前，该项目团队出品的壹读系列原创视频就备受关注。这些视频以简明易懂而又专业化的形式解读当下热点，加上轻松活泼的形式，在网络上广泛传播。比如团队推出的时政热点解读视频《美国总统是怎样炼成的》《新鲜的中央政府》等，每条视频播放量均超过 100 万次。[3]2015 年，动画视频对壹读传媒营收的贡献率达到 65%，一度成为壹读传媒最主要的营收方向。[4]

1　黄晴缨：《原壹读 CEO 马昌博创办新项目"视知"》，融媒体，2016-08-26，http://www.rongmeiti.net/xinmeiti/20160826/3265.html。
2　张江：《曝原有团队尽数离职　壹读到底怎么了？》，记者站，2016-08-29，http://www.aiweibang.com/yuedu/144709756.html。
3　http://jy.cuc.edu.cn/pub/xqxx/showxqxx.jsp?id=8345
4　张江：《曝原有团队尽数离职　壹读到底怎么了？》，记者站，2016-08-29，http://www.aiweibang.com/yuedu/144709756.html。

我们的优势是什么？不就是做内容吗？这是一个最大的资本，再怎么转型也不能丢掉。……专门生产视频内容，在媒体的这个框架之下去做视频，我发现没有违和感。古永锵看过我们的视频，结论是，这帮人文案做得真好。优酷、土豆、搜狐这些视频渠道，都愿意去推。如果我直接去做优酷，就是做平台，那就错了，比较优势不在这里。[1]

团队在短视频制作，特别是知识的可视化解释方面的优势，与视知传媒团队成员此前的媒体从业背景息息相关。由于团队成员大多都有丰富的媒体从业经验，他们能以更为清晰、有层次的方式将专业化的话题以平实易懂的语言表述出来；此外，他们对视听语言运用自如，画面、字幕、配音相互补充，而非机械地将文本内容视频化。[2]他们在媒体从业过程中积累的经验，也使他们更为了解新媒体平台上的内容生存法则。

事实上，视知传媒团队在短视频制作上的突出优势，也正契合了当下短视频行业迅速兴起的发展态势。2015年起，短视频领域成为新的创业风口，短视频行业的用户量年增长率高达401.3%。[3]此后，以"一条""二更"为代表的短视频类创业项目兴起,短视频领域成为创业者,特别是媒体人转型创业的新方向。

短视频领域旺盛的市场需求，加上团队自身在知识解释方面的优势，意味着视知传媒面临一个相对成熟的创业机会。

视知传媒从团队擅长的知识解释出发，在医学（"视知医学说"）、金融、汽车（"视知8车道"）等垂直化领域推出了一系列短视频。在成立不到一个月的时间里，视知传媒推出的11支视频的全网点击量已经达到近1000万。[4]

某种程度上，创业团队决定着企业能否成功识别出有潜力的市场机会并加以利用（Timmons & Spinelli, 2009: 112）。优良的创业团队往往意味着团队拥有

1　引自《传媒评论》杂志对原壹读传媒总裁林楚方的访谈，参见甘恬：《壹读林楚方：技术对媒体而言永远是工具》，2014-03-28，http://chuansong.me/n/374989451554。

2　NewMedia 联盟：《"壹读君"马昌博说：飞得越高越忐忑，因为周围都是风景 | 新盟专访》，2016-07-25，http://www.jianshu.com/p/2eaa95513b5b。

3　有言 Utalk：《干货 | 如何抓住短视频创业的风口》，2016-08-18，http://weibo.com/ttarticle/p/show?id=2309404009769483543535。

4　清博：《马昌博：为什么"视知"刚出生就一鸣惊人？因为我红包发的多啊 | 清博对话》，2016-09-19，http://home.gsdata.cn/news-report/articles/1848d294553c29e200114ba5624af003.html。

较强的执行力、创造力、风险承受能力和良好的沟通能力（Timmons & Spinelli, 2009: 113）；更为重要的是，团队需要拥有与解决市场需求相匹配的资源或技能（Ardichvili et al., 2003）。从这个意义上而言，在短视频作为创业风口的行业语境下，擅长知识解释与可视化制作的视知传媒团队对短视频市场的开掘，可以说是恰逢其时。

六、商业价值评估

在传媒创业机构的机会识别过程中，创业者还需要对创业机会背后所蕴含的商业价值潜力进行评估。具体而言，该创业机会是否具有高频使用的潜力？该市场是否有规模化乃至垄断化的可能？创业项目未来开拓盈利来源的机会如何？

一旦创业项目能针对目标用户此前未被满足的需求，并提供独一无二的产品或服务（蒂尔、马斯特斯，2015：31），那么该创业项目就有可能摆脱市场的同质化竞争，并在特定细分市场形成创造性垄断（蒂尔、马斯特斯，2015：47）。在特定领域形成垄断优势的创业项目，更有可能获得企业的可持续发展，并赢得长期利润（蒂尔、马斯特斯，2015：39）。

案例 7.4　雪球财经

案例提要：

雪球财经的创业机会识别背后，蕴含着怎样的商业潜力？又有怎样的局限？

作为一个专注于投资领域的平台化传媒创业机构，雪球财经在创立之初瞄准投资者的两大核心需求，即投资资讯实时获取和投资者日常互动。事实上，这两大核心需求背后的创业机会，蕴含了用户高频使用和规模化的可能性。

一方面，雪球财经所选择的股票投资这一专业化和细分化领域中，投资事实上是用户的终身高频需求。以此为基础，用户对该投资平台的高频、大规模使用才有可能。

现在，特别基础的领域，比如通信、搜索，都被大公司占领了，现在新创业的公司，大部分都往更加细分垂直的领域发展。如何选择不同的领域，很大程度上决定了互联网产品和互联网公司的商业价值。什么是好的领域呢？一般的规律是终身需求优于阶段性需求，比如交友是终身需求，结婚是阶段性需求；高频需求优于低频需求，比如商务出行是高频需求，休闲旅游是低频需求；高客单价需求优于低客单价需求，卖化妆品肯定比卖书好。

我觉得投资是为数不多的终身、高频、高客单价需求领域。[1]

另一方面，雪球财经以搭建互动社区的方式切入股票投资这一领域，投资者之间的频繁交流，可能形成比较稳定的社交关系，进而推动特定的人际信任产生。社交关系和人际信任的维系，一定程度上有助于保持用户对雪球平台的黏性，甚至在后期推动交易的形成。从这个意义上而言，具有稳定规模和独有气质的社区一旦形成，将会"比交易和数据更可能形成护城河"[2]，从而维持在特定垂直化市场的垄断地位。

雪球财经通过对社区的深度培育，一定程度上推动了用户的高频使用，并积累了相当数量的用户规模。在运营约五年后，雪球财经的社区规模逐渐扩大，注册用户超过 600 万人，其中，日活跃用户 100 万人，用户每天围绕股票、期货和理财等问题生产的新增内容超过 20 万条。[3]然而，如何依靠前期积累的这部分用户，较快地完成大规模的盈利，则是雪球在之后的发展过程中需要着重突破的方向。

事实上，雪球通过社区运营筛选出的这批用户具备相对较强的经济实力。从 i 美股开始，雪球就以具有一定经济实力的股票投资者作为目标用户。特别是对于美股投资者而言，他们的整体素质要高于 A 股投资者，个人资产总额也相对更高。[4]然而，社区筛选出来的用户往往对于股票投资有独立的分析和判断。

1　引自《创业家》，i 黑马对雪球财经创始人方三文的访谈，参见方三文：《雪球创始人方三文口述：雪球的价值在哪里？》，i 黑马网，2014-09-12，http://m.iheima.com/article/145625。

2　方三文：《雪球创始人方三文口述：雪球的价值在哪里？》，i 黑马网，2014-09-12，http://m.iheima.com/article/145625。

3　王豫刚、宋奕青：《方三文：把雪球滚大》，搜狐网，2015-07-01，http://mt.sohu.com/20150701/n415981763.shtml。

4　王海天：《从雪球开始，往大了说垂直社区》，创业邦，2013-09-01，http://www.cyzone.cn/article/4769.html。

具体而言，他们需要依赖在线社区完成实时、权威的信息获取，并与分析师和上市公司负责人等权威消息源进行讨论；在获取充足外部信息之后，他们倾向于经由自己的独立判断形成投资决策，而不一定直接购买由雪球提供的线上投资产品或其他理财服务。这也为雪球的盈利模式的开掘带来一定的挑战。

从这个意义上而言，在机会识别的前三个阶段，即对于市场需求和竞争环境的分析，以及对于团队优势的分析中，创业者只需要掌握足够的行业信息就可以进行判断；而机会识别的第四个阶段，即对创业机会的商业价值潜力分析，则往往面对更大程度的偶然性和不确定性。

一个有商业价值潜力的创业机会，需要真正触及受众的高频需求，并具备在特定领域规模化发展和后续盈利的潜力。然而，在一些情况下，即使创业者挖掘出真实的市场需求，并设计出能在具体的细分市场获得较大市场份额和维持用户黏性的产品或服务，传媒创业机构也依然在实现盈利的道路上困难重重。这有可能源于传媒创业机构提供的解决方案虽然满足了目标群体的需求，但却并未找到能够成功激发用户群体付费意愿的方式。假设，雪球财经从一开始选择的不是搭建投资社区，而是提供投资意见领袖的视频直播节目，那么筛选出来的用户，是否在投资的方式上就更倾向于听从专业建议而不是独立判断，因此也更可能使用由雪球财经平台提供的投资服务，从而帮助平台更快地实现盈利呢？

因此，在机会识别的商业价值潜力分析过程中，传媒创业者需要在实时掌握最新的市场动态和用户群体特性的基础上，对盈利策略进行实时调整，针对目标受众的具体特征，发掘出真正适合目标群体的盈利模式；另外，创业者也需要对机会识别过程中存在的不确定性保持足够的包容和敬畏。

七、传媒领域机会识别的独特性

创业过程中的机会识别问题，被不少研究者视为创业研究的核心（Venkataraman, 1997; Shane & Venkataraman, 2000）。本章引入机会识别的理论框架，对于当下十分活跃的传媒创业现象进行考察，提出传媒创业者的机会识别过程，应该从市场需求、竞争环境、团队优势和商业价值四个维度展开评估。

在机会识别过程中，传媒创业者首先应该对创业机会进行一般性评估，特别是对创业机会所处的目标市场进行分析。一方面，创业者应该进行市场需求评估，即发现目标市场上真实存在的需求，并分析市场现有竞争对手对该市场需求的满足情况。另一方面，创业者需要进行竞争环境评估，避免进入已经过度饱和的市场领域。

在对可能出现创业机会的目标市场进行一般性评估的基础上，传媒创业者需要转向更为个体化的机会识别匹配过程，评估自己的团队优势与该创业机会的契合程度。此外，传媒创业者还应评估创业机会的商业价值，分析该创业机会是否真正触及受众的高频需求，并具备在特定领域规模化发展和后续盈利的潜力。

本章将西方的机会识别理论与中国传媒创业实践相结合，并对原有的机会识别理论框架进行了增补。西方机会识别的经典理论，认为创业机会识别的过程涵盖了外部市场评估（包括市场需求、进入壁垒、市场规模等）和创业团队的个体化评估等阶段（Lindsay & Craig, 2002）。在此基础上，我们将商业价值评估也纳入机会识别的过程。这一方面是由于对创业项目的盈利潜力和商业价值的分析，关系到传媒创业机构的市场潜力和未来发展；另一方面更重要的是，寻求真正可操作、可持续的盈利模式，一直是困扰不少传媒创业者的一大难题。即便是一些发展较为成熟的传媒创业机构，也在实现盈利的道路上困难重重。因此，在传媒创业的早期阶段，对于创业机会的商业价值评估，或许有助于传媒创业者及时校正发展方向，筛选出真正有付费意愿的用户，进而探索出真正可行的盈利模式。通过对创业机会识别的理论框架的重新整合，我们希望与西方经典理论形成对话，也为当下传媒创业机构的实践提供一定程度的理论指导。

当然，由于市场趋势瞬息万变，机会识别过程本身也面临很大的不确定性。创业者在发现特定市场机会时，用于后续商业决策的关键信息，如市场规模与份额、市场竞争格局的变动、目标用户的使用习惯和付费意愿、后续盈利可能等，都不完备。但如果直到市场信息发展完备时才进入市场，那么市场机会将会在此过程中瞬间流逝（Stevenson & Gumpert, 1985）。从这个意义上而言，传媒创业机会的识别，需要创业者对可能出现的市场机会有足够的敏锐度（Endsley, 1995），以及一定的风险承受能力（Sarasvathy et al., 1998）。

第八章　传媒业变革与竞争战略重塑 [1]

传媒业产业结构的剧烈变革催生了新型竞争战略，而作为传媒业的新兴主体，传媒创业机构则是新型竞争战略的采用者。本章运用竞争战略研究的理论框架，细致梳理传媒业产业结构的变迁，总结行业变革对于传媒机构竞争战略的重塑作用，进而探讨传媒创业机构进行竞争战略制定的趋势与特点。

一、竞争加剧时期的战略

以移动互联网为代表的媒介技术发展，为媒体行业带来了新的挑战（Feldmann, 2002）。受到新技术冲击的行业，往往会面临战略上的不确定性；这既有可能为行业内参与者带来风险，也有可能发掘出新的市场机会（波特，2005）。因此，无论对于传统媒体机构还是对于传媒创业机构而言，竞争战略的制定都格外重要。

一方面，传统媒体在新技术的冲击下，面临受众流失和收入减少的困境，需要进行竞争战略的转型以应对危机；另一方面，传媒创业市场正在由快速扩张时期进入竞争加剧时期。前期的传媒创业更多是"大跃进"式的，没有竞争策略可言；而如今，传媒创业机构已经数量惊人：2016 年年底，微信平台上的

1　本章初稿发表于《湖南师范大学社会科学学报》2019 年第 5 期,曾繁旭为第一作者,王宇琦为第二作者。本章在内容上进行了调整与增补。

公众号数量超过 1200 万个，在一年间增长 46.2%[1]；今日头条平台上，头条号数量超过 44 万个，年增长率 800%。[2] 传媒创业领域优胜劣汰的效应逐渐显现，制定可行竞争战略的重要性凸显出来。

本章从对于移动互联网发展背景下的传媒业产业结构分析出发，并在此基础上探讨当前传媒创业机构如何通过竞争战略的制定，以超越同行业竞争者并赢得市场份额。本章的研究问题包括：在移动互联网时代，传媒业产业结构相比于传统媒体时代呈现出怎样的差异？传媒创业机构竞争战略的制定，需要在何种程度上保留传统媒体时代的竞争战略，又需要进行怎样的创新和颠覆？

总体而言，我们认为个性化战略、社群化战略、联盟化战略是传媒创业机构所采用的三种主要竞争战略。为了应对传媒业同质化竞争，传媒创业机构开始实施个性化战略，借助独特的算法推荐、创新性产品定位或 IP 化内容以匹配新兴市场的个性化需求。针对受众在各个媒介产品之间的转换成本进一步降低的趋势，传媒创业机构通过实施社群化战略来增加用户黏性、保持用户忠诚度。此外，在现有的语境下，媒体业内部竞争日趋激烈，传媒创业机构与传统媒体开始通过组建联盟的方式，共同推进传媒创业项目，以实现双方的优势互补。

二、竞争战略研究的三种路径

竞争战略是企业以寻求核心竞争力和竞争优势为核心而进行的一系列行动；竞争战略制定的目的是为企业赢得超常收益，并使企业在产业中处于有利地位（Hitt et al., 2005；波特，2005）。制定竞争战略意味着制定一项广泛适用的一般性原则，以便指导企业如何投入竞争、如何应对竞争对手的行动，以及如何在长期竞争中处于最佳位置（波特，2005）。

1　《艾媒报告：2016 年微信公众号数量超 1200 万》，微果酱，2016-11-30, http://wpweixin.com/post/17675/。
2　新媒体排行榜：《2016 头条号年度新媒体 | 新榜 × 头条号》，微众圈，2017-01-17, http://m.v4.cc/News-3369409.html。

competition战略的制定，需要企业管理者对其所处的产业和产业中其他竞争者的精微理解（波特，2005）。战略制定的过程，是企业将其内在资源、技术与外界环境中的机会、风险进行匹配的过程（Hofer & Schendel, 1980）。当企业制定的竞争战略无法被竞争者复制，或需要竞争者花费很大成本才能模仿时，企业就获得了竞争优势（Hitt et al., 2005）。

关于企业如何制定有效的竞争战略以应对日益激烈的市场竞争，西方研究者们主要从三个不同的角度进行了阐释[1]，并构建了相应的分析框架。

（一）产业结构视角

这一路径的研究聚焦于对企业外部竞争环境的分析（Hitt et al., 2005），认为理解产业结构是战略分析的起点；产业结构中的五种作用力，即产业进入门槛、替代品的威胁、买方议价能力、供方议价能力和现有产业内部竞争者之间的争夺，将会决定产业竞争强度和格局（波特，2005）。因此，企业制定竞争战略的目标在于在产业内为企业寻求最佳定位，以抵抗五种作用力的负面作用，或出于公司利益对五种作用力施加影响（Hitt et al., 2005）。

在对产业结构进行分析的基础上，波特（2005）提出了三种基本竞争战略，即成本领先战略、差异化战略和集中化战略。其中，成本领先战略要求企业进行成本与管理费用的控制，最大限度地减少研发、服务、营销、广告等各方面的成本；差异化战略要求企业将其提供的产品或服务差异化，形成在产业范围内的独特性；集中化战略则要求企业锁定某个特定的顾客群、某产品链的一个细分区段或某一个地区市场（波特，2005）。

以波特为代表的竞争战略分析，过于强调企业作为战略个体的逐利性，而忽视了企业之间通过战略合作而获得群体性竞争优势的可能性（项保华，2005）。此外，波特提出的一般性竞争战略，特别是低成本战略对于传媒业并不完全适用；这主要是由于移动互联网时代，媒体机构等内容提供商向用户大量提供免费内容（彭庚 等，2010），因而媒介市场上并没有价格竞争的存在（Shrikhande, 2001）。

1　本章对于竞争战略三种研究路径的划分，参考了 Hax & Majluf (1996)、Dyer & Singh (1998) 对竞争战略研究路径的划分方式。但是，对于每种研究路径中涉及的具体文献及其研究逻辑的总结，为笔者原创。

（二）企业资源视角

与上一种研究路径对于产业分析的强调不同，这一路径的研究对竞争战略的分析选择了更为微观的视角。这一路径的研究者们认为，以波特为代表的产业结构分析路径，忽略了竞争战略与企业所拥有的内在资源及核心技术之间的关联（Grant, 1991）。为此，相关研究将企业作为分析单位（Barney, 1991），认为资源是竞争战略的基础（Brush et al., 2001），企业竞争优势和战略地位的获取，与该企业拥有何种资源以及如何管理这些资源紧密相关（Dutta et al., 2003）；特定稀缺资源的有机组合，将会为企业创造独特的竞争优势和商业价值（Brush et al., 2001）。

（三）关系视角

竞争战略研究的产业结构视角和企业资源视角，对企业竞争优势的来源以及企业如何获得持久商业回报的问题，都有很强的解释力；但是，这些研究忽视了公司之间的关系网络对企业竞争优势和战略制定的影响（Dyer & Singh, 1998）。比如资源基础理论的相关研究，强调单个公司所拥有的资源对于其竞争优势的作用（Rumelt, 1991），并突出这些优势的排他性（Dierickx & Cool, 1989），这就将对于竞争优势的寻求局限于公司内部（Dyer & Singh, 1998）。

为此，竞争战略研究的第三个路径，即竞争战略的关系视角，超越了单个企业的边界，认为企业间合作关系可能会成为竞争优势的来源（Dyer & Singh, 1998）。相关研究将企业网络作为分析单位（Smith, Carroll & Ashford, 1995），认为企业间通过建立能创造价值的战略合作机制，有可能创造出单个企业无法创造出的价值（Zajac & Olsen, 1993）。尤其当企业之间拥有互补性资源禀赋（complementary resource endowments; Dyer & Singh , 1998）时，即单个企业所拥有的资源如果得到另一个企业相应资源的配合和补充，可能会使联盟双方都获得原先无法获得的资产或实力（Oliver, 1997），进而推动技术创新，或产生直接利润（Shan, Walker & Kogut, 1994）。互补性资源禀赋的整合，会产生巨大的协同效应，整合后的资源会比整合之前更有价值、更加稀缺且难以模仿。因此，以互补性资源禀赋为基础的企业联盟将会比那些单独运营的公司产生更强的竞争优势（Dyer & Singh, 1998）。

除了以上三种主要的研究路径以外，也有研究者试图颠覆竞争战略制定的思路，认为企业在竞争中制胜的方法，不是制定竞争战略，而是退出竞争（金、莫博涅，2005）。比如"蓝海战略"理论认为，企业需要超越竞争，退出已经过度饱和、充满恶性竞争的"红海"，通过拓展产业边界甚至开拓新的市场空间，在"蓝海"中获得新的市场机遇和利润高速增长的机会（金、莫博涅，2005）。此外，克里斯坦森（2010）也指出，制定"颠覆性创新"战略可以帮助新创企业绕过与大企业的激烈竞争，创造新的市场机会。"颠覆性创新"战略包括以开发更简单、更低价、更方便的替代性新产品为核心的"低端颠覆性战略"（low-end disruptive strategy），以及以发掘新的市场需求、开创全新市场为核心的"新市场颠覆战略"（new-market disruption strategy）（克里斯坦森，2010）。

三、传媒业的一般性竞争战略

一些研究者将竞争战略研究的经典理论框架运用到传媒业，探讨传媒机构的竞争战略制定。研究者们对于传媒业竞争战略的探讨涉及以下几个方面：

媒体机构倾向于使用差异化战略，将自己所提供的内容产品与竞争者区分开来（Shrikhande, 2001）。贝（Bae，1999）通过对 CNN、FNC 和 MSNBC 三个新闻频道的节目进行内容分析，发现这三个新闻频道有非常明确的受众群定位，并针对受众兴趣开发出截然不同的节目风格来吸引受众；他进一步指出，产品差异化战略可以被认为是媒体机构的一个"一般竞争战略"。西里克汉德（Shrikhande，2001）对新闻频道国际化竞争战略的分析也发现，面对日益激烈的市场竞争，国际新闻提供商会增加新闻产品的专门化和针对性，并增加迎合本地民众趣味的节目。

对用户需求的满足与匹配，也成为媒体业竞争战略制定的重要考量指标。卡多索（Cardoso，1996）通过对多媒体内容产业的竞争格局的分析指出，时刻与用户需求保持联结，是媒体公司核心竞争力的重要来源。费尔德曼（Feldmann，2002）也指出，一个媒体公司可以建立的个人化的程度将会极大程度地决定它的竞争优势；因此，在移动互联网语境下，媒体公司需要更加充分地挖掘用户定制的潜力。

此外，在媒体行业，组建战略同盟的现象也较为普遍。兰代尔（Langdale，1997）对东亚地区电视媒体机构进行研究，发现媒体机构开始通过与其他媒体公司、企业或地方政府组建同盟的方式，维系自身的竞争优势。这导致媒体机构与政府的关系成为媒介市场竞争中重要的影响因素。钱－奥姆斯特德与康（Chan-Olmsted & Kang，2003）对电视行业的研究也发现，该市场中的参与者倾向于寻找拥有更多受众资源的媒体公司，并与它们组建同盟。在移动互联网语境下，联合战略（syndication strategy；Feldmann，2002）依然具备强大的生命力；特别是影响力相对较小的数字内容提供者通过与第三方门户网站的整合，在拓展内容传播范围的同时，也得以借助成熟的第三方网站的品牌影响力，拓展自身的社会影响。

在中国语境下，学者们对于传统媒体竞争策略的研究，往往突出了内容生产或节目定位上的差异化对传统媒体机构获取竞争优势的作用；强调传统媒体应当通过推出契合特定细分受众的精准化内容（蔡雯、贾茜，2013；罗湘萍，2013），或是开发区别于同类媒体的全新节目形态等方式（于晗，2015），形成自身的核心竞争力。此外，搭建传统媒体和新媒体战略联盟，也能一定程度上将传统媒体的内容优势与新媒体的渠道优势相结合，帮助增强传统媒体的影响力（林湘、池薇，2015）。

已有研究将竞争战略的经典理论运用于对传媒业的观察中，提供了对传媒业竞争格局与竞争战略的思考。但是，这些研究也有明显的不足：

第一，缺乏从宏观层面对传媒业整体的竞争环境和竞争格局的考察。已有研究虽然分别从不同侧面探讨了传媒机构常用的竞争战略，如注重内容定位的差异化（Shrikhande，2001）、倾向于组建战略同盟（Langdale，1997）等，但是很少有研究从对传媒业竞争格局的分析出发，系统梳理当下传媒业所采用的主要竞争战略。

第二，少数相关研究凸显了新媒体业的特征（彭庚 等，2010），但总体而言，对于移动互联网语境下传媒业的竞争战略还是欠缺足够的观察。已有研究尚未回答的问题是，竞争战略的经典理论对于移动互联网语境下传媒业竞争战略制定有多大程度的解释力？移动互联网语境下传媒业竞争战略与传统媒体时代又有怎样的差异？

四、传媒业结构变迁与新型竞争战略

理解产业结构是竞争战略制定的起点（波特，2005:6）。基于波特（2005）的五力模型（包括产业进入门槛、替代品的威胁、买方议价能力、供方议价能力和现有产业内部竞争者之间的争夺），我们试图分析传媒产业结构中影响传媒业竞争格局的五种核心力量，并从中抽象出传媒产业中三个最为主要的结构性变动：

第一，行业内部内容同质化趋势明显，多数媒介机构面临同质化替代品的威胁。移动互联网带来的技术进步，便利了信息的采集、生产与传播，这一定程度上缩小了行业内竞争者各自所提供的内容产品之间的差距，同质化竞争的趋势明显（Porter, 2001）。在内容创业领域，大量内容创业项目都围绕情感心理和八卦娱乐这两大热门主题展开[1]；根据新榜的统计数据，微信公众号 500 强中，以文摘、幽默、情感等为主题的生活类账号占比超过 65%[2]，内容同质化现象严重。

第二，终端用户议价能力增强，用户转换成本降低。从终端用户（买方）的角度而言，移动互联网发展带来了两个最为直接的影响：一是终端用户的议价能力大大提高（Feldmann, 2002），用户可以在海量信息之中任意选择自己感兴趣的信息和产品；用户注意力因而被赋予很高的价值（Davenport & Beck, 2013; 转引自 Feldmann, 2002），媒介产业参与者之间对有限的用户注意力的争夺成为竞争的焦点。二是用户转换成本进一步降低（Porter, 2001），用户对单个媒介产品的依赖度减弱，可以随意在各个媒介产品之间自由转换。在国内移动新闻客户端市场中，仅传统媒体新闻客户端就多达 231 个[3]；用户对新闻客户端产品的忠诚度并不高，近七成用户手机内安装了 2~3 个移动新闻客户端，安装 4~5 个移动新闻客户端的用户占比 6.8%，单独使用一款移动新闻客户端的用户

1　新媒体排行榜:《2015 年内容创业白皮书 》，2016-01-23，http://help.3g.163.com/16/0219/22/BG7JD-QKG00964KDF.html。

2　数据截至 2016 年 2 月，参见:《大盘点 | 什么类别的微信公众号最受欢迎？》，2016-03-11，http://ju.outofmemory.cn/entry/245791。

3　《新闻客户端竞争已呈白热化　争夺移动互联网入口》，微博，2016-07-25，http://weibo.com/ttarticle/p/show?id=2309404001177015589047。

仅占比 22.4%。[1]

第三，行业进入门槛降低，内部竞争加剧，传媒机构相互联合的必要性凸显。从产业的潜在进入者角度而言，移动互联网发展极大降低了进入门槛（Compaine & Hoag, 2012），大量创业者正在涌入媒介市场。2016 年，国内媒介市场上内容创业者规模持续扩大，且得到了多方扶植：头条号、企鹅号等内容平台均给出了上亿元资金补贴计划扶植内容创业者，各大投资机构对内容创业者的投资共计达到 21 亿元人民币。[2] 这就导致媒介产业内部参与者的竞争压力进一步增大，媒体机构自身的劣势在激烈的竞争环境中被放大。传统媒体面临收入下滑和受众减少的困境，以往的竞争优势不复存在；而新媒体由于不具备采编权和采编专业性，高质量内容的缺乏成为限制其发展的瓶颈。因此，媒介产业参与者仅仅凭借自身力量无法获得持久的竞争优势，相互联合的必要性凸显。

移动互联网发展对传媒业产业结构与竞争格局的影响见图 8.1。

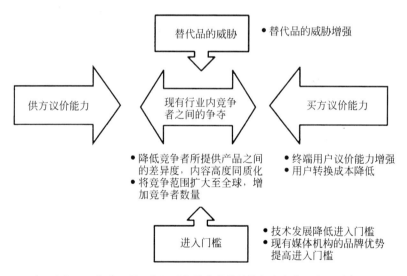

图 8.1　移动互联网发展对传媒业产业结构与竞争格局的影响[3]

---

1 《速途研究院：2016Q2 新闻客户端市场报告》，速途网，2016-10-25，http://www.sootoo.com/content/667325.shtml。

2 新榜：《2017 年内容创业白皮书 | 新榜大会独家首发》，2017-01-07，http://mp.weixin.qq.com/s/WUi-NJ0EomKoopkYWg9I3YQ?scene=25#wechat_redirect。

3 图表中所使用的分析框架来自波特（Porter，2001）五力模型；对五种竞争作用力的具体分析，部分引用了 Porter(2001), Feldmann(2002) 的论述，并结合中国传媒业语境做了少量增补。

面对传媒产业中这三个主要的结构性变动，传媒机构进行了竞争战略的诸多调整，在其中，以下三种竞争战略表现得最为明显：

第一，个性化战略。个性化战略是媒体机构为了应对媒体行业内容同质化现象日益严重的局面而实施的竞争战略，通常是借助独特的算法推荐、创新性的产品定位或 IP 化内容以匹配新兴市场的个性化需求。传媒业的个性化竞争战略，一定程度上与波特（2005）一般竞争战略中的"差异化战略"一脉相承，即强调企业需要将其提供的产品或服务差异化，以形成在产业范围内的独特性。彭庚等（2010）对互联网企业竞争战略进行分析，也发现互联网企业倾向于使用原创战略和高匹配战略，将自身与竞争者区分开来。不仅如此，本章在更宽泛的意义上使用"个性化战略"这一概念，它与波特（2005）的"集中化战略"乃至克里斯坦森（2010）的"新市场颠覆战略"（new-market disruption strategy）也紧密相关，即强调传媒企业应该聚焦于某个垂直、细分、创新性的受众市场，从而避免高度的市场竞争。

第二，社群化战略。在移动互联网时代，用户注意力成为稀缺资源，终端用户议价能力进一步提高，在各个媒介产品之间自由选择的转换成本进一步降低。为此，传媒创业机构开始实行社群化战略，即将社交元素纳入核心产品或服务，通过社群运营的方式构建用户虚拟社区，以增加用户之间的凝聚力和用户对于传媒产品的黏性。这与彭庚等（2010）提出的"关系战略"有一定的相关性，关系战略强调互联网企业开始通过提供平台和工具来聚合人与人之间的关系，以满足用户沟通协作的需要。

第三，联盟化战略。移动互联网发展进一步降低了传媒业的进入门槛，导致行业内部竞争越发激烈。在这样的语境下，新媒体机构与传统媒体开始实行联盟化战略，共同推进传媒创业项目。传统媒体的优质内容和政策优势与新媒体的技术优势和平台优势得以结合，双方的优势互补成为可能。竞争战略研究的关系视角为联盟化战略提供了理论支持，该理论认为互补性资源禀赋（Dyer & Singh，1998）的存在，是企业之间进行战略合作并获得持久竞争优势的基础。

传媒业竞争格局与竞争战略运用的对应关系以及本章相关案例见表 8.1。其中，用于案例分析的资料来源主要有两部分，一部分资料来源于我们在清华大学主持的"传媒创新与创业"课程中嘉宾的分享；另一部分则参考了媒体对于相关案例的报道和对项目创始人的访谈。

表 8.1　传媒业竞争格局及其对应的竞争战略

竞 争 格 局	相对应的竞争战略	案　例
行业内部内容同质化严重	个性化战略（产品定位或内容提供的差异化）	今日头条
用户转换成本降低	社群化战略（增加用户黏性以提高转换成本）	吴晓波频道
进入门槛降低，媒体业内部竞争日趋激烈	联盟化战略（传统媒体与传媒创业机构联合，共建创业项目）	界面新闻

接下来，我们将结合上述案例，依次探讨目前传媒创业机构主要采用的三种竞争战略，即个性化战略、社群化战略以及联盟化战略。

五、个性化战略：匹配新兴市场的个性化需求

为了突破内容同质化的市场竞争格局，传媒创业机构开始通过使用高度个性化的内容来吸引用户注意力。当用户对排他性、独创性的媒体内容产生黏性时，他们原本在媒体竞争格局中所拥有的优越的议价能力就会被削弱（Feldmann，2002）。

案例 8.1　今日头条

> **案例提要：**
>
> 在新闻客户端行业日益激烈的同质化竞争中，以"今日头条"为代表的新闻 APP，正在采用机器推荐算法的方式，进行高度精准的个性化信息分发。

独特算法推荐是个性化战略的一种典型表现形式。传媒创业机构的个性化战略，往往通过为用户提供个性化的定制内容，寻求内容与用户兴趣的高度契合。

一定程度上，算法推荐是一种"技术驱动"（孙健，2014）的个性化战略。该战略的实施，需要传媒创业团队具备较强的技术优势。今日头条团队中，技

术人员占比高达 60%；[1] 今日头条依靠技术团队建立起对于数据挖掘、用户分析、信息抓取等核心算法的掌握，一定程度上构建了技术壁垒，使其他新闻产品很难轻易进行模仿。

算法推荐技术的核心运作逻辑，往往通过用户社交账号信息和使用行为对用户兴趣进行初步判断，从而为用户推荐与其兴趣相符的新闻；此后再通过分析用户在使用该新闻产品时的浏览行为和偏好，包括使用频率、日启动次数、停留时间等，得出更为准确的用户画像，完成更为精准的个性化信息推送。[2] 此外，在实施过程中，这一个性化战略由于几乎完全依赖技术和算法实现信息分发，减少了人工编辑，因而极大地降低了新闻客户端的运营成本。

当然，除了算法推荐技术以外，传媒创业机构往往从创新性产品定位出发，运用高度垂直化的商业模式，即通过定位于一个高度细分的用户群体或细分主题（如面向财经记者的"蓝鲸财经记者工作平台"、面向餐饮业的"餐饮老板内参"等），针对原来未被发现或未被充分满足的需求进行产品设计和用户运营。此外，当下传媒创业领域众多的机构，还通过原创化、IP 化的内容，试图呈现出相对于同行业竞争者的个性化特征。其中，以澎湃新闻为代表的新闻资讯产品通过为用户提供独一无二的高质量原创内容，以应对新闻资讯领域的同质化竞争，并保持用户黏性和忠诚度。而 IP 化内容，则更多是借助优质内容 IP 的运营进行纵向产业链拓展，并尝试以 IP 衍生品开发为核心的更为多元化的变现方式，提升商业价值。

通过算法推荐、高度垂直化的产品定位、原创内容与 IP 化为代表的个性化战略，传媒创业者得以将自己提供的产品或服务与其他竞争者区分开来（Shrikhande, 2001）。一旦获得用户忠诚度，该传媒创业机构将获得相对稳定的市场地位和竞争优势。但是，个性化战略往往需要投入大量的成本，特别是原创内容的开发，需要投入大量的人力物力资源，用于持续的原创新闻生产。因此，传媒创业者需要在这些成本与个性化带来的收益之间进行权衡（Shrikhande,

---

1　翟方庆：《"今日头条" CEO 张一鸣：我是爱冒险的技术宅》，CSDN，2013-03-17，http://www.csdn.net/article/2013-03-15/2814520-Interview-Toutiao。

2　引自今日头条前副总裁林楚方在清华大学"传媒创新与创业"课堂的分享，2015 年 3 月 29 日，清华大学新闻与传播学院。该课程由曾繁旭老师主持。

2001），以决定如何实施个性化战略。

六、社群化战略：打造基于人格体或情感认同的社群

在移动互联网语境下，用户在各个媒介产品之间的转换成本进一步降低
（Porter, 2001）。为了增加用户黏性，一些传媒创业机构开始实施社群化战略，
不仅为用户提供彼此间沟通协作或建立社会关系的平台（彭庚 等，2010），而
且通过加强用户间情感认同、培育魅力人格体、形成意见领袖、进行社群运营
等多种方式，推动用户间社交关系的培育，增强用户转换成本。在这方面，传
统的社交类平台微博，是十分典型的案例。但为了说明新的传媒创业机构对于
社群化战略的使用，本章以"吴晓波频道"为主要案例进行阐述。

案例 8.2　吴晓波频道

案例提要：

吴晓波频道如何通过打造基于共同价值观的用户社群形塑其竞争
战略？

吴晓波频道成立于 2014 年，是财经作家吴晓波进行内容发布的自媒体，包
括同名微信公众号以及财经脱口秀视频节目。2017 年 1 月，吴晓波频道所在的
巴九灵文化传播有限公司完成 A 轮融资 1.6 亿元人民币，投后估值 20 亿元。[1]
根据新榜的数据，在依托自媒体发展起来的创业公司中，巴九灵是目前估值最
高的。[2]

吴晓波频道定位于"泛财经、泛商业"领域的内容生产。成立以来，具备
高度专业化程度的优质内容，成为吴晓波频道吸引用户的重要途径。吴晓波此
前从事财经写作数十年，长期关注中国商业变革，因此，吴晓波频道生产的很

1　《巴九灵获 1.6 亿元 A 轮融资，估值 20 亿元，吴晓波这是要大干一场了！》，新芽，2017-01-04，http://
　　newseed.pedaily.cn/201701/201701041328353.shtml。
2　《A 轮 1.6 亿估值 20 亿，吴晓波的巴九灵为什么那么值钱》，百度百家，2017-01-03，http://xudanei.
　　baijia.baidu.com/article/742948。

多公众号文章，也体现出对中国企业发展和经济变迁的洞察力。如分析中国制造业困境的《去日本买只马桶盖》总阅读量超过千万，关于股市的评论文章《别慌》和《疯了》，也达到超过百万的阅读量，并为公众号带来成倍增长的新用户。[1]

公众号成立一年后，吴晓波开始搭建基于共同价值观的用户社群。在"吴晓波频道"的一篇推送中，吴晓波以中产阶级的生活方式为核心概念，对用户共同价值观进行了较为明确的界定，即"认可商业之美、崇尚自我奋斗、乐于奉献共享、反对屌丝文化"[2]。这与吴晓波频道的目标用户"新中产阶层"相契合，也成为吴晓波频道所生产内容的核心价值观念。这篇文章发布后，用户过滤的机制显现，每天有五六百用户取消关注、同时有两千多新用户加入。[3]在此过程中，吴晓波频道逐渐完成用户过滤，真正锁定与该价值观相契合的用户，并搭建起一个具备高度认同感和忠诚度的用户社群。

拥有共同价值观的用户社群初步搭建完成后，吴晓波频道通过线下活动的方式，增强用户互动和对于社群的认同感。吴晓波频道在全国各大城市设立了书友会，由各地粉丝自发进行线下聚会，目前规模接近 10 万人。[4]此外，依托于书友会举办的"咖啡馆改造计划"，邀请粉丝联系各地咖啡馆、设计咖啡馆的改造方案，也进一步提升了粉丝的参与感。

核心价值观的搭建，为吴晓波频道凝聚了一批数量可观的忠诚用户。成立两年半后，吴晓波频道的用户数已经超过 200 万。[5]

与核心价值观的凝聚机制类似，以罗辑思维为代表的传媒创业机构，通过将内容创作者标签化、形象化[6]，塑造出一个清晰的人格化形象[7]，并借此吸引用

1　刘璐:《吴晓波频道：财经作家怎么玩社群》，上观，2015-08-24，http://www.shobserver.com/news/detail?id=6349。

2　《吴晓波：遇见 2016》，2017-01-03，中国经营网，http://www.cb.com.cn/wuxiaobopindao/2017_0103/1175234.html。

3　《吴晓波：运营社群取决于三个关键点》，腾讯科技，2015-08-06，http://tech.qq.com/a/20150806/043428.htm。

4　唐三藏:《吴晓波频道：内容、社群、商业要三位一体》，知乎专栏，2016-07-08，https://zhuanlan.zhihu.com/p/21416336。

5　《想做一个月收入超过百万的公号　吴晓波给支招》，腾讯科技，2016-12-20，http://tech.qq.com/a/20161220/035652.htm。

6　《内容创业都做视频直播去了，文字狗还有机会成为网红吗？》，2016-05-03，http://www.shiweicn.com/keji/it/327.html。

7　《罗辑思维如何靠内容挣大钱？跟你有关系》，2015-10-28，http://www.digitaling.com/articles/19097.html。

户、凝聚社群。传媒创业机构核心价值观或魅力人格体的塑造，意味着受众更容易通过情感联结，对创业者及其背后的创业项目产生信任。这会在很大程度上带来用户忠诚，成为传媒创业机构在激烈竞争环境中的独特优势。

高忠诚度用户带来的盈利潜力，在吴晓波频道后续的商业实践中也得到了验证。吴晓波频道于 2016 年 7 月推出的音频收费产品"每天听见吴晓波"，在五个月内共销售 10 万份[1]，累计营收 2160 万元人民币[2]。在这些付费用户中，有约四分之三来源于吴晓波频道搭建的用户社群。[3]

在移动互联网时代，人与人之间的关系成为核心价值（彭庚 等，2010）。传媒创业机构通过实施社群化战略，使用户的社交关系和相关数据都高度依赖该平台，用户转而使用其他媒介产品的转换成本相应提高。此外，社群化战略也使传媒创业机构得以获益于网络外部性（network externality）机制（Rochet & Tirole, 2003），用户关系网络的拓展和用户数量的增多，将为用户带来更大的使用价值，用户黏性的维系也会更为持久。

七、联盟化战略：不同类型传媒机构的优势互补

在竞争战略的相关理论中，互补性资源禀赋的存在，是双方组成联盟的前提条件，并会为联盟未来的盈利打下基础（Dyer & Singh, 1998）。

在移动互联网时代，传统媒体体现出了对于新技术的不适应，并日益面临收入下滑和受众减少的困境。而传媒创业机构则由于政策壁垒而往往缺乏采编权、采编专业性和高质量内容。因此，传媒创业机构与传统媒体开始实施联盟化战略，共同推进传媒创业项目。联盟化战略已经逐渐成为媒体业一个广为接受和采用的竞争战略（Feldmann, 2002）。

---

1 《A 轮 1.6 亿估值 20 亿，吴晓波的巴九灵为什么那么值钱》，百度百家，2017-01-03，http://xudanei.baijia.baidu.com/article/742948。

2 《中国知识网红 TOP10，年收入破两千万不止 1 人！》，百度百家，2017-02-17，http://jiezhao.baijia.baidu.com/article/775411。

3 周昶帆：《李翔、罗振宇、吴晓波的"新生"与知识服务的"大跃进"》，36 氪，2016-08-01，https://36kr.com/p/5050337.html。

案例 8.3　界面新闻

> **案例提要：**
>
> 以界面新闻为代表的传媒创业项目，正在通过将传统媒体与更具市场化和商业化特征的互联网、金融、传媒机构进行整合的方式，实现合作双方的优势互补。

界面新闻由中国第一大报业集团上海报业联合昆仑信托、卓尔传媒、小米科技等 11 家互联网、金融、传媒资本共同推出[1]，该项目可以被视为实施联盟化战略的典型传媒创业项目。

界面新闻于 2014 年 9 月上线，以"只服务于独立思考的人群"为口号，致力于成为国内原创财经新闻领域的领跑者。[2] 截至 2018 年 2 月，界面新闻已经拥有超过 1200 万注册用户，并长期位居商业资讯类移动 App 指数第一位。[3]

界面新闻的创办，体现出传统传媒机构上海报业集团与更具市场化和商业化特征的互联网、金融、传媒机构将彼此所拥有的资源进行互补与整合，以打造出新的竞争优势的联盟化战略。具体而言，合作双方的资源整合，主要体现在以下两方面。

一是优质内容与分发渠道的资源互补。上海报业集团作为老牌建制化新闻机构，具备原创新闻生产的专业水准和专业团队，但这些优质内容无法实现在互联网平台上的有效分发。一方面，上海报业集团旗下的传统新闻 App，如文汇报 App、新民 App 等，无论在市场份额还是用户规模上，都无法在竞争激烈的新闻客户端市场中立足。另一方面，上海报业集团虽然希望借助外部渠道帮助进行原创新闻内容的分发，但过度依靠外部平台，不仅会影响分发的效率，而且只会增加用户对分发平台而非内容生产方的依赖。因此，组建与外部互联网公司的同盟，搭建集内容生产和内容分发于一体的综合性平台，成为界面新

1　宋词：《界面新闻或将与蓝鲸传媒合并》，搜狐科技，2017-05-24，http://www.sohu.com/a/143014305_141927。

2　参见界面新闻官方网站 https://www.jiemian.com/。

3　赤橙：《热点 | 界面与蓝鲸·财联社完成整体合并 定位"中国彭博"》，铅笔道，2018-02-28，https://www.pencilnews.cn/p/17988.html。

闻成立的初衷，而该机构在日后的运营当中也逐步对这一战略进行加强。正如界面新闻 CEO 何力所言：

> 对于我们来讲，界面第一步是解决内容水平的问题。坦率地讲这不是我们最担心的，因为我们觉得我们还是有一些能力能够做，我们在传统内容生产上有很多优势；第二步就是解决用户的规模问题。这个问题刚才我说了靠 BAT 导流有效果，但其实是很难，就是也没有那么快。然后在移动端我们也导流……但依然都不足够。所以这就是为什么我们觉得也许自媒体联盟是我们这些内容背景公司如何从一个互联网形态的内容公司转变成一个内容基因的或者以内容为核心的互联网公司的很关键的一步，也许自媒体联盟是一个值得一试的探索。[1]

二是以新闻生产为核心的全方位业务拓展。通过将以新闻生产为主营业务的传统报业集团和以传媒、金融为主营业务的其他互联网企业的资源整合，界面新闻开始将其核心业务从原创财经新闻生产，拓展到金融、知识付费等诸多领域。如今，界面新闻旗下不仅包括财经新闻客户端 JMedia，还包括投资资讯平台"摩尔金融"，专业付费问答平台"前辈"，以及设计师平台"尤物"等。[2]

在已有资源整合的基础上，2018 年 2 月，界面新闻与蓝鲸财经·财联社正式合并，进一步整合财经资讯生产领域的资源。[3]此前，蓝鲸财经·财联社为国内垂直化的财经资讯平台，也是国内最大的财经记者社区和财经记者服务平台。双方的资源整合，除了将进一步提升财经新闻生产的质量外，还将通过包括财经记者服务、财经数据提供等信息服务产品开发，[4]进行与财经新闻相关的上下游产业拓展，使得界面新闻成为包括财经内容和服务在内的综合性平台。

与界面新闻类似，其他新型媒体机构和传统媒体也开始实施联盟化战略，共同推进传媒创业项目。比如《新京报》视频报道部与腾讯网合作推出的"我

1　引自界面新闻 CEO 何力在清华大学"传媒创新与创业"课堂的分享，2014 年 12 月 28 日，清华大学新闻与传播学院。该课程由曾繁旭老师主持。

2　谭方婷：《界面完成 3 亿元 B 轮融资：昆仑信托领投，要进军原创视音频》，澎湃新闻，2016-07-02，https://m.thepaper.cn/newsDetail_forward_1492444。

3　证券时报：《重磅！界面与蓝鲸·财联社整体合并，估值或达 50 亿元》，百家号，2018-02-28，https://baijiahao.baidu.com/s?id=1593654753987805585&wfr=spider&for=pc。

4　证券时报：《重磅！界面与蓝鲸·财联社整体合并，估值或达 50 亿元》，百家号，2018-02-28，https://baijiahao.baidu.com/s?id=1593654753987805585&wfr=spider&for=pc。

们视频"，光明网联合映客推出的系列科普直播秀"耐撕科学姐"，北京电视台
与奇虎 360 合办的短视频媒体"北京时间"等。

　　传媒创业机构与传统媒体机构的联盟化战略，有利于合作双方的优势互补。
对于传统媒体而言，仅仅依靠传统媒体内部进行多种媒介形态的融合已经无法
适应移动互联网的发展，而依托于新型媒体机构的强大的技术优势和平台优势，
传统媒体获得了重新赢得受众注意力的可能性；而传统媒体的政策优势、人才
优势和优质内容，也为新媒体平台的发展注入了新的活力。

　　当然，在联盟化战略的实际运作过程中，如何制定公平合理的成本分担和
收益分成机制，也是合作双方需要考虑的问题。在很长一段时间内，传统媒体
与传媒创业机构的战略合作都采取传媒创业机构控股、传统媒体参股的形式，
这意味着传统媒体只能获得非常有限的利润分成，且新媒体投入的核心资源也
较为有限（郭全中，2012）。因此，需要建立更有效的合作机制，使传媒创业机
构和传统媒体机构共同分担内容制作成本，并分享利润。

八、新语境与新战略

　　本章通过对影响传媒产业竞争环境的五种核心作用力的分析，发现移动互
联网发展引起了传媒产业中三个主要的结构性变动，即行业内部内容同质化严
重；终端用户议价能力增强，用户转换成本降低；行业进入门槛降低，内部竞
争加剧。在此背景下，传媒创业机构开始通过实施个性化战略、社群化战略和
联盟化战略，来应对行业变革。

　　个性化战略、社群化战略和联盟化战略的实施，呈现出移动互联时代传媒
业竞争战略对于传统媒体业竞争战略的重塑。首先，个性化战略其实是差异化
战略在新兴媒体环境下的演进形态。事实上，相当一部分传统媒体机构早已意
识到通过差异化战略形成受众区隔的必要性，但在全新的媒体环境下，传媒创
业机构才得以运用高度个性化战略，即借助独特算法、创新性受众定位和 IP 化
内容等方式匹配新兴市场的个性化需求。其次，传媒创业机构社群化战略的实施，
也是得益于移动互联网等新媒体技术的发展。在传统媒体语境下，无论是用户

之间，还是用户与内容生产者之间，都几乎不存在密切互动的途径，因此传统媒体竞争战略的设计，还是更多地聚焦于内容层面，强调通过内容定位和节目形态等方面的调整，凸显自身的竞争优势。传媒创业机构的竞争战略，则具备更强的用户运营意识；移动互联网的发展一定程度上使传媒创业机构能借助社会化媒体平台，实现基于特定价值观或魅力人格体的用户凝聚，并借此搭建用户社群、开掘盈利可能。

本章也结合当下中国传媒创业的语境，对竞争策略研究主要的研究视角和理论框架进行了整合。我们认为，西方竞争战略研究的不同路径，即产业结构视角、企业资源视角和关系视角，三者之间并非截然对立。本章提出的个性化战略，就是从产业结构视角所提供的产业结构分析模型出发；而联盟化战略的提出，则是从竞争策略关系视角的相关理论发展而来。与此同时，传媒创业机构竞争战略的制定，需要创业者将对于团队自身竞争优势的考察与对于外部产业竞争环境的分析相结合（Hofer & Schendel, 1980）。特别是运用对创业团队自身资源和能力要求较高的竞争战略时，创业者需要充分评估团队是否具备与竞争战略实施相匹配的内在资源。这在一定程度上回应了竞争战略研究中企业资源路径对企业所拥有的内在资源及核心技术的强调（Grant, 1991），体现出企业资源一定程度上对企业竞争战略制定的决定性影响。

通过对既有研究路径的整合，我们希望和经典理论形成对话与增补。与此同时，我们也尽可能地涵盖当下传媒创业语境下重要的行业现象，试图阐释行业变革对于传媒机构竞争战略的重塑作用，从而在一定程度上为传媒创新创业的实践提供理论启示。

第九章　传媒创业机构的融资 [1]

通过引入风险资本与创业融资的相关理论，本章结合若干典型案例细致探讨了传媒创业机构获得风险资本青睐的核心逻辑。我们发现，获得风险资本青睐的传媒创业机构，往往具备鲜明的颠覆性创新特质，更加具备可持续的盈利潜力，并拥有较高的投资回报率。通过对于传媒创业融资行为的理论化探讨，本章希望为传媒创业机构的融资实践以及传统媒体业摆脱盈利困境提供理论启发。

一、传媒创业机构有投资价值吗？

近年来，不少创业项目都在"资本寒冬"中艰难生存，数以万计的创业公司面临资金短缺和裁员的困境。[2] 其中，传媒创业项目由于规模较小、政治风险较高，直接依赖内容变现的可能性也非常有限，[3] 而被一些风险投资机构认为缺少投资价值。

但与此同时，另外一些投资机构却认为传媒创业有着巨大的潜力。据统计，

1　本章初稿发表于《中国地质大学学报》(社会科学版) 2019 年第 1 期，曾繁旭为第一作者，王宇琦为第二作者。本章在内容上进行了调整与增补。

2　《2018 再现 "资本寒冬" ？一季度 VC/PE 募资骤降，融资难恐将持续 》，凤凰网科技，2018-04-27，http://tech.ifeng.com/a/20180427/44973982_0.shtml。

3　引自天奇阿米巴基金投资合伙人魏武挥的演讲，参见氧分子：《魏武挥：石榴婆缺少投资价值，内容创业未来更适合生意人》，氧分子网，2016-03-13，https://www.yangfenzi.com/zimeiti/59914.html。

截至 2018 年 6 月，中国移动互联网用户总数达到 11.2 亿，人均单日移动设备使用时长接近 5 小时。[1]在这样的语境下，也有相当规模的资本涌入传媒创业领域。2017 年 1 月至 2018 年 6 月，有多达 198 家传媒创业机构获得了融资，融资总额高达 127 亿元。[2]

风险投资机构对传媒创业机构的投资价值判断之所以有这样的分化，某种程度上在于它们对传媒创业机构采取了相对不同的界定方式。事实上，狭义层面上的传媒创业机构，即以内容生产为核心业务的传媒创业机构往往由于规模较小、风险较高，风险投资机构较少进入这些项目。但如果超越狭义层面的内容生产，将传媒创业拓展到包括内容提供、商业变现，乃至打通整个上下游产业生态的更为多元的传媒创业形式，我们就会发现，这类传媒创业机构往往更符合当下传媒业运作的语境，也更容易获得市场和资本的青睐。

因此，我们从更宽泛意义上界定传媒创业，将传媒创业机构定义为那些旨在生产媒介产品或提供媒介服务并致力于商业模式创新与可持续发展的新型信息生产企业。[3]在其中，既包括传统意义上提供新闻信息的产品或机构，也包括更为宽泛的"内容＋服务"的创业形态；这些创业项目通过改变用户之间的信息不对称、提供信息供需匹配的渠道和服务，呈现出互联网语境下传媒创业的新形式。

具体而言，传媒创业包括以下几种具体形态：（1）传统媒体内部创业。典型案例有浙报集团旗下的创业孵化基地"传媒梦工厂"、上海报业集团旗下"澎湃新闻"等。由于体制原因，这类媒体项目的产权和融资有一定的不确定性。（2）新闻创业。这类创业项目往往通过新的方式对新闻类信息进行生产、聚合或传播，比如今日头条、一点资讯等新闻客户端产品。但这类传媒创业机构通常融资门槛较高，也较容易涉及内容上的政治风险。（3）内容创业。这类创业项目是目前最为热门的传媒创业形态。它们往往最初从自媒体内容发布平台起

1　周宏达、王天然：《时间都去哪了？低头族刷短视频时长超过看新闻》，第一财经，2018-07-19，https://www.yicai.com/news/5440401.html。

2　《2017—2018 年新媒体、自媒体和小程序融资名单 | 独家报告》，搜狐科技，2018-08-05，http://www.sohu.com/a/245401163_655307。

3　该定义参照 Achtenhagen, 2008；Bruno & Nielsen, 2012；Wagemans et al., 2016；Casero-Ripollés et al., 2016.

步，并逐渐依靠高质量原创内容吸引受众直至完成变现。目前不少基于自媒体的创业项目就属于此类，比如同道大叔、年糕妈妈、黎贝卡的异想世界等。（4）内容＋服务创业。这类传媒创业项目的媒体属性较弱，它们更多地将内容生产作为整个商业模式的一个辅助环节，其最终目标在于搭建基于内容的分发网络、服务平台甚至生态系统。相关案例包括知识技能共享平台"在行"、创业服务平台"36氪"、投资理财的交流与服务平台"雪球财经"等。

　　然而，在传媒创业领域内部，各个传媒创业机构的融资情况却差异悬殊。一些项目获得上亿元融资[1]、估值数十亿元[2]，而更多传媒创业机构则难以实现盈利、获得融资。根据新榜的调查，有超过60%的自媒体每月营收不足1万元人民币，43%的自媒体人个人月收入不足5000元人民币。[3]

　　本章以快看漫画、同道大叔、快手、36氪这四个传媒创业机构为例，试图探讨：在传媒创业领域，风险投资机构更为青睐哪类传媒创业机构？这些传媒创业机构在商业模式设计上有何特征？

二、风险资本与创业融资研究：关键指标

　　风险资本（venture capital）是由风险投资机构提供给创业公司的、以高风险和潜在高收益（Gompers, 1995）为特征的短期资本（Zider, 1998）。在风险资本的运作中，风险投资机构往往通过有限合伙的形式购买创业公司股份（Denis, 2004），并为创业公司提供战略咨询、经营指导、市场推广、管理层招募等服务（Bygrave & Timmons, 1992; Rosenstein, 1988）；当创业公司达到足够大规模后，风险投资机构就会通过公司上市、股权转让等机制退出投资（Wright, 2007），并获得相应的投资回报（Zider, 1998）。作为金融市场中重要的中介力量（Gompers & Lerner, 2001），风险资本是初创企业融资的主要途径之一。

　　创业项目未来的财富生产能力，具有很大的不确定性（Amit et al., 1990）。

1　如2016年完成融资的华尔街见闻、一条视频。

2　如吴晓波频道、36氪。

3　《这么多自媒体融资千万！热钱涌向哪？》，腾讯全媒派，2015-12-08，http://news.qq.com/original/dujiabianyi/zimeitichangshuai.html。

这主要是由于新产品或服务的可行性和市场接受度在很大程度上是未知的，与此相关的一系列问题，包括"新产品大规模生产的成本如何？""新产品会为顾客所接受吗？""顾客愿意以何种价格购买该产品？"等等（Amit et al., 1990），都增加了创业者和风险投资者面临的风险。此外，风险投资者与创业者之间存在信息不对称（Amit et al., 1998），因而风险投资者很难准确判断特定创业项目、特别是创新类项目的质量和潜在价值（Denis, 2004）。

为了将风险将最小化，风险投资机构倾向于采用一系列衡量指标，用于评估特定创业项目是否具备投资潜力。在相关文献的探讨中，以下三个维度被认为是风险投资机构最为重视的评估指标：

第一，创业者及其团队的特质与经验。

在麦克米伦等（MacMillan et al., 1985）所提出的风投用于评估创业项目的六种最重要指标中，有三个指标都涉及创业者及其团队的特质。他们认为，创业者个人的风险承受能力、领导能力、既往创业经验，以及创业团队成员的特质和经验，都会是风险投资机构考量的重要指标（MacMillan et al., 1985）。相关研究也指出，拥有较高技能、良好声誉和较强风险承受能力的创业者，将会在与投资人的协商中处于较为有利地位（Zider, 1998）。此外，此前拥有成功创业经历的创业者，更容易获得投资者的青睐（Gompers et al., 2006）。

第二，创业项目所处的产业或细分市场。

这一维度主要考察创业项目所处产业或市场的增长率、市场规模和发展前景（Robinson, 1987）。刘德（Zider, 1998）认为，创业项目进入特定市场的时机至关重要，这将会影响风险资本是否进入该项目；风险投资人会选择在传统S形产业曲线的中部进入该产业，以避开产业未发展成熟的早期阶段，或是市场衰退和增长速度放缓的后期阶段。当然，由于移动互联网行业的特殊性，其启动和发展的速度要快于传统产业，因此风险投资机构往往会选择行业发展初期就进入该行业，以避免中后期进入导致的机会丧失和成本提高。此外，如果创业项目处于一个非充分竞争的市场，这将成为其吸引风险资本的一个重要优势（Fried & Hisrich, 1994）。

第三，创业项目的产品战略与商业模式。

这一评估维度，也被赫里斯与杨科威茨（Hisrich & Jankowicz, 1990）称为对于创业项目"商业概念"的评估。相关研究指出了与该维度密切相关的几个评价指标：

（1）市场接受度。创业项目所提供的新产品或服务必须能在短期内推向市场，并且具备良好的潜力（Fried & Hisrich, 1994）。如果产品或服务已经呈现出了相当高的市场接受度，即拥有较大规模的用户，那么该创业项目将会受到风投的青睐（MacMillan et al., 1985）。

（2）产品的差异化或创新性。拥有特殊技术专利或具备鲜明独特性的产品和服务，被投资者认为具备较高的利润空间，因而更容易获得风险资本的青睐（Tyebjee & Bruno, 1984）。麦克米伦等（MacMillan et al., 1987）特别指出了作为"市场制造者"（market maker）的创业项目的独特价值；这类项目往往会选择进入一个之前被忽视的市场，它所提供的新产品或服务与该市场需求完全匹配，且在该市场中具备一定程度的竞争保护机制。赫尔曼与普里（Hellmann & Puri, 2000）通过对硅谷高科技创业企业的分析，也发现实行创新性市场策略、而非模仿性市场策略的创业项目，更有可能获得风险资本的投资。此外，一旦创业项目的市场策略得到风险投资者的认可，风险资本会很快进入该创业项目，而非等到不确定性相对较小的后期才进入（Hellmann & Puri, 2000）。

（3）盈利潜力。创业项目必须具备可持续的盈利模式和后续盈利增长的潜力，这无论是在早期创业项目还是后期创业项目投资中，都是风险投资机构关注的重要指标（Fried & Hisrich, 1994）。麦克米伦等（MacMillan et al., 1985）发现，多数投资人期待在投资的5~10年内获取相当于早期资本10倍的收益，因而拥有较强盈利潜力的创业项目，更有可能满足风险投资机构对投资回报率的考量。

进入创业项目后，风险资本不仅能为创业者提供短期资金，而且更重要的是履行监管职能（Kaplan & Stromberg, 2001），并提升创业项目的专业性，帮助创业项目的产品或服务更快推向市场（Hellman & Puri, 2000）。此外，风险投资机构的加入，有助于与创业者分担创业风险（Amit et al., 1990）。然而，风险资本也可能会使创业者丧失对公司事务的主控权（Hellmann & Puri, 2000），并可能导致破坏性创新企业无法充分成长，走向追求"核心竞争力和投资回报率最大化"的旋涡（克里斯坦森、雷纳，2010）。

三、风险资本与传媒创业案例

本章采用非概率抽样的方式进行案例选择。在 IT 桔子"千里马俱乐部"中包含中国 TMT 领域估值超过 10 亿元人民币的所有创业公司，因此，我们以该榜单为基础，并参考新榜近年来发布的年度内容创业盘点 [1]，从这些榜单中筛选出与传媒行业相关的创业项目，再从中选择在商业模式的客户细分与价值主张、客户关系、盈利模式、关键业务这四个维度呈现出鲜明颠覆性特征的案例进行分析。

此外，在案例选择过程中，我们也兼顾了不同类型的传媒创业形态。因为传统媒体内部创业项目与传统媒体机构有较为紧密的联系，这类传媒创业项目的融资面临体制上的障碍。而新闻创业项目的融资门槛较高，实际运作过程中报道的政策风险也较大。这两类传媒创业项目的融资活动未必完全遵循市场运作逻辑，而是受到较多的体制和政策环境等外在因素的制约。因此，本章将重点考察内容创业和内容＋服务创业这两种传媒创业项目的融资逻辑。

在本章的案例中，"快看漫画"和"同道大叔"属于较为典型的内容创业项目，它们通过高质量原创内容生产吸引用户、实现盈利，并凭借在价值主张和关键业务上的突出优势获得融资；而快手和 36 氪则具备较为鲜明的内容＋服务创业特征，它们通过为目标用户提供彼此间信息共享或获得相关服务的平台，并分别借助策略化的用户运营和多元化盈利模式的开掘，帮助赢得规模化的用户，并获得风险资本的青睐。通过将不同类型的传媒创业机构纳入本章的分析，有助于我们更全面地理解风险资本进入传媒创业机构的内在逻辑。

在风险投资机构对创业项目产品战略与商业模式的评估过程中，相关研究提出的评估指标，与奥斯特瓦德、皮尼厄（2011：4）所提出的商业模式九大维度中的客户细分与价值主张、客户关系、盈利模式、关键业务这四个维度密切

1　具体包括：《2016 年中国内容创业公司 100 强 | 新榜出品》，搜狐公众平台，2017-01-06，http://mt.sohu.com/20170106/n477999380.shtml；《2017 内容创业公司 TOP100 名单公布 | 新榜出品》，搜狐科技，2018-01-11，http://www.sohu.com/a/215928185_179557。

相关。因此，我们把这四个维度作为本章的主要分析框架，用于考察受到风险资本青睐的传媒创业机构所采用的商业模式颠覆性创新的特征。

具体而言，本章以快看漫画、同道大叔、快手、36 氪这四个案例为分析对象，探讨风险资本所青睐的传媒创业机构在商业模式设计方面的特征（见表 9.1）。

表 9.1 风险资本青睐的传媒创业机构

商业模式的维度	案例	所属传媒创业类型	获得融资的关键优势	融资轮次与金额	领投方	估值
客户细分与价值主张	快看漫画	内容创业	清晰的用户定位	D 轮，超过 1.77 亿美元	Coatue Management	15.3 亿美元
关键业务	同道大叔	内容创业	打造品牌 IP	并购，超过 2.18 亿元人民币	美盛控股	3 亿元人民币
客户关系	快手	内容 + 服务创业	社群化运营	E+ 轮，超过 10 亿美元	腾讯	180 亿美元
盈利模式	36 氪	内容 + 服务创业	盈利闭环	战略融资，超过 1 亿元人民币	招商局创投	未透露

四、风险投资公司青睐的商业模式

（一）客户细分与价值主张：清晰的用户定位

在传媒创业领域，受到风险投资机构青睐的创业项目往往在客户细分与价值主张的设定上体现出颠覆性创新的特质。这些传媒创业机构，通常瞄准一类特定的细分受众群体、细分主题或者细分地域，提供有针对性的价值主张。

某种程度上，这与颠覆性创新理论中的"新市场颠覆性创新"战略紧密相关（克里斯坦森、雷纳，2010：40）。新市场颠覆性创新战略强调开拓一个全新的"零消费市场"的重要性。在该市场中，之前没有产品或服务用于满足这部分细分用户的需求（克里斯坦森、雷纳，2010：40）。通过开发这部分用户需求，为他们带来高度便利性的产品，逐渐将原本处于主流价值网络中的用户吸引到新的价值网络中 [1]，进而具备颠覆主流产品的潜力（克里斯坦森、雷纳，2010：35）。

---

1 "价值网络"（value network）的概念，由克里斯坦森在《创新者的窘境》中提出，并在《创新者的解答》中作了进一步阐释。价值网络是指"企业的生存环境，企业在其间建立属于自己的成本结构和运营流程，并且和供应商及合作伙伴进行合作，服务于某一类客户并从中赢利"（克里斯坦森、雷纳，2010：34）。

案例 9.1　快看漫画

案例提要：

快看漫画如何通过精准化的用户定位和价值主张设计，获得风投的青睐？

快看漫画成立于 2014 年，是一个以提供国内外原创漫画阅读服务为主要业务的互联网创业产品。截至 2017 年年底，快看漫画已经完成 D 轮 1.77 亿美元融资，成为漫画领域最大规模的融资案例[1]，领投方为曾经参与滴滴打车 30 亿美元投资的纽约风投公司 Coatue Management。[2]

快看漫画能成为漫画行业中融资额度最高的传媒创业机构，与该产品明确的用户定位和有针对性的价值主张提供紧密相关。作为一个具备鲜明特征的传媒创业机构，从成立之初，快看漫画就将目标群体锁定为热爱漫画的青少年，并将成为青少年群体的"第一青春读物"作为自身定位[3]，致力于为这群用户提供精准化、高匹配的内容和服务。

为了充分契合年轻漫画爱好者群体的内容消费习惯，快看漫画在以下几个方面提供了有针对性的价值主张。

除了在内容质量上始终保持高水准以外，在内容呈现方式上，快看漫画最为突出的特征，是在漫画行业中首次以条漫形式取代传统的页面漫画。此前，以"布卡漫画"为代表的同类漫画产品，大多通过将传统漫画直接呈现于手机端的形式来进行漫画内容排版。[4]这样的呈现方式，会由于传统漫画页面与手机屏幕尺寸的不匹配，而极大地损害用户阅读体验。而快看漫画借助条漫的呈现方式，使每篇漫画的宽度都与手机屏幕大小自动适配，用户只要向下滑动，就

1　三声情报站：《中国漫画行业最大融资案例！快看漫画 D 轮融资 1.77 亿美元》，界面新闻，2017-12-01，https://www.jiemian.com/article/1787768.html。

2　曹瀛琰：《快看漫画获得过亿美元投资到底为什么？深度揭示其成长核心》，百家号，2017-12-04，https://baijiahao.baidu.com/s?id=1585839702162573833&wfr=spider&for=pc。

3　娱乐独角兽：《三年跑成行业第一，D 轮融资 1.77 亿美元的快看要做漫画界阅文？》，百度百家，2017-12-24，https://baijiahao.baidu.com/s?id=1587678351118703262&wfr=spider&for=pc。

4　漫游学人：《快看漫画疯狂崛起，它给这个行业带来了什么？》，爱范儿，2017-04-27，https://www.ifanr.com/826635。

能方便阅读整篇漫画内容。更为重要的是，快看漫画刊载了大量以轻内容为特征的短篇漫画，并打出"一分钟看一个超赞故事"的口号[1]，这无疑更为契合移动端用户日趋碎片化的使用习惯。

此外，为了充分满足年轻用户群体的参与和互动需要，快看漫画通过诸多环节设计，提供用户之间、用户与漫画作者之间的互动平台。除了在每则漫画下方的评论区提供用户评论和彼此互动的平台以外，快看漫画还开辟了用户社交平台 V 社区，原创漫画作者可以在该平台上开辟个人主页，分享漫画创作心得、日常生活瞬间、个人感悟等，这为用户提供了与他们感兴趣的漫画作者零距离互动的机会。此外，快看漫画还定期举办线上直播活动，每天邀请 30 多名漫画作者开设直播。在 2017 年的快看漫画直播季中，单次直播最高点赞人数高达 1.86亿[2]，线上互动平台成为凝聚用户的重要方式。

通过在内容提供、产品设计等方面充分匹配目标用户的需求，快看漫画获得了用户规模的急剧增长。2016 年年初，快看漫画的数量仅为 300 万左右，而仅仅一年之后，日活数量就上涨到 900 万。[3] 上线三周年时，快看漫画的用户总数已经多达 1.3 亿。[4]

拥有准确的细分受众定位以及有针对性价值主张的传媒创业机构之所以能获得风险资本的青睐，主要是由于这部分用户一旦发展为稳定用户群体，将会带来较高的用户转化率[5]和高额收益。

快看漫画由用户转化带来的盈利潜力，正在逐步凸显。在快看漫画定期组织的漫画作品签售会上，相关漫画图书的签售数量多次打破漫展单场签售纪录。[6]

1　小科：《快看漫画 11.7 亿元 D 轮融资，三年时间，90 后陈安妮做出一款与腾讯抗衡的漫画平台》，百家号，2017-12-01，https://baijiahao.baidu.com/s?id=1585594172696572524&wfr=spider&for=pc。

2　曹瀛琰：《快看漫画获得过亿美元投资到底为什么？深度揭示其成长核心》，百家号，2017-12-04，https://baijiahao.baidu.com/s?id=1585839702162573833&wfr=spider&for=pc。

3　漫游学人：《快看漫画疯狂崛起，它给这个行业带来了什么？》，爱范儿，2017-04-27，https://www.ifanr.com/826635。

4　陈安妮：《快看漫画陈安妮：文娱淘金，漫画开启新时代》，不凡商业，2017-12-07，https://www.bufanbiz.com/post/5088.html。

5　转化率，是指在线电商网站的访问者转化为实际购买者的比值（Moe & Fader, 2004）。通常情况下，投资回报率与用户转化率呈正相关（卞保武，2010）。

6　三节课：《上线两年半，日活过千万，快看漫画的产品运营逻辑究竟是什么？》，知乎，2017-10-14，https://zhuanlan.zhihu.com/p/30109022。

比如，2016 年 10 月在广州举办的签售会上，快看漫画团队在短短 4 小时内就售空所有新书，签售图书破万册。[1] 此外，以线上商城和内容付费为核心的盈利模式，也为快看漫画核心用户的转化率带来了新的可能。

在风险投资机构对于创业项目的评估中，实行差异化战略的创业项目往往更具竞争力（Tyebjee & Bruno, 1984）。与传统媒体机构面向大众的定位不同，以快看漫画为代表的许多传媒创业机构，往往通过精准定位某一类特定细分用户并准确挖掘其需求的方式，实现区别于传统媒体机构的差异化和颠覆性。更重要的是，这类传媒创业机构所瞄准的目标市场，往往是被此前的主流消费市场所忽略的"零消费市场"；这部分用户的需求真实存在，且尚未被充分满足。通过提供精确匹配目标用户真实需求的价值主张，这类传媒创业机构得以获得区别于竞争对手的优越性，并获得风险资本的关注。

与此类似的传媒创业机构，还包括雪球财经（D 轮融资 1.2 亿美元）、凯叔讲故事（B 轮融资 9000 万元人民币）、果壳网（C 轮融资 1 亿美元）等。虽然这类传媒创业机构瞄准的受众规模无法与传统媒体相提并论，但由于目标用户和目标市场较为明确，因而通过持续生产高度契合目标用户信息需求的优质内容，这类传媒创业机构相比于传统的传媒产品更容易实现客户锁定和用户忠诚。

对于风险资本而言，这类传媒创业机构的独特价值在于，一旦这类传媒创业机构成功尝试电商或相关增值服务，由这部分高忠诚度用户带来的转化率，将带来显著高于传统电商的高额利润。因此，经由相对稳定的用户而赢得的排他性利润空间，将使风险资本在这类传媒创业机构中获得较高的投资回报。

（二）关键业务：差异化、立体化与 IP 化

受到风险资本青睐的传媒创业机构，在关键业务的设计上也呈现出相比传统媒体机构更明显的颠覆性创新特质。对于传统媒体机构而言，其关键业务通常以生产新闻内容为核心；而传媒创业机构的关键业务则涉及包括内容生产和服务提供在内更为立体化的运营流程。

更为重要的是，传媒创业机构的内容生产与服务提供，往往区别于传统媒

---

1 《漫画书不景气？快看漫画签售超 35000 册，破四项纪录》，网易新闻，2016-10-26，http://news.163.com/16/1026/09/C49VPKR600014AED.html。

体机构面向所有受众的无差别内容提供方式，而是更加注重差异化定位。比如，以澎湃新闻为代表的传媒创业机构借助其优于同类新闻资讯产品的采编团队和政策优势，通过持续为用户生产高质量的原创新闻，成功吸引了数量可观的忠诚用户群体。而以今日头条、一点资讯为代表的资讯类产品，则借助机器推荐引擎技术，通过实现对用户阅读兴趣的高度匹配，呈现出区别于同类资讯产品的差异化特征。

此外，一些传媒创业机构借助 IP 化的关键业务增强创业项目的品牌影响力，并建立品牌与用户之间的情感纽带，使其成为凝聚用户、打造竞争优势和构建竞争壁垒的重要方式，为创业项目的后续盈利打下基础。对于风险投资机构而言，这些品牌 IP 形象，一旦塑造成功并在用户中获得认同，将会成为品牌的独特资源，在文化产业中具备较高的市场价值和盈利潜力。

案例 9.2 同道大叔

> **案例提要：**
>
> 同道大叔通过打造品牌 IP 并围绕 IP 进行全产业链布局，使得 IP 运营与商业化带来的盈利潜力成为同道大叔获得投资机构青睐的重要因素。

同道大叔是一个星座文化类内容创业项目，该创业项目生产的内容主要涵盖星座、动漫、娱乐等领域。2016 年 1 月，同道大叔及旗下公司获得 3000 万元人民币 A 轮融资，估值达 2 亿元；[1] 2016 年 12 月，同道大叔估值达到约 3 亿元，美盛控股以 2.17 亿元收购同道文化及其四家投资机构持有的 72.5% 的股份，蔡跃栋个人套现 1.78 亿元。这也成为自媒体创业项目中金额最大的一次并购。[2]

在关键业务的设计上，同道大叔试图超越单一的自媒体内容生产，通过 IP 化运营，以实现品牌效应并搭建竞争壁垒。

同道大叔从发布星座动漫起步，凭借早期在微博上推出的"大叔吐槽星座系列"走红网络。在内容运营中，同道大叔通过全网搜索，对用户感兴趣的内容、

---

1 《同道大叔蔡跃栋：大叔是这样炼成的》，界面，2016-06-16，http://www.jiemian.com/article/677523.html。
2 藏瑾：《变现之后"同道大叔"还有生命力吗？》，腾讯科技，2016-12-13，http://tech.qq.com/a/20161213/004447.htm。

标题和具体风格进行分析，再基于此进行漫画和内容创作。[1] 由于对用户心理的精准把控以及内容生产的高质量，同道大叔在成立短短一年后，粉丝数量就由10 万增加至 500 万 +。[2]

在此基础上，同道大叔开始进行 IP 化运营。由于传统星座符号辨识率较低，同道大叔结合自身品牌特色，设计了一套十二星座卡通形象；这套卡通形象，开始成为独特的品牌 IP 被传播开来。此外，为了进一步扩大 IP 的影响力，同道大叔通过文化衍生品设计[3]、图书出版（如《不要认识摩羯座》）、线下活动（如星座运动会、潮爆星座嘉年华）、实体电商（如星座咖啡馆）、线上电商（如同道星座馆）等，进行围绕 IP 的全产业链布局，借助星座 IP 的广泛影响力，提升 IP 产值，实现品牌化和商业化。2016 年上半年，同道大叔的营业收入达到2442 万元，净利润为 617 万元。[4]

同道大叔 IP 运营与商业化带来的盈利潜力，因而成为获得投资机构青睐的重要因素。2016 年 12 月，以动漫衍生产品开发为主营业务的美盛文化创意股份公司收购同道文化，用于"进一步完善 IP 文化生态圈建设"，并"提高 IP 运营与变现能力"[5]。

以同道大叔为代表的传媒创业机构，通过对品牌的 IP 化塑造，呈现出有别于其他传媒创业机构的差异化特征，并由此衍生出立体化的业务系统。拥有独家 IP 的传媒创业机构，将会拥有相比于同行业竞争者的独特竞争优势，并形成品牌的"护城河"；更重要的是，基于对品牌或 IP 的认同而积累起来的用户群体，将会拥有较高的转化率，这在为传媒创业机构带来较大盈利空间的同时，也会为风险投资者带来相应高额的投资回报。

1　小饭桌创业课堂：《独家揭秘：同道大叔如何在三年间成功套现 1.78 亿》，搜狐科技，2016-12-19，http://it.sohu.com/20161209/n475455545.shtml。

2　参见：《深扒同道大叔，他是如何从 0 粉丝做到 500 万 + 粉丝？》，尚道微营销，2015-06-12，http://www.meihua.info/a/63610。

3　参见《同道文化首次公开发声：从网生文化到超级 IP 与消费品牌的战略版图》，艾瑞网，2016-07-15，http://news.iresearch.cn/content/2016/07/262463.shtml。

4　王佳健：《"同道大叔"3 亿卖身！这桩大买卖背后的目的是……》，新浪科技，2016-12-09，http://tech.sina.com.cn/i/2016-12-09/doc-ifxypipu7501655.shtml。

5　无冕财经：《谁收购了"同道大叔"？揭秘美盛文化资本运作》，凤凰号，2016-12-23，http://wemedia.ifeng.com/6216790/wemedia.shtml。

（三）客户关系：借助社群化运营提升用户规模与忠诚度

对于风险投资机构而言，具有较高市场接受度的产品和服务，往往具备较强的吸引力（MacMillan et al., 1985）。一些传媒创业机构在商业模式设计的客户关系这一维度体现出有别于传统传媒机构的颠覆性，它们往往通过以社群运营为核心的多层次用户运营策略提升用户的规模与忠诚度，进而借此赢得投资者的青睐。

案例 9.3　快手

案例提要：

快手如何通过多层次用户运营策略提升自身的投资价值？

快手成立于 2011 年 3 月，早期是一款用于制作 GIF 动图的工具型应用，次年向短视频领域转型。如今，快手成为一个典型的 UGC 类短视频平台，用户可以在该平台制作、上传视频，并进行分享和互动。2018 年 7 月，快手完成 E+ 轮融资 10 亿美元，投后估值 180 亿美元。[1]

在用户运营上，快手的一个主要策略是"去中心化"，这意味着"每个内容，每个人都是平等的"。[2] 从这样的逻辑出发，快手在运营中避免将资源向拥有庞大数量的头部用户倾斜，也避免借助娱乐明星、公众人物或知名大 V 等进行宣传或与他们签订合作条约。因此，快手为普通用户记录、分享和彼此互动提供了更为低门槛、更为公平的机会，这也使快手长期以来一直保持对大量以四、五线城镇居民为代表的目标用户的吸引力，并一直享有较为稳定的 UGC 内容来源。

针对平台上大量的普通用户，快手通过以下几个方式进行了用户运营和社区营造。

首先，快手平台上的"关注"页面，成为该平台最具优先级的信息推送出口。[3]

1　参见：https://www.tianyancha.com/brand/bab2f140060。

2　《短视频之争：抖音能打败快手吗？》，新华网，2018-03-09，http://www.xinhuanct.com/tech/2018-03/09/c_1122509139.htm。

3　中人人：《产品分析 | 快手，究竟为用户提供了怎样的服务，从而成为一款众所周知的 App》，人人都是产品经理，2017-07-04，http://www.woshipm.com/evaluating/575049.html。

换言之，特定用户一旦发布新动态，平台就会第一时间向所有关注该用户的其他用户进行消息推送。这保证了相互关注的用户之间始终保持较为密切的互动，并帮助用户之间借助日常互动和彼此关注建立较为稳定的用户社群。

其次，快手借助平台上的"同城"功能，使处于同一地理位置的用户之间获得更为密切的互动和彼此分享的机会。由于快手的用户绝大多数都是四、五线城镇居民，他们相对而言更为关注与自身地域特征和文化特征相一致的周边地区用户及其发布的视频内容，借助这一功能，他们得以更便利地构建基于短视频的同城社交圈。

此外，值得一提的是，快手借助强大算法推荐功能的运作，持续向用户推送与他们各自兴趣标签相符的短视频内容。这一方面有助于借助精准化、个性化的内容推送进一步增强用户黏性，另一方面也使用户得以经由兴趣推送功能，与拥有类似兴趣标签的其他用户建立更为密切的互动机制，并为用户社群的营造打下基础。

通过这样的运营方式，快手的用户数量一直处于较为稳定的增长状态。在快手成立六年后，用户规模已经超过 5 亿，其中日活用户超过 6500 万[1]，并在四线以下城市有超过 40% 的用户渗透率[2]。快手所拥有的规模化、高忠诚度用户群体，某种程度上成为该项目获得融资的重要因素。事实上，规模化用户及其带来的盈利潜力是风险投资机构在进行项目评估的过程中所考虑的关键指标之一。比如 IDG 副总裁黄翔对传媒创业机构用户规模的强调：

> 投资机构需要什么样的媒体公司？你说你创业了，做了一个东西，这个事不能离市场特别远，要比较近。你一定要告诉我，现在市场上的这些用户你能吸引到多少。这些客户很值得重视。投资人很现实。[3]

与快手的社群化用户运营思路类似，在传媒创业领域中，吴晓波频道、罗

---

1 纵纵：《坐拥五亿用户的"快手"：到底谁才是被边缘化的》，数英 DIGITALING，2017-09-14，https://www.digitaling.com/articles/40070.html。

2 《快手完成新一轮融资，腾讯追加 4 亿美金，快手估值近 200 亿美金》，百家号，2018-06-22，https://baijiahao.baidu.com/s?id=1603946343596640115&wfr=spider&for=pc。

3 IDG（中国）副总裁黄翔受邀在清华大学"传媒创新与创业"课堂分享，2015 年 4 月 26 日，清华大学。该课程由曾繁旭老师主持。

辑思维等传媒创业机构，也通过以人格化或社群化运营为核心的用户策略，进行商业模式中客户关系这一维度的设计。它们往往通过搭建基于共同价值观的优质社群完成高忠诚度用户的凝聚。

以人格化或社群运营为核心特征的用户运营策略，无疑是移动互联网时代具有颠覆性的用户凝聚方式。在传统的媒介环境下，媒体机构只能通过生产面向大众的新闻产品，以此获取用户关注；而这类传媒创业机构通过独特而高质量的内容，以及其中传达的特定价值观和生活方式来凝聚用户，因而具备快速获得流量、占据更多的用户时间、赢得活跃度高的用户群体的能力。

从风险资本的角度而言，高活跃度的忠实用户群体，往往意味着更高的转化率和盈利潜力，以及对于风险投资机构的高回报率。此外，与在价值主张方面形成颠覆性的传媒创业机构相比，这类借助人格化魅力或社群化用户运营提升用户忠诚、增加用户规模的传媒创业机构，与投资人的需求也离得更近。这很大程度上是由于已经具备稳定、庞大用户群体的传媒创业机构，与定位于细分用户的传媒创业机构相比，在实现盈利方面的不确定性更小。

（四）盈利模式：多元化与盈利闭环

创业项目的变现能力与盈利潜力，是风险投资机构考虑的主要指标（Fried & Hisrich, 1994）。在盈利模式设计上，一些传媒创业机构超越了广告这一传统的商业模式，通过更为多元化的盈利来源、构建盈利闭环的方式，探索具备颠覆性创新特质的盈利模式的可能性。

案例 9.4　36 氪

案例提要：

同为科技类媒体，虎嗅网的估值为何远低于 36 氪？

36 氪是一家专注于互联网创业服务的媒体，致力于成为"互联网创业的第一孵化器和第一媒体"[1]。该媒体于 2010 年 12 月作为科技媒体正式上线，目前已经成为集创业资讯提供、互联网融资、创业项目孵化等多种服务于一体的综合

1　尧异:《做股权众筹平台，为什么是 36 氪？》，36 氪，2015-06-16，http://36kr.com/p/533862.html。

性媒体。

从 2011 年 4 月接受九合创投数十万元人民币的天使轮投资开始[1]，36 氪如今已经完成了多轮融资，D 轮和 E 轮融资额均超过一亿元人民币。[2] 最新一轮战略融资于 2016 年 12 月由招商局创投基金领投，融资金额依然为上亿元。[3]

与同类产品相比，36 氪可以说是对盈利模式尝试最多的传媒创业机构。[4] 除了早期的广告和线下活动，36 氪在发展过程中逐渐开始尝试通过创业孵化、股权众筹、创业融资等多种方式寻求盈利。而同为科技媒体的虎嗅网，长期以来一直采用与传统媒体较为类似的盈利模式，即依赖广告、线下活动和整合营销作为收入的主要来源[5]，且利润额一直偏低。2015 年，虎嗅网的净利润仅 80 多万元[6]，估值也仅为 1.5 亿元左右。虽然于 2015 年年底正式挂牌新三板，但在挂牌半个月后，虎嗅在报价系统中的成交额依然为零。[7]

36 氪与虎嗅网在资本市场上的表现差异，一定程度上可以体现出多元盈利模式对于传媒创业机构获取融资的重要性。可持续的盈利模式和规模化的利润额，能让投资机构获得对传媒创业机构未来成长和市场前景的信心。

除了对多元盈利模式的探索，36 氪获得风险资本青睐的另一个原因，在于它成功实现了从连接人与信息到连接人与服务的转变，并尝试打造基于创业生态服务的盈利闭环。具体而言，除了专注提供科技信息服务的 36 氪主站之外，36 氪旗下还包括投融资平台"36 氪融资"、创业项目孵化器"氪空间"、创业研究机构"36 氪研究院"[8]，以及 36 氪股权众筹平台。这几乎涵盖了初创企业创业

1　《36 氪获得新一轮融资 估值 35 亿元》，IT 桔子，2016-05-10，https://www.itjuzi.com/investevents/17165。

2　《36 氪完成 D 轮融资 蚂蚁金服领投》，腾讯科技，2015-10-15，http://tech.qq.com/a/20151015/050182. htm ；《36 氪获得新一轮融资 估值 35 亿元》，IT 桔子，2016-05-10，https://www.itjuzi.com/investevents/ 17165。

3　《36 氪完成亿元战略融资 招商局创投领投》，凤凰科技，2016-12-13，http://tech.ifeng.com/a/20161213/ 44514101_0.shtml。

4　《36 氪：我不是博客　请叫我"服务提供商"》，搜狐科技，2013-01-14，http://it.sohu.com/20130114/ n363320016.shtml。

5　《主要营收靠广告、活动和营销，虎嗅网申请挂牌新三板》，投资界，2015-09-28，http://pe.pedaily. cn/201509/20150928388831.shtml。

6　李岷：《虎嗅发布 2015 年报啦！这是年报里的致投资者信》，虎嗅网，2016-04-11，https://www.huxiu. com/article/144989.html。

7　金融小兵：《步天涯后尘，虎嗅挂牌新三板半月无人问津》，新浪专栏·创事纪，2015-12-17，http:// tech.sina.com.cn/zl/post/detail/i/2015-12-17/pid_8498799.htm。

8　参见 36 氪官网，http://36kr.com/pages/about。

孵化、寻求融资、获得媒体关注等一系列主要需求。

其中，36 氪旗下创业孵化机构"氪空间"，于 2016 年获得来自 IDG 资本和普斯投资的 A+ 轮投资，总额约为 2 亿元人民币。[1]这体现出风险投资公司对以服务提供为基础的盈利模式的偏好：

> 内容行业不是一个依靠资本的行业，所以你会发现很少有人去看、去投资纯内容的行业，需要跟服务有关才能赚钱。……你做的是服务，提供服务就帮人解决问题。公共服务帮社会解决问题，专业服务、大众服务，帮普通人解决问题。你解决了人家的问题，人家就有可能给你出钱。[2]

如今，36 氪已经打造出一个较为成熟的盈利闭环。具体运营中，首先以"氪空间"和 36 氪主站作为创业项目入口，通过为创业项目提供办公地点、创业机会和媒体曝光，进行创业项目的孵化；然后将其中孵化较为成熟的项目输送至 36 氪融资平台，通过与下游资本的连接，实现盈利和变现。

36 氪打造的盈利闭环，通过对"价值网络"（value network；克里斯坦森，2010）的重构，在一定程度上体现出商业模式颠覆性创新的特征。企业价值网络的搭建，体现在企业对其成本结构和运营流程的设计，以及与供应商和合作伙伴的关系（克里斯坦森、雷纳，2010：34）。相对于成熟企业，新创企业在改变战略和成本结构方面具备更大的灵活性（克里斯坦森，2010：57）；它们围绕非主流市场中消费者需求提供有针对性的产品或服务，并设计相对应的运营流程和利益相关者关系。新兴市场价值网络的设计，一旦能满足价值网络内参与者的已知需求，就极有可能取得商业化成功（克里斯坦森，2010：55），并具备颠覆已有成熟企业市场地位的破坏性变革潜力。

盈利闭环的打造，意味着传媒创业机构不仅已经突破了传统意义上以广告为核心的盈利来源，而且通过对盈利模式的颠覆性创新，搭建起一套围绕其核心业务的成熟盈利模式。一般而言，具备盈利闭环的传媒创业项目，往往经历

1　段旭：《王思聪和 IDG 共投，氪空间获两亿 A+ 轮融资，联合办公之后还想做好分时办公 | 首发》，36 氪，2016-11-02，https://36kr.com/p/5055622.html。

2　IDG（中国）副总裁黄翔受邀在清华大学"传媒创新与创业"课堂分享，2015 年 4 月 26 日，清华大学。该课程由曾繁旭老师主持。

了相对较长的发展周期；它们通过对盈利模式较长时间的摸索，得以打通上下游产业，并得以建立覆盖供应商、合作伙伴和用户的价值网络。由于具备较为成熟的发展现状和稳定的盈利潜力，这类传媒创业机构的融资额和估值金额都会显著高于同类创业项目。

五、寻找传媒领域的"市场制造者"

风险资本与创业融资的相关研究，大多将重点聚焦在风险投资机构在创业企业中的管理职能（Bygrave & Timmons, 1992）、风险投资机构为最小化代理成本而使用的控制机制（Gompers, 1995; Sahlman, 1990）等。而关于风险资本所青睐的创业项目具备怎样的特质，特别是这些创业项目在商业模式设计上有何特征这一问题，则相对较少有研究者关注（Hellmann & Puri, 2000）。

本章以快看漫画、同道大叔、快手、36氪这四个传媒创业机构为例，探讨风险资本青睐的传媒创业机构在商业模式设计上的关键特征。我们发现，受到风险资本青睐的传媒创业机构，往往在商业模式设计上体现出颠覆性创新的特质。具体而言，在客户细分与价值主张的设定上，这些传媒创业机构往往选择锁定之前甚少有媒体涉足的"零消费市场"（克里斯坦森、雷纳，2010：40），并设计能充分满足这部分用户群体需求的价值主张；在关键业务方面，这些传媒创业机构以生产差异化内容、立体化服务乃至 IP 化品牌为目标，从而增强创业项目的品牌影响力；在客户关系方面，这些传媒创业机构往往通过多层次的社群运营策略获得规模化的用户，并增强用户忠诚度、维持用户黏性；在盈利模式方面，这些传媒创业机构通过探索多元化的盈利模式，并设计相对成熟的盈利闭环，重构已有的"价值网络"（克里斯坦森，2010），从而对成熟企业市场地位形成颠覆性。

传媒创业机构能否获得持续的大规模盈利，进而为风险投资机构带来相应较高的投资回报率，对于风险投资机构而言至关重要（Fried & Hisrich, 1994）。事实上，风险资本对传媒创业机构商业模式几个维度的考量，都指向了高转化率和变现潜力。其中，客户细分与价值主张、客户关系、盈利模式这些维度，指向了由用户高转化率带来的变现潜力，即这部分高度垂直化的忠诚用户群体，可以通过社群经济或在线电商等方式转化为消费者，进而实现盈利。而关键业务这一维度，指向了由优质品牌带来的变现潜力，即传媒创业机构所运营独特内容和 IP 化品牌，可以转化为文化产业中的商业资本，获得高额收益。

通过考察具备颠覆性创新特质的传媒创业机构在资本市场上的表现，我们得以用创业融资的视角审视"颠覆性创新"的理论潜力。"颠覆性创新"理论提出了两种主要的颠覆性创新路径，即低端市场颠覆性创新策略和新市场颠覆性创新策略（克里斯坦森、雷纳，2010：40）。低端市场颠覆性创新策略主要针对在主流市场中被过度服务的低端客户，在用价格折扣争取低端市场的同时保持可观的回报率；而新市场颠覆性创新策略，强调定位于零消费市场，提供具备简洁性和便利性的产品，并通过对商业流程的设计，重构价值网络（克里斯坦森、雷纳，2010：40）。新市场颠覆性创新策略与风险资本研究中麦克米伦等（MacMillan et al., 1987）所提出的颇受投资者青睐的"市场制造者"（market maker）有类似之处，他们同样强调进入新市场的创业项目对于投资者的重要价值。具体到传媒创业领域，本章的研究表明，传媒创业机构更多地采用以"新市场颠覆性创新"为主的策略，这一路径决定了传媒创业机构在商业模式的客户细分与价值主张、客户关系、盈利模式、关键业务四个层面体现出区别于传统媒体机构的颠覆性。正是因此，它们更加具备可持续的盈利潜力，并拥有较高的投资回报率。

对于传统媒体机构而言，以广告为核心的传统盈利模式，已经使传统媒体陷入收入急剧下滑的困境，并极大地限制了传统媒体的盈利空间。具有颠覆性的传媒创业机构在商业上的潜力，某种程度上也为传统媒体业寻求持续性盈利来源提供了启发。一方面，与传统媒体相比，颠覆性的传媒创业机构往往选择更加明确、细分的受众群体，并且在内容提供上追求差异化和 IP 化。另一方面，除了传统意义上的广告之外，媒体电商、社群经济、内容 IP 等全新的盈利渠道，也为具有颠覆性的传媒创业机构带来了无限的盈利可能。这或许能为陷入盈利困局的传统媒体行业提供启发。

而从融资的角度，由于受到体制和所有权的框限，传统媒体无法经由市场机制灵活获取外部资本，这也是导致传统媒体融资难的重要原因之一。因此，有相当一部分传统媒体的融资，往往借助上市的方式实现，其中既包括人民网、北青传媒等通过首次公开募股（IPO）的方式直接上市的传统媒体机构，也包括浙报集团等通过反向收购的方式间接上市的传统媒体（龚彦方、田迪迪，2015）。现有关于传统媒体融资的相关研究，因而也很少对传统媒体的融资活动展开太多探讨，而是更多聚焦于上市传媒机构的资本运作，如传媒上市公司内部治理结构对融资行为的影响（丁汉青、蒋聪滢，2017）、大型市场化媒体机构上市之后的投融资策略等（王嘉婧，2018）。

当然，资本进入传媒业、特别是传媒创业机构，或许将进一步加剧传媒行业中商业主义与新闻专业主义的冲突。大量风险资本的进入，可能会导致传媒创业机构的内容生产或多或少受到投资方的影响，使得以获取受众阅读量、迎合受众兴趣为导向的市场因素成为衡量内容质量的标准。因此，如何寻求以获取商业回报为核心的商业利益与以专业价值和公共性为核心的新闻专业主义之间的平衡（李艳红、陈鹏，2016），依然是传媒创业机构，乃至整个传媒行业需要探索的问题。

第十章　传媒机构护城河搭建与竞争优势维系 [1]

如何在剧烈变革的行业格局中建立自己的护城河，从而维系持续性的竞争优势，是所有媒体机构必须面对的关键问题。本章将企业护城河理论、持续性竞争优势理论进行了本土化和行业化解释，从而为中国语境下传媒机构如何搭建护城河这一现实问题提供可能的理论视角。

一、传媒机构如何搭建护城河？

传媒业正处于一个巨大的变动时代。一方面，传统媒体在受众数量、广告额度上都面临所谓的"断崖式下滑"；另一方面，包括自媒体在内的各种传媒创业机构，正从"1.0 时代"进入"2.0 时代"，无序竞争逐渐结束，红利期结束。[2] 对于传统媒体机构而言，只有寻求自身相对于产业中新兴参与者的竞争优势，并探索搭建护城河的可行策略，才能在日益激烈的竞争环境中尽量立于不败之地。而对于其中已经占据一定市场份额的传媒创业机构而言，它们虽然在用户获取、融资以及商业化运作等方面取得了一定优势，但如何将这些优势稳定下来，也是需要面对的问题。也是因此，护城河的搭建对于当下传媒业格外重要。

---

1 本章初稿发表于《当代传播》2020 年第 1 期，王宇琦为第一作者，曾繁旭为第二作者。本章在内容上进行了调整与增补。

2 吴晓波频道：《吴晓波：自媒体 2.0，比用户数、"10 万 +"更重要的是什么？》，搜狐财经，2017-03-31，http://business.sohu.com/20170331/n485728335.shtml。

如何获得并保持相对于产业中其他竞争者的优势，是企业发展和战略制定的核心（Day & Wensley, 1988）。持续性竞争优势，有助于企业获得占据统治地位的市场份额，以及超越行业平均水平的利润。

企业持续性竞争优势的寻求与维系，被巴菲特形容为不断在企业周围挖掘"护城河"（尼等，2013）。护城河是企业拥有的一种结构性竞争优势，这种竞争优势无法被同行业竞争者所轻易模仿；它能帮助企业在较长时间内持续抵御外来竞争，从而实现超额收益（多尔西，2009）。理想中的经济护城河几乎能够抵御所有的竞争（Mauboussin et al., 2016）

但是，护城河一直是不稳定的，它每天都在变宽或者变窄（Mauboussin et al., 2016）。在技术变革速度较低的产业中，企业护城河的稳定性相对较强，维持持续竞争优势的难度也相对较小（Ghemawat, 1986）；而对于传媒行业而言，技术变革推动行业颠覆性创新的速度加快，传媒机构因而应该更有危机意识，对护城河进行及时的修补和战略调整，以保证在市场中拥有稳固地位。

本章试图探讨以下问题：什么构成了传媒机构的护城河？传媒机构的护城河搭建需要经过哪些核心环节？传统媒体的护城河体现在哪些维度？这些维度正在被彻底颠覆吗？传媒创业机构的护城河又体现在哪些维度上？传统媒体机构可以从中得到何种启示？

在系统梳理企业护城河理论与持续性竞争优势理论的基础上，结合中国语境下传媒业颠覆性创新的实践，本章提出了媒体机构如何在颠覆性创新过程中搭建护城河的概念框架。具体而言，传媒机构的护城河搭建通常包含优质资源积累与管理、产品设计与定位、内容与品牌建设、隔离机制建立四个环节。在其中，传统媒体与传媒创业机构有着不同的竞争优势来源。

二、企业护城河与持续性竞争优势理论

护城河是企业拥有的持续性竞争优势，它能为企业带来超越平均水平的利润和持续发展的潜力（Larson, 2012）。布里林特、柯林斯（2016）认为，企业的护城河，即持续性竞争优势的来源包括无形资产、成本优势、转换成本、网

络效应和有效规模五个部分。彼得拉夫（Peteraf，1993）则提出了较为系统性的竞争优势分析框架，强调竞争优势的获得并非一蹴而就，而是渐进式的，需要经过优质资源积累、对竞争的事后限制（如隔离机制）、确保资源不完全流动性以及对竞争的事前限制四个环节，才能不断巩固前一阶段所积累的竞争优势，并尽可能实现竞争优势的持续性。

总体而言，相关研究在探讨企业护城河以及持续性竞争优势的来源时，主要聚焦于以下四个方面：

第一，优质资源积累与管理。企业是否拥有具备稀缺性和独特性的资源，很大程度上会决定其是否具备持续性竞争优势（Barney, 1991）。竞争优势研究中的资源基础路径，就尤为关注资源与竞争优势这两者之间的关系（Mahoney & Pandian, 1992）。

由资源带来的竞争优势的持续性，取决于该资源被复制的难易程度。能为企业带来持续竞争优势的资源，往往很难在要素市场上购得，且很难通过模仿完成资源的积累（Dierickx & Cool, 1989）。这类资源通常具备"因果含糊性"（casual ambiguity; Lippman & Rumelt, 1982），即竞争对手很难通过对该企业表现的分析，来准确推断出企业获得竞争优势的关键资源是什么，或者这些关键资源应该如何获得，包括资源积累的过程、关键要素及其控制机制（Nelson & Winter, 2009）。

企业机构拥有的专利、技术、品牌等内部资源，都可能带来持续性竞争优势（Garud & Nayyar, 1994; Mauboussin et al., 2016）。蒂尔、马斯特斯（2015）在《从零到一》一书中，将专利技术称为创业项目最为实质性的优势，它能使产品很难或无法被竞争者复制，从而帮助企业获得竞争优势甚至垄断地位。

此外，政府保护作为企业机构可能拥有的外部资源，也会为持续竞争优势的获得打下基础（尼等，2013）。政府保护，将会为企业带来补贴、关税、配额方面的便利，或者是额外的政府许可；政府相关政策的变化，将会对企业机构的市场份额和竞争优势的维持产生影响（Mauboussin et al., 2016）。

第二，产品设计和定位。企业机构的产品设计，主要是指发展早期的战略选择，包括价值主张、目标市场、进入特定产业的时机等，这些都会成为企业未来持续性竞争优势的潜在来源（Day & Wensley, 1988; Kim & Mauborgne,

2004）。借助战略选择过程，企业拥有的关键资源得以转化为有利的竞争地位（Day & Wensley, 1988）。

产品定位的水平差异化（horizontal differentiation）策略，有可能为企业机构带来用户偏好和市场地位（Mauboussin et al., 2016）。实行水平差异化策略的产品往往在产品特征、价值主张、产品定位等方面实现区别于竞争产品的差异化特征，而非追求产品质量级别上的绝对差异化（Cremer & Thisse, 1991）。

此外，企业机构进入相应产业的特定时机，将会决定企业是否具备先发优势，进而影响企业优势地位的获得。先发优势（first-mover advantage; Lieberman & Montgomery, 1988）是由产业先行者享有的获得高额经济利润的能力，这些企业由于具备获得稀缺资源以及形塑竞争规则的优先权，因而相对于后进入者而言，更容易获得用户忠诚和较高利润（Day & Wensley, 1988）。

第三，品牌建设。打造一个强势品牌，同样可以成为企业的独特优势（蒂尔、马斯特斯，2015）。但企业机构的品牌打造，必须与目标用户的需求紧密联系，并据此开发出相对应的产品和服务；只有代表了特定用户需求、并与用户产生情感联结的品牌，才能产生持续竞争优势（Mauboussin et al., 2016）。

第四，隔离机制。这类优势大多出现于企业机构发展较为成熟的阶段，企业经由前期的积累，已经获得一定的市场地位，因此需要借助"隔离机制"（isolating mechanism）的设计，对此前已经积累的竞争优势进行巩固（Rumelt, 2005）。隔离机制，是指保护创业项目的关键战略不被模仿，以保持此前高水平利润流的机制；生产者学习、提高购买者转换成本与搜寻成本、形成规模经济等，都有助于隔离机制的建立（Rumelt, 2005）。换言之，隔离机制的设计，最终会帮助产品搭建一个完整的生态系统，导致用户的搜寻成本和转换成本提升，并形成规模化的效应。

转换成本是指用户从原产品供应商处采购商品转向另一产品供应商时所遇到的一次性成本（波特，2005），包括额外的学习成本、交易成本（Klemperer, 1987），甚至心理代价（波特，2005）。转换成本的高低，决定着用户多大程度上依赖于企业所提供的产品或服务（波特，2005）。因此，提高用户的转换成本与搜寻成本，是企业维持竞争优势的重要方式。

此外，网络效应作为规模经济的一种表现形式（尼等，2013），也是企业竞争优势的重要来源，它对于以信息为基础的企业而言尤为重要（Mauboussin et al., 2016）。网络效应的存在，意味着随着产品用户数量的增多，产品对于用户的价值将会变得更加重要，用户黏性也会相应增强（Rochet & Tirole, 2003）。特别是在网络社区中，用户群的扩大会显著提升用户体验的质量（尼等，2013）。

三、传媒业分析框架与案例

结合西方经典文献与当下中国的传媒业实践，本章提出了媒体机构护城河搭建的概念框架。我们认为，媒体机构的护城河搭建需要经过优质资源积累与管理、产品设计与定位、内容与品牌建设、隔离机制建立四个环节（见图 10.1）。

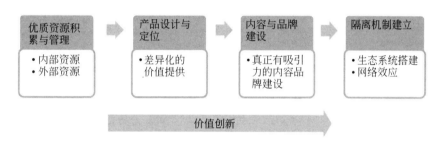

图 10.1　传媒机构搭建护城河的核心环节

为了对传媒机构搭建护城河的核心环节进行分析，并且更好地呈现传统媒体机构与传媒创业机构在搭建护城河过程中的特点与竞争关系，我们将结合多个行业现象与案例进行具体论述。本章案例选择标准主要包括两方面。第一，该媒体的发展规模和发展现状。由于我们主要探讨传媒机构持续性竞争优势的维系，因而所讨论的传统媒体或创业机构都需要具备一定的发展规模，并处于较为稳定的发展状态。这主要借助案例的影响力、融资轮次和金额，以及项目估值的总体表现进行衡量。第二，案例与护城河搭建若干环节的契合程度。通过对各个案例的论述，有助于细致阐释各个环节的作用机制和适用语境。

具体而言，本章选取了澎湃新闻、斗鱼直播、一条、新榜、知乎五个主要案例。这些案例涵盖了传统媒体内部创业机构（如澎湃新闻）、平台化传媒创业机构（如知乎、斗鱼直播）、垂直化传媒创业机构（如一条、新榜）。此外，也论及多家传统媒体以进行对比分析。我们试图借此呈现媒体机构搭建护城河的复杂性。本章主要案例与理论框架的对应关系如表 10.1 所示。

表 10.1　本章主要案例

媒体搭建护城河的主要环节	案　例	具 体 类 型	发 展 规 模[1]
优质资源积累与管理	澎湃新闻	传统媒体内部创业机构	战略融资 6.1 亿元，估值 34 亿元
产品设计与定位	斗鱼直播	平台化传媒创业机构	E 轮融资 40 亿元，估值 250 亿元
内容与品牌建设	一条	垂直化传媒创业机构	C+ 轮融资，估值 32.50 亿元
隔离机制建立	新榜	垂直化传媒创业机构	B 轮融资 1.8 亿元，估值未透露
	知乎	平台化传媒创业机构	E 轮融资 2.7 亿美元，估值约 24 亿美元

四、优质资源的积累与管理

在第一环节，媒体机构可以考虑通过具备稀缺性和异质性特征的优质资源积累（Amit & Schoemaker, 1993），为护城河的搭建打下基础。对于媒体机构而言，有助于搭建护城河的优质资源主要包括两大类：

一是优质的内部资源。其中，传统媒体的内部资源，主要表现在新闻采编团队的组建和采编流程方面。但是，随着传统媒体机构的业绩下滑和资深媒体人员的流失，这一内部资源的优势并不稳定。对于传媒创业机构而言尤为重要的，是为自身所独有的内容生产、编辑、抓取与推荐等方面的重要技术。比如今日头条凭借其独有的机器推荐引擎技术，基于用户兴趣和阅读习惯，进行个性化的信息分发。机器推荐引擎综合了网络数据挖掘、数据抓取和机器学习等人工智能技术，对于一般的新闻客户端而言门槛较高，无法轻易复制与模仿。今日头条因而凭借这一核心技术，在新闻客户端领域的同质化竞争中逐渐获得优势

---

[1]　创业项目融资和估值数据，参见：https://www.itjuzi.com/，http://www.jfdaily.com/news/detail?id= 68634。

地位。此外，传媒创业机构如果拥有雄厚的资金作为财富资源，也能为其持续发展提供重要支持。比如，今日头条就因为拥有足够的财富资源，得以不断对相关技术进行优化，提升内容品质，孵化内容生产机构，乃至推出像抖音这样更加创新的创业项目，推动旗下整个产品链的发展。

二是优质的外部资源，特别是特殊许可、政府保护等体制资源。对于传统媒体而言，由政府保护带来的新闻采编、节目播出等方面的特殊许可，会成为传媒机构区别于竞争者的重要优势。相比之下，传媒创业机构通常不具备这种特殊的许可。也是因此，一些传统媒体机构就利用体制资源推出内部创业类的传媒项目。

案例 10.1　澎湃新闻

> **案例提要：**
>
> 澎湃新闻在体制资源的获取和使用方面，具备区别于同行业竞争者的哪些优势？

澎湃新闻于 2014 年 7 月正式上线，是上海报业集团《东方早报》推出的新媒体产品。作为一个受到传统媒体机构支持的新媒体产品，澎湃新闻最为突出的优势在于，它拥有传统媒体所特有的新闻采编特权。而普通的新闻网站和客户端由于受到体制的诸多限制，缺乏生产原创新闻的资质。

此外，在新闻采编团队的组建和采编流程方面，澎湃新闻也得到了相对优先的体制支持。一方面，澎湃新闻拥有来自传统媒体的资深采编团队。澎湃新闻的采编团队大约有 300 人，其中大部分都来自上海报业集团旗下《东方早报》。[1]《东方早报》原先积累的用户口碑和市场影响力，以及采编团队对于深度时政报道的操作理念和专业素养，都成为澎湃新闻采编优势的一部分。另一方面，在上海报业集团内部，澎湃新闻也具备新闻操作流程方面的优先权。集团内部记者生产的原创稿件，往往会首先向澎湃新闻编辑部供稿，超过八成的原创新闻会优先出现在澎湃新闻网站和客户端上。[2]

1　参见孙翔：《澎湃新闻：怎样吸引三千万用户》，传送门，2016-04-22，http://chuansong.me/n/293325943642。
2　参见孙翔：《澎湃新闻：怎样吸引三千万用户》，传送门，2016-04-22，http://chuansong.me/n/293325943642。

　　由此出发，澎湃新闻开始借助其拥有的体制资源和采编优势，专注于提供"最活跃的原创新闻与最冷静的思想分析"[1]。自成立以来，澎湃新闻一直保持着每天大约 150 篇原创时政报道的发稿量。[2] 在时政新闻报道这一垂直报道领域中，澎湃新闻设置了 50 个左右的专题栏目[3]，进行更为细分的新闻生产。其中，以反腐报道为主题的"打虎记"栏目、以国家领导人报道为主题的"中南海"栏目等，都已经成为澎湃新闻的品牌栏目。

　　高质量的原创新闻报道，为澎湃新闻带来了一批数量可观的用户，以及相对稳定的市场地位。截至 2017 年底，澎湃新闻客户端下载量达 10 100 万，移动端日活用户达 860 万。[4] 在 2017 年 12 月"中国新闻网站移动端传播力总榜"中，澎湃新闻客户端排名第二位，仅次于人民网。[5]

　　事实上，在内容创业兴起和移动互联网发展的语境下，特殊许可、政府保护等体制资源成为传统媒体机构一项重要的稀缺资源。传统媒体应该将这类体制资源充分运用于高质量内容生产以及内部创业类的项目当中，这将为机构的持续发展打下良好基础。相比之下，传媒创业机构的优势资源主要表现为独特的媒体技术和雄厚的资本。

五、产品设计与定位

　　能够在第一环节中，实现优质资源的积累与管理，当然是巨大的优势。但不管如何，媒体机构需要通过产品的设计与定位，进一步培育和凸显自身的竞争优势。在这一环节，媒体机构应该选择具体的细分用户群体，并针对目

1　引自澎湃新闻官网，http://www.thepaper.cn/。

2　参见：《澎湃新闻传播力连续 4 个月夺冠》，网易财经，2016-12-29，http://money.163.com/16/1229/11/
　　C9EVA3O2002580S6.html。

3　参见：《洞见 | 媒介融合视阈下传统媒体产业转型思考——以"澎湃新闻"为例》，每日头条，2016-11-
　　07，https://kknews.cc/other/kx3rmbv.html。

4　参见蓝鲸财经：《澎湃新闻调研报告：坚持内容为王，将引入现代互联网企业管理模式》，百家号，
　　2018-03-21，https://baijiahao.baidu.com/s?id=1595535147197205171&wfr=spider&for=pc。

5　参见：《中国新闻网站传播力 2017 年 12 月总榜发布》，搜狐网，2018-01-30，http://www.sohu.com/
　　a/219796023_119778。

标用户群，实现差异化的价值提供，使得内容的价值与用户的信息需求精准对应。

对于传统媒体来说，如何将"产品化思维"融入日常实践当中无疑是巨大的挑战。正如彭兰（2015a）所说，"对于缺乏产品基因与产品思维的传统媒体而言，要将内容转化为新媒体产品，需要深层的思维变革：（1）保持开放心态，寻求合理的产品结构；（2）提供多元产品价值，丰富产品层次；（3）实现内容价值，提升产品在用户黏性、用户体验乃至盈利模式等核心要素上的表现"。

相比之下，在产品设计与定位环节，传媒创业机构更占有优势，它们擅长提供差异化的价值，并通过有效的分发渠道来提升影响力。事实上，许多传媒创业机构，在项目发展早期的战略选择中就进行了明确的内容定位，通过锁定特定细分主题和相应的目标用户，进行更为精细化、有针对性的内容和服务提供。

案例 10.2　斗鱼直播

> **案例提要：**
>
> 斗鱼直播如何通过有针对性的产品设计和用户定位，凸显自身竞争优势？

作为一家以游戏直播为主营业务的网络直播平台，斗鱼直播在产品设计上呈现出符合细分新兴市场的鲜明特征。从目标用户而言，网络游戏用户这一细分群体成为斗鱼直播最主要的客户群。在互联网用户中，这部分细分用户群体无疑具备极其庞大的规模。截至 2017 年 12 月，我国网络游戏用户规模已经达到 4.42 亿，并依然处于增长状态。[1]

在移动互联网时代，网络游戏玩家的核心用户需求体现在两方面：一是在线游戏的需求，这在网络环境中很容易获得满足；二是在游戏的同时，增加与其他游戏用户的互动、沟通，并增进认同感、丰富游戏体验、学习游戏技巧。网络直播的方式使得这一用户需求的实现成为可能，但如何设计出具备高性价

---

[1] 《2017 年网络游戏行业用户规模及使用情况分析：用户规模达到 4.42 亿人》，快资讯，2018-02-01，http://sh.qihoo.com/pc/2s21ubl0tf0?sign=360_e39369d1。

比的差异化产品，依然需要传媒创业机构自身的探索。

基于目标用户的核心需求，斗鱼通过多方面的尝试，实现了较为有针对性的差异化价值提供。

第一，购买游戏直播版权，并增加平台特有的游戏权益。比如，在网络游戏《王者荣耀》中，斗鱼平台就购得了该游戏的直播画面版权，并通过在直播中实时发放游戏兑换码、优惠码的方式[1]，推动平台用户获得更好的游戏体验。

第二，与知名游戏主播签约。如今，斗鱼平台吸引了一批知名游戏主播入驻，其中包括不少来自陌陌、虎牙直播等平台的"头部主播"。原虎牙直播平台主播"虎牙嗨氏"，就凭借其多达 400 万微博粉丝和过千万直播观看人数入驻斗鱼。[2] 当红主播的加入，进一步提高了平台直播的质量和吸引力，使斗鱼平台获得相对稳定的大规模用户群。

除了直播之外，斗鱼还通过组织其他线上活动的方式，为细分用户进行有针对性的价值提供。2017 年，斗鱼直播举办"绝地求生黄金大奖赛"活动，组织线上用户共同参与《绝地求生》游戏，争夺最高 20 万元奖金。如今，该线上竞技活动已经举办至第四季，成为国内规格最高的游戏赛事，并吸引众多明星纷纷加盟，第四季总观看人数更是达到 1.02 亿。[3] 通过这样的方式，斗鱼直播在充分满足用户需求的同时，也极大提高了平台的知名度和影响力。

借助精确的价值提供和产品设计，斗鱼逐渐在游戏直播领域中获得强势领先地位，并成为第一家进入 D 轮融资的网络直播平台。[4] 2018 年 3 月，斗鱼直播完成 E 轮融资 40 亿元人民币，投后估值达到 250 亿元。[5]

事实上，在传媒机构的发展过程中，进行有明确用户导向的产品设计与定

1　文创港：《斗鱼完成 D 轮融资引"国资""银行系"入局，并称开始盈利，严打之后的直播该往何处去？》，搜狐网，2017-11-21，http://www.sohu.com/a/205826318_99957768。

2　文创港：《斗鱼完成 D 轮融资引"国资""银行系"入局，并称开始盈利，严打之后的直播该往何处去？》，搜狐网，2017-11-21，http://www.sohu.com/a/205826318_99957768。

3　《斗鱼黄金大奖赛第四季观看人数破亿　自制赛商业模式进入良性循环》，太平洋电竞网，2018-06-25，http://fight.pcgames.com.cn/713/7130473.html。

4　Evelyn 杜：《斗鱼完成 D 轮融资，游戏直播行业进入拓展营收阶段》，36 氪，2017-11-20，http://36kr.com/p/5103791.html。

5　虎龙吟：《斗鱼 E 轮获腾讯 40 亿融资，刷新直播行业融资纪录》，搜狐，2018-03-08，http://www.sohu.com/a/225113131_117869。

位，不仅能为机构带来较为稳定的忠诚用户群体，更为重要的是，借助这样的方式获得的稳定用户群，可以为项目后期的产品线扩张和长期发展实现持续的用户导流。对于身处转型之中的传统媒体机构而言，"产品设计与定位"是它在竞争当中的短板，而这恰恰是创业型媒体的优势所在。正如在斗鱼直播这一案例中，斗鱼依赖游戏直播获得的用户群，为该平台上娱乐、体育、科技等其他类别的直播服务提供了较为稳定的流量。而一旦获得流量这一直播行业赖以生存和发展的关键要素，该项目的规模拓展和持续发展就在某种程度上得到了保障。

六、内容与品牌建设

在第三个环节，传媒机构首先需要通过极致内容生产，凭借真正有吸引力的内容打造品牌，以此增加用户忠诚度、提高用户转换成本，进而实现客户锁定（customer lock-in; Farrell & Klemperer, 2006）。总体而言，在传媒领域，高质量内容会成为创业项目的核心优势。独创性的内容，会提高用户的转换成本，并增加内容生产者的议价能力（Feldmann, 2002）。

其次，传媒机构也需要围绕品牌个性与品牌形象打造产品线，形成相对于竞争对手的明确区别度与竞争优势。高质量内容会成为传媒机构的核心竞争优势的一部分，但它并不能保证机构获得稳固的行业地位和持续性的竞争优势。因此，在生产极致内容的同时，更重要的是打造符合机构自身定位和产品特征的专属品牌，这有助于媒体形成相对于竞争者的明显区别度和优势，进而维持持续性优势。

在内容与品牌建设这个核心环节，传统媒体机构有着一定的优势。无论是人民日报、新华社、中央电视台等中央媒体，还是南方报业集团、上海报业集团等更体现市场化特征的传统媒体机构，都体现了这样的优势。它们拥有庞大的资深采编团队，也有采编团队对于深度时政报道的操作理念和专业素养。高质量的原创新闻报道，为它们带来了大规模的用户群体，以及相对稳定的市场地位，并且积累了足够的用户口碑和品牌影响力。也是因此，不少传统媒体在搭建护城河或推进转型的过程中，往往采用"内容驱动"（孙健，2014）的差异化战略，专注于为用户提供独一无二的原创新闻报道，并进而拓展自身的品牌影响力。

相比之下，传媒创业机构在高质量内容的生产与品牌建设上挑战更多。不少传媒创业机构，采用了用户生产内容（UGC）的方式，从而扩大内容的来源，比如喜马拉雅音频平台就是如此。也有一些创业机构，坚持由专业团队生产内容，比如，作为一家由内容起家的传媒创业机构，"一条"视频可以被视作凭借优质内容撬动项目发展的典型案例。

案例 10.3　一条

案例提要：
一条如何通过优质内容生产和品牌建设打造护城河？

一条创立于 2014 年，最初是一家以发布生活类短视频为主要内容的微信公众号。如今，一条已经发展成为以优质内容生产为基础，集内容、线上电商、线下销售为一体的综合性传媒创业机构。

（一）真正有吸引力的内容

从成立之初起，一条就从多个方面把控内容生产的质量。在内容定位上，一条将内容锁定于生活、潮流、文艺等主题，充分保持与中产阶级这一目标群体信息需求的契合度。以小众空间、独立设计、艺术作品等为载体的生活美学，成为一条视频的核心价值观。在内容风格上，一条视频以高端、精美的风格为主，"不娱乐、不搞笑"[1]，坚持内容呈现的格调和节奏感的掌控。此外，在内容生产的方式上，一条长期以来坚持由专业团队生产视频，并对视频质量严格把关。用户生产内容（UGC）的方式，暂时被一条视频的内容生产团队排除在外。这样严格控制内容来源的方式，在保证内容风格统一的同时，也精准把控了内容质量。

除了内容本身的高质量，真正有吸引力的内容，也意味着必须具备与目标

1　张雨忻：《一条徐沪生：规模才是一切，没规模，再美也没人鸟你》，极客公园，2016-07-18，http://www.geekpark.net/news/216148。

受众相契合的价值观，成为传达共同价值观、凝聚用户社群的重要方式。对一条而言，高质量内容更为重要的意义，在于帮助该项目完成核心用户筛选和凝聚。正如一条创始人徐沪生所言：

> 在中国，也许"银联"最知道谁是有钱人，谁是中产阶级，但是它没有办法和这些人建立更深的联系，总不能天天发短信吧？天猫、京东，通过自己的数据，也知道哪些用户是有钱人、中产阶级，但是它们也没有办法把这些高净值人群摘出来，做出一个高附加值的平台。

> 要把这个阶层的人摘出来、留住，只有靠内容，靠优质的生活方式内容。[1]

借助一贯以来的精致内容，一条顺利将具备一定消费能力、同时对生活品质有要求的中产阶级群体筛选出来。而这部分中产阶级群体，恰恰是"被中国互联网彻底遗忘的巨大市场"[2]。

（二）品牌建设

通过项目发展前期持续的高质量内容打造，一条逐渐与中产阶级、高端生活方式等关键词联系在一起，形成了较为鲜明的内容定位。然而，仅仅依赖优质内容实现的短期竞争优势，某种程度上是不可持续的。为此，一条开始超越单一的内容生产者属性，借助更为全方位的产品线拓展塑造品牌，借此逐渐搭建项目的护城河。

在一条创始人徐沪生的规划中，一条的发展目标，"可能是成为像宜家、无印良品一样的生活方式品牌"[3]。围绕这样的品牌规划，一条除了继续深耕高质量的内容产品，还针对其用户群的需求，开拓了线上电商服务乃至线下商店。

2016 年，一条开始借助已有的稳定用户群体，尝试通过电商渠道进行变现，"一条生活馆"上线。与一条的视频产品类似，"一条生活馆"的目标用户依然是对生活品质有追求、同时拥有较强购买力的中产阶级。因此，与中产阶级生活方式紧密相关的产品，包括图书、家居、美食、服饰等，都被纳入一条生活

1　引自徐沪生授权爱范儿发布的自述，参见：https://www.ifanr.com/662537。

2　藏瑾：《"一条"完成 C+ 轮融资　两年将开 100 家线下店》，载《21 世纪经济报道》，2018-01-24 (16)。

3　何荊：《【JMedia】"一条"徐沪生：我废弃了 3 个 1700 万的合同》，界面新闻，2016-07-08，https://www.jiemian.com/article/734382.html。

馆的销售范畴。

当然，与一条对于内容质量的严格把关一脉相承的是，一条生活馆在入驻商品和商家的筛选上，也遵循极为严格的标准。除了组建专业的选品团队，一条还对全球最顶尖的设计师、艺术家和其他领域的专业人士进行访谈，参考专业意见筛选出真正高品质、小众、有品位的产品。[1] 一条生活馆上线一年半后，注册用户超过 100 万人，单月营收过亿。[2]

为了进一步提高品牌影响力，拓展产品形态，一条在线上电商获得稳定客户和营收之后，开始筹建线下商店。2018 年 1 月，一条完成 C+ 轮融资，并正式开始线下商店的布局。一条称将在未来两年内布局 100 家线下商店，并将商店拓展至二、三线城市的商业区，全面打造"面向中产阶级的生活空间"。[3] 开设线下实体店的做法，将一条的生活美学理念延续至线下，通过更为直观的产品呈现，获得更大规模的用户，并拓展销售渠道。但与此同时，更重要的是，这也是一条借助品牌打造获取持续发展的重要一步，用徐沪生的话说，开设线下商店，是为了"把规模做大，为未来打基础"[4]。

品牌建设意味着为传媒创业机构打造明确的区别度。通过品牌打造，一条将自身塑造成为具备鲜明中产阶级生活方式特征的产品。正如一条创始人徐沪生所言，一条"始终是一家生活美学公司"[5]，无论是内容生产，还是线上或线下的商品销售，一条旗下的若干业务板块都围绕其品牌内核展开。如今，一条已经将自身品牌与中产阶层价值观紧密相连，通过具备明确识别度的品牌个性和形象，打造出相对于竞争对手的品牌优势。

在关于企业护城河以及竞争优势维系的西方理论中，相关研究往往将品牌作为构成企业护城河的基础资源和先决条件。然而在传媒业，内容与品牌建设

---

1 九连环：《新商业 NEO100| 对话"一条"徐沪生：卖什么给中产？不设评论区的电商能长久吗？》，36 氪，
   2017-10-16，https://36kr.com/p/5097473.html。
2 《一条月收入破亿，成功的秘密在于……》，腾讯网，2017-12-08，https://xw.qq.com/cmsid/20171208
   A04BCL。
3 藏瑾：《"一条"完成 C+ 轮融资　两年将开 100 家线下店》，载《21 世纪经济报道》，2018-01-24（16 版）。
4 引自徐沪生授权爱范儿发布的自述，参见：https://www.ifanr.com/662537。
5 钛媒体 App：《"一条"完成 C+ 轮融资估值达 5 亿美元，京东入局成股东 | 钛快讯》，搜狐网，2018-01-
   22，http://www.sohu.com/a/218167395_116132。

则是媒体机构巩固护城河的重要环节。

传统媒体因为拥有较为专业的内容生产能力以及长期积累下来的品牌信任力，在巩固与维系竞争优势上较为有利。事实上，这也是传统媒体机构难以被模仿的优势。对于传媒创业机构而言，则必须通过项目发展前期持续的高质量内容打造，逐渐形成较为鲜明的品牌形象，从而带来阅读数的提升和用户规模的增长；而持续拓展真正具备价值观和态度的产品线，将帮助传媒创业机构完成用户凝聚，提高用户转换成本，并最终搭建项目的护城河。

七、隔离机制建立

在前三个环节的基础上，要持续性地巩固自己的护城河，传媒机构则要更多地考虑第四个环节：隔离机制建立。传媒机构的最终目标，是围绕其核心业务打造一个完整的生态系统，实现商业模式的闭环；进一步而言，通过网络效应积累用户、构建竞争壁垒，以此完成护城河的搭建，实现竞争优势的持续性。稳固的隔离机制的建立，将使得传媒机构的核心优势无法被竞争者轻易模仿（Rumelt, 2005），这对于护城河的持续性无疑具有重要的意义。

（一）生态系统搭建

传媒机构护城河构建的最终步骤，是在具备明确区别度和个性化的品牌打造基础上，搭建围绕品牌内核和关键业务的生态系统，以此巩固创业项目在细分市场中的地位，建立防止竞争者模仿和替代的隔离机制，以保持持续性竞争优势。

在这一核心环节上，传统媒体并不擅长。长期以来，传统媒体机构还是以广告和发行作为主要的商业模式，而并未有效拓展更为多元化的盈利方式，更未能形成完整的商业生态系统。近年来，迫于经营方面的压力，一些市场化的传统媒体机构也开始尝试媒体电商、知识付费等盈利方式，比如《南方周末》《南方人物周刊》《三联生活周刊》等就是如此。当然，对于整个传统媒体业而言，这一尝试才刚刚开始。相反，传媒创业机构则拥有这方面的明显优势。

案例 10.4　新榜

> **案例提要：**
>
> 通过搭建一个围绕内容创业者的创业服务生态系统，新榜得以逐步建立隔离机制并形成护城河。

新榜创立于 2014 年 8 月，是一个以提供新媒体数据监测评估和内容创业服务为主要业务的平台。目前，新榜已经搭建了一个围绕内容创业者的创业服务生态系统，其中包括以下核心业务板块：

数据监测。新榜是国内最早基于微信公众号内容数据进行价值评估的第三方机构。[1] 目前，新榜已经对超过 35 万个有影响力的微信公众号进行监测[2]，并定期发布微信、微博和 PGC 视频的日榜、周榜和月榜。此外，基于包括自媒体账号的阅读数、点赞数等在内的海量数据而计算得出的"新榜指数"[3]，作为衡量自媒体账号传播力的指标，已经成为内容创业领域评估品牌传播价值和投资价值的重要标准。[4]

广告营销。"新榜广告"为内容创业者和广告商搭建交易平台，广告商可以在平台上发布交易需求，由感兴趣的内容创业者竞标，通过双向选择实现交易。其中，新榜通过身份验证、资金担保等方式，保障交易规范性和安全性。[5]

融资孵化。新榜联合罗辑思维、真格基金、高榕资本等投资机构，成立内容创业孵化平台"新榜加速器"，为优秀的早期内容创业项目提供资金支持、创业培训、产业资源以及办公地点提供等服务[6]，帮助内容创业项目获得与 IDG 等数十家顶级风投对接的机会。

线下活动。新榜从 2016 年起，每年召开新榜大会，深度剖析内容创业领域

1　参见新榜官方网站，http://www.newrank.cn/public/about/about.html。

2　参见新榜官方网站，http://www.newrank.cn/public/about/about.html。

3　关于"新榜指数"计算方法，详见：http://www.newrank.cn/public/about/reference.pdf。

4　《新榜完成 A+ 轮，高榕新媒体布局再发力》，skychee，2016-08-15，http://www.skychee.com/content/details_5_56.html。

5　《新榜徐达内：我们要做"中国新媒体第一站"》，新浪新闻，2015-07-16，http://news.sina.com.cn/m/dq/2015-07-16/doc-ifxfaswi4055782.shtml。

6　参见新榜加速器官方网站，http://accelerator.newrank.cn/。

的行业变革,并发布年度《内容创业白皮书》。"内容创业者之春·2016新榜大会"将"内容创业""内容营销"等热词引入行业视野,勾勒出内容创业领域的基本生态。2017年新榜大会以"内容迭代风起时"为主题,从内容形式、产业结构和商业模式方面深度剖析内容迭代的内涵,并邀请行业精英共同探讨短视频、知识付费、网红经济等热门话题。[1]新榜的年会和白皮书,某种程度上已经成为内容创业领域的行业风向标。

除此以外,新榜还为创业者提供与内容创业相关的其他服务,比如内容编辑、版权交易等。其中,内容编辑工具"新榜编辑器"为内容创业者提供实用排版素材、样式和模板,并支持多平台同步分发;版权服务平台为内容创业者提供版权作品的交易,并维护正版内容的权益。

目前,在内容创业服务领域,虽然仍有其他竞争者存在,如为内容创作者提供创业孵化的头条号创作空间、创新工场等,但是很少有内容创业服务机构将与内容创业相关的上下游产业进行整合。而新榜将内容孵化、广告营销、数据服务等多种业务进行整合,并最终形成商业模式的闭环,这足以对内容创业服务领域的其他竞争者构成挑战。事实上,新榜早已于2016年9月实现盈利[2],并于2017年3月完成B轮融资,融资金额1.8亿元人民币[3]。

与新榜类似,罗辑思维也搭建了一个以知识提供商为特征的生态系统,其中包括知识型视频脱口秀节目"罗辑思维"、知识服务类App"得到"、罗辑思维跨年活动等。通过打造围绕核心业务的生态系统,传媒创业机构得以进一步强化自身品牌,并最终完成护城河的搭建。

(二)网络效应

在传媒领域,网络效应是规模经济的一种表现形式;但是这种形式的规模经济与成本无关,而是更多体现为用户数量与产品质量及用户体验之间的良性关系(尼等,2013)。随着传统媒体机构的发行量与收视率的下滑,这种网络效

---

1 《一年一度新媒体风向标,2017新榜大会即将重磅来袭》,网易财经,2017-01-03,http://money.163.com/17/0103/16/C9SA9TQN002580S6.html。

2 邓溪瑶:《从排行榜到内容创业服务,新榜获1.8亿B轮融资》,36氪,2017-03-17,http://36kr.com/p/5067162.html。

3 参见:https://www.itjuzi.com/investevents/29146。

应正在逐渐消失。但对于以在线社区为基础的传媒创业机构而言，用户数量的增加，会持续推动内容生产质量和用户体验的提升（ Mauboussin et al., 2016; 尼等，2013 ），并经由网络规模的不断扩大，拓展内容和品牌的影响力，因此网络效应则会成为这类创业机构巩固护城河的重要机制。

案例 10.5   知乎

案例提要：

知乎如何借助网络效应巩固自身的护城河？

知乎创立于 2011 年 1 月，是一个知识类在线问答社区。2018 年 8 月，知乎完成 E 轮 2.7 亿美元融资[1]，估值 24 亿美元左右[2]。知乎的市场地位和竞争优势的获得，很大程度上就得益于网络效应的作用。

在成立早期，知乎通过定向邀请的方式，致力于搭建一个小型知识社区。在这个阶段，知乎不对外开放注册，而是邀请一批创业者、工程师和互联网从业者作为知乎最早的体验者[3]，包括李开复、徐小平、马化腾等[4]，他们拥有较多元的知识背景和问答需求，并拥有一定的社会影响力和粉丝数量。这些用户的内容生产，为知乎的良性社区氛围奠定了基础。

在此后的运营过程中，知乎通过保护原创、过滤广告、反对网络暴力等社区维护机制[5]，以及对用户社交需求和问答需求的满足，持续吸引足够多的用户、特别是大 V 的加入，共同参与优质内容的生产。到 2017 年年初，知乎就已经积累了 6900 万名用户，他们创造了 1500 万个问题、5500 万个回答和 25 万个

1　雨乔：《知乎 CEO 宣布：知乎完成 2.7 亿美元 E 轮融资》，创业邦，2018-08-08，http://www.cyzone.cn/article/187638.html。

2　BAT 精英俱乐部：《【 BAT 融资 】知乎 E 轮融资 2.7 亿美元；"新经济 100 人"获 4000 万元人民币 A+ 轮融资；广信贷获 B 轮战略投资 5.75 亿元》，搜狐财经，2018-07-19，http://www.sohu.com/a/242192080_222423。

3　《七问知乎创始人周源：用户与内容生产动力来自哪？ 》，思达派，2015-06-01，http://www.startup-partner.com/372.html。

4　《知乎周源：内容变现趋势之我见》，新浪科技，2017-03-12，https://tech.sina.cn/2017-03-12/detail-ifychhuq4093145.d.html?cre=tianyi&mod=wpage&loc=8&r=32&doct=0&rfunc=0&tj=none&s=0&tr=32&cref=cj&HTTPS=1。

5　《七问知乎创始人周源：用户与内容生产动力来自哪？ 》，思达派，2015-06-01，http://www.startup-partner.com/372.html。

话题，涉及互联网、科技、商业、心理等各个领域。[1]

大规模优质用户的加入，意味着知乎上由用户生产的优质内容进一步增多，在特定领域拥有专业知识的"知乎大V"的数量也进一步增多。这一定程度上推动了内容质量的提高和用户体验的优化，增加了产品对于用户需求的满足程度。而这又会不断继续吸引新用户加入，网络效应的优势显现。

经由网络效应推动的用户数量与产品质量之间的良性循环，不仅推动知乎持续获得用户规模的扩大和市场份额的提升，更为其商业化探索铺平道路。2016年5月，知乎推出实时语音问答产品"知乎live"[2]，进行付费问答模式的尝试。用户可以通过知乎App发起知乎live分享，或是进行实时提问。推出半年后，知乎live已经举办超过1500场，单场参与人数最多达12万人，单场知乎live收入最高达19万元人民币。[3]

由此可见，作为规模经济在传媒业的一种特殊表现形式，网络效应对于传媒创业机构的护城河维系具备重要的意义。这种良性运作机制，会成为难以为竞争者所轻易复制的优势，有助于传媒创业机构巩固和延续护城河。

八、在多变的行业中做到基业长青

在系统梳理企业护城河理论与企业持续性竞争优势理论的基础上，结合中国语境下传媒业的实践，本章提出了传媒机构如何搭建护城河的概念框架，认为传媒机构的护城河搭建需要经过优质资源积累与管理、产品设计与定位、内容与品牌建设、隔离机制建立四个环节。

本章试图探讨传统媒体与传媒创业机构在搭建护城河过程中各自的优势来源以及彼此间的竞争关系。简单而言，传统媒体机构在外部优势资源积累、内

---

1 《知乎周源：内容变现趋势之我见》，新浪科技，2017-03-12，https://tech.sina.cn/2017-03-12/detailif-ychhuq4093145.d.html?cre=tianyi&mod=wpage&loc=8&r=32&doct=0&rfunc=0&tj=none&s=0&tr=32&cref=cj&HTTPS=1。

2 《知乎周源：希望更多人在知乎上的收益增加一万元》，创一教育，2017-01-16，https://freewechat.com/a/MzAwODcxNDAwOQ==/2650234803/2/?rss。

3 闫浩：《知乎宣布完成D轮1亿美元融资，他的潮水将涌向何方？》，36氪，2017-01-12，http://36kr.com/p/5061779.html。

容与品牌建设方面，具有先天的竞争优势；然而，传媒创业机构往往在产品设计与定位、隔离机制建立环节上胜出。为了在多变的行业环境中立于不败之地，传统媒体机构应该在现有优势的基础上，引入"产品化思维"以及"商业系统思维"，搭建包括信息提供、服务提供与社群互动等在内的上下游综合性生态系统，以提高用户转换成本。当然，这不是说传统媒体要走向"平台化"的发展之路，它完全可以在许多垂直细分的领域进行生态系统的建设。传媒创业机构则需要提升自己的内容品质，逐渐打造一个具备识别度的优质品牌，并且最好能够借助独特的技术优势与规模效益建立隔离机制，这些都将关系到传媒创业机构能否最终成功搭建护城河。

通过将企业护城河理论与持续性竞争优势理论运用于传媒业之中，本章希望为中国语境下媒体机构如何挖掘护城河这一现实问题，提供可能的理论视角，并增加行业现象与经典理论互相衔接与对话的可能性。

事实上，在传媒机构搭建护城河并维系持续性竞争优势这一问题上，西方理论与中国传媒业现实存在一些比较明显的断裂。在现有的经典文献中，相关研究往往将品牌作为企业发展的先天资源，并认为品牌与企业的稳定经济利润与持续竞争优势之间并没有明显的直接相关关系（Mauboussin et al., 2016）。但在传媒产业中，品牌却是媒体机构持续竞争力的一个重要来源。如果传媒机构将自身生产的优质内容进行简单的分发，或者借助其他较为成熟的大型平台进行内容的传播，而忽视自身品牌优势的维护，将会最终失去用户忠诚度和市场份额。能否打造一个具备识别度的优质品牌，将关系到传媒机构能否最终成功搭建其护城河。

此外，媒体机构建立隔离机制的核心策略，也与西方理论的论述有所差异。为了保护企业的竞争优势免受同行模仿，隔离机制的建立涉及提高用户转换成本、利用信息不对称、提高竞争者模仿难度、实行规模经济等多样化的措施（Rumelt, 2005）。但在传媒业的实践中，建立隔离机制最为核心的举措仍与其行业特性紧密相关。一方面，传媒活动往往以信息提供与内容生产为关键业务，因此媒体机构隔离机制设计的核心环节之一是搭建包括信息提供和服务提供在内的上下游综合性生态系统，以提高用户转换成本；另一方面，基于网络平台的多元互动和社群化特征，媒体机构需要借助网络效应实现规模经济，以实现对前期所积累竞争优势的巩固，并将竞争对手隔离于护城河之外。

在传媒机构搭建护城河的整个过程中，贯穿其中的是以价值创新为核心的颠覆性创新。价值创新（value innovation; Kim & Mauborgne, 2004）是企业能够不断保持高速增长的核心逻辑，它要求企业通过进入竞争对手尚未发现的新的市场空间，不断为用户创造并提供新的价值；通过不断的创新行动，达到竞争优势。因此，在搭建护城河的全过程中，传媒机构必须基于现有资源，针对市场动态随时调整竞争战略，通过锁定新的市场空间，用创新价值巩固现有用户的忠诚度和用户黏性，拓展价值网络。

第四部分

传媒业颠覆性创新的社会张力

第十一章 创新创业浪潮中的传媒公共性 [1]

传媒公共性是传统意义上新闻行业规制和伦理准则的核心原则之一。但随着传媒行业的边界日益变得模糊，以颠覆性创新为内核的传媒创业活动在推动产生全新行业形态的同时，也在传媒体制、行业实践和行业理念等方面，形成了对传媒公共性的冲击。

一、传媒公共性还重要吗？

作为一个商业现象，传媒创业正蓬勃发展并受到广泛的关注。通过采用更为灵活的商业模式和更为多样化的产品形态，传媒创业机构正在将更具颠覆性、更为注重用户体验、更强调实验和迭代的文化引入原先缺乏创新精神的新闻业，而被认为是"推动当下传媒业变革的重要主体"（Carlson & Usher, 2016）。

与此同时，学者们却屡屡从传媒公共性的角度提出忧思，认为传媒创业机构的发展，将进一步挑战传媒业对于新闻专业性、媒介伦理的坚守和公共责任的履行，弱化传媒公共性（李艳红、陈鹏，2016；王维佳，2016）。

那么，在传媒创业时代，传媒公共性的理念受到了怎样的挑战？传媒公共性的理念，是否适用于当下一切的传媒创业机构？传媒创业机构的新闻面向与商业面向是否必然冲突？进一步而言，传统媒体机构在创新创业浪潮的推动下

---

1 本章初稿发表于《西南民族大学学报（人文社科版）》2019 年第 7 期，曾繁旭为第一作者，王宇琦为第二作者。本章在内容上进行了调整与增补。

进行了各种变革，这些变革应该遵循公共性的传统，还是以商业模式的突破为导向？

我们将从传媒公共性概念的梳理出发，在剖析传媒创业语境下整个传媒行业运作逻辑的基础上，尝试探讨传媒创新创业活动带来的公共性挑战，以及其与传媒公共性之间的张力与内在关联。

本章强调从广义层面对传媒业进行界定，并将当下的传媒创业机构分为高度新闻性和低度新闻性两种类型。其中，以高度新闻性为特征的传媒创业机构由于以新闻这一公共信息产品的生产与分发为主要业务，面临更为严格的公共性要求；而低度新闻性的传媒创业机构，则以提供更宽泛意义上的内容或信息为基础而寻求商业回报，因此与传媒公共性的关联较弱。当然，以传统媒体机构为代表的狭义传媒业，则需要在体制框架和公共性传统之内进行颠覆性创新机制的设计。

二、传媒公共性：概念界定与关键维度

传媒公共性作为传媒业的本质属性（李良荣、张华，2014），是"传媒作为社会公器服务于公共利益的形成与表达的实践逻辑"（潘忠党，2008）。作为阐释传媒业公共责任与公共角色的重要概念，传媒公共性与哈贝马斯所论述的"公共领域"理论紧密相关。

在哈贝马斯（1999：244）看来，一切在政治公共领域中具有公开影响的机构，如国家机关、媒体等，都应当坚持公共性，因为社会权力转变为政治权力的过程，离不开公众批判和监督。公共性的内涵，因而也涵盖了话语的公开、传播目标的公开、传播过程的公平公正等诸多维度（潘忠党，2017）。具体而言，传媒公共性的内涵和基本要求主要包括以下几个层面：

第一，媒体机构的服务对象必须是公众，提供的新闻信息必须公开透明（潘忠党，2008）。信息的公开透明，是新闻专业主义的基本原则之一（Anderson & Schudson, 2009），也是媒体机构实现公共性的基本要求。

第二，从公众利益的角度，媒体机构的运作必须以服务于公众利益，而非

以个人利益为目标（许鑫，2011）。在对传媒公共性的阐释中，相关研究都将传媒业对公共利益的维护置于论述核心（潘忠党，2008；李良荣、张华，2014），强调媒体在新闻生产过程中都应当恪守公众利益至上的原则，对侵犯公众利益的行为进行揭露和监督（Iggers, 2018）。

第三，从公众权利的角度，媒体机构必须为公众提供理性批判的平台，并为公众的民主参与和民主监督提供条件（Rao,2015）。作为与公众基本尊严和道德主权基础上的公共权利维护紧密相连的概念，公共性关乎每个个体的独立思考和交流的权利以及整个社会的良性治理（Kant,1784; 转引自 Splichal,2006）。具体到传媒业，媒体机构应当通过凸显媒体的民主潜力，推动公众对社会事务的参与、推动与公共事务相关的民主对话（Rosen, 1995），进而帮助达成关键社会主体之间的理性互动和公共协商（Dahlgren, 2009）。

从具体作用机制上看，公共性的作用场域表现为一个相对而言独立的领域，即与私人领域相对立的公共领域（哈贝马斯，1999：2）。在传统意义上，私人领域与公共领域界线分明（哈贝马斯，1999），但基于移动互联网的各种媒介平台和媒介产品的出现，正在通过为用户提供更为便捷的参与渠道，加速个人观点成为社会舆论的进程（Splichal, 2006），导致公共领域与私人领域的界线逐渐模糊（Baym & Boyd, 2012）。随着公共领域的变迁，传媒公共性的概念和具体内涵也需要作系统的界定和基于当下媒体环境的重新梳理。

三、传媒创业浪潮与公共性忧思

对传媒公共性的考察，需要回到具体的历史语境和行业实践中加以分析（潘忠党，2008）。在当下传媒业语境下，以颠覆性创新为内核的传媒创业活动作为一种全新的行业现象，正在深刻改变传媒行业的运作逻辑。在本书中，我们将传媒创业定义为"创立旨在生产媒介产品或基于媒介信息而提供相关服务的新型信息生产企业,并致力于商业模式创新与可持续发展"（见第三章）。具体而言，其形态不仅包括新闻类领域，也涵盖其他领域的内容创业以及更宽泛意义上以内容生产为基础的媒体创业模式。

传媒创业机构在为传媒业带来全新的盈利来源、实践形态和商业模式的同时，也带来了对新闻专业性、媒体公共责任等的挑战，而这些都与传媒公共性的履行息息相关。具体而言，颠覆性创新对传媒公共性的冲击，主要体现在以下几个层面：

首先，在传媒体制层面，以颠覆性创新为内核的传媒创业活动通过为传媒业带来运营上更为灵活的经营管理体制和更加私人化的产权结构，为传媒公共性的履行带来明显的考验。

在传统媒体业时代，我国媒体机构往往接受自上而下的政府管理和政府扶持（陈国权，2018），无论在财政上还是人事的任免上，都带有鲜明的体制特征。传媒市场化改革之后，我国的媒体机构一直在"事业单位、企业化管理"的体制下运作，在制度层面接受管理的同时，适当通过广告等方式获取市场化运营的收入（He, 2000）。而在移动互联网语境下，随着传媒创业的门槛降低，越来越多的创业项目都是私营企业，创业者是所有人，与传统的产权结构完全不同。私有化的产权结构，使得传媒创业机构在运作上具备相比于传统媒体更大的自主权，也较少受到体制约束。这在提升传媒行业的多样性和运作的灵活性的同时，也使媒体业内容缺乏监管，引发伦理层面和传媒公共性层面的争议。

其次，在行业实践层面，传媒创业活动正在通过将商业化的运作方式引入传媒行业，悄然改变整个媒体行业的运作逻辑，并对新闻业的客观性和公共责任的履行带来冲击。

在传统媒体时代，媒体机构会通过将广告部门与内容生产部门分开的方式，避免来自广告商和外部市场的商业性因素对新闻生产的影响。而如今，传媒创业活动通过在本质上提倡一种"能够盈利和能够持续发展的传媒形态"（戴佳、史安斌，2014），将更具备持续盈利能力和颠覆性创新特质的商业因素引入传媒行业运作，并在机会识别、商业模式设计、竞争策略制定、融资等各个环节，形成与传统媒体机构迥然不同的行业实践逻辑。特别是当传媒创业机构面临融资、营销、用户获取等与商业运作联系更为紧密的环节时，来自市场、广告商、投资人等多方的压力，可能会影响新闻生产的公正性和客观性（Porlezza

& Splendore, 2016）。

更为重要的是，传媒创业机构的内容生产并未建立与商业之间的防火墙，而是呈现出内容服务于商业的状态。比如，典型的内容创业项目，往往会在项目创立之初进行优质内容的生产，并在后期以优质内容为跳板，借助电商、社群经济等方式完成变现（曾繁旭、王宇琦，2016）。而如今的行业格局也证明，恰恰是这些更具备颠覆性创新特质、更具商业特征的传媒创业机构，正在迅速占据用户时间、抢占广告流量，并逐渐蚕食传统媒体机构的市场份额。在商业逻辑对公共性产生冲击的语境下，如何保证传媒业依然保持其独立性、批判性和对公共利益的坚守（汪晖，2009），是传媒创业浪潮下整个传媒业面临的问题之一。

最后，在行业理念层面，颠覆性创新对于传媒公共性最大的挑战在于新闻专业主义方面的问题。

新闻专业主义作为传统新闻业行业规制的核心理念，要求媒体运作呈现出"有别于资本和国家权力逻辑的第三种逻辑"（Freidson, 2001; 转引自潘忠党、陆晔，2017）。专业化的新闻生产，因而需要追寻超越政治经济力量的更高行业规范和价值准则，以及具备服务公众利益的社会关怀和责任（陆晔、潘忠党，2002），以保持新闻行业的公共性。

面对媒介技术发展驱动的行业变革，一些研究者逐渐意识到了新的媒体环境对新闻专业主义的冲击，并对此保持高度的警惕。如今，传媒创业机构的内容生产理念，大多与商业层面和资本运作结合得更为紧密；传媒产品的日活跃用户数、日打开率成为衡量传媒创业机构是否成功的标准，而以"10万＋"为代表的用户阅读量和市场表现成为衡量内容产品质量的主要考量指标。

在这样的行业运作语境下，有学者认为，新闻专业主义正面临消亡的风险。在他们看来，移动互联网背景下新型媒体实践形态，正在使媒体从业者更多采用商业主义的话语形态作为其行动框架，而基于专业主义的行动方式、行业理念和社会认同则被边缘化（李艳红、陈鹏，2016）；产业形态的急剧变化，正在推动传统新闻业实践形态的消逝，甚至唱响"专业主义的挽歌"（王维佳，2016）。

四、传媒创业的宏观张力：国家、资本与公共性

传媒创业对传媒公共性带来的挑战，涉及媒体、国家、资本等多重要素之间的张力，因而在中国语境下呈现出更为强烈的复杂性。

事实上，在传统新闻业的语境下，媒体机构与国家和资本的关系，更多呈现为一种彼此牵制的"拔河"关系（He, 2000）；传统媒体机构的日常运营，既需要在现有体制和政策规制下运作、接受国家的监管并进行舆论引导，又需要在市场竞争中开拓盈利空间、谋求自身发展。通过市场化因素与国家治理间的平衡，媒体公共性获得相应的空间。

而传媒创业的语境下，资本和国家作为两大重要的参与力量，正在对传媒公共性和专业主义的坚守带来与传统媒体时代相比更复杂的影响。

一方面，从资本的角色而言，以颠覆性创新为内核的传媒创业活动与传统媒体行业的主要差别在于，传媒创业使新闻/信息生产的整个流程与资本的互动更为密切。风险资本对传媒创业机构的进入，会导致传媒创业机构在一定程度上倾向于依据风险资本的投资偏好进行项目构思、产品设计和内容生产。比如，完全以生产新闻内容为核心业务的传媒创业机构，往往由于政策敏感度高、变现潜力差，而较难受到风险资本的青睐；相比之下，远离新闻业务而且具备多元盈利来源、灵活变现方式和创新性商业模式的传媒创业机构，则会由于它们可预期的较高商业回报，而获得更多风险资本的注入。在这样的行业逻辑下，越来越多的传媒创业机构会将主要业务锁定于更宽泛意义上的内容或信息提供，而非传统意义上的新闻生产，以规避可能的政策风险并迎合资本市场的偏好，这在某种程度上会导致传媒业对社会公共事务和公众利益的关注度下降，进而导致传媒公共性的弱化。

另一方面，从国家的角色而言，宏观政策层面对于传媒业、特别是传媒创业机构的行业监管和政策管制，也在相当程度上影响了传媒业的行业运作和公共性的维系。事实上，对特定传媒创业机构的探究，不仅需要考察它们的商业运营和专业价值，还需要超越微观层面，尝试将传媒创业机构所处的政治和社

会语境纳入其中，将国家的角色纳入其中（Wagemans et al., 2016）。中国语境下的传媒创新创业活动，也需要结合现象背后的政治经济因素进行分析，探讨影响创新创业项目运作的深层机制（白红义，2018）。

　　近年来，以今日头条、快手为代表的内容信息平台，频繁因低俗内容、伦理问题或版权问题而受到相关部门的严格管控[1]，被责令整改，并清查平台上过度娱乐化、低俗化乃至触及伦理底线的内容。来自国家层面的压力或多或少对这些传媒创业机构的运营产生影响，并迫使它们将自身定义为"媒体公司"而非纯粹意义上的"商业公司"。对自身定位的改变，某种程度上意味着这些互联网创业公司必须在信息 / 内容生产和分发的过程中，以更严格的伦理标准把关内容，并将内容的社会影响和对公共利益的坚守置于更为重要的位置。

　　从这个意义上而言，中国语境下国家对传媒业的管理和公共性的推动，呈现出一种相对独特的国家—市场关系。在相当长一段时间内，伴随着媒体市场化改革的开展，中国媒体机构一直在很大程度上"被嵌入宏观的政治结构中"，受到来自国家层面的诸多管理和引导；这样的管理压力，无论是对中央级媒体，还是对于市场化运作的媒体机构而言都同样存在（Stockmann, 2013）。而即使在移动互联网发展和颠覆性浪潮兴起的当下媒体环境中，无论是传统意义上的媒体机构，还是基于移动互联网的新创传媒项目，在借助市场运作追逐商业回报的同时，也依然都受到来自国家的宏观把控和管理压力。相比而言，当下国家对于传统媒体行业的管理进入紧缩阶段（李艳红，2016b），而传媒创业机构受到的国家管理相对而言并不十分严格，主要还是集中于履行公共责任、坚守伦理底线等基本要求。

　　总体上说，在颠覆性创新的语境下，媒体、国家与资本之间的关系，开始由传统媒体时代的"拔河"状态，转变为一种此消彼长的状态。当下众多的传媒创业机构，都希望去政治化、去媒体化，尽可能远离新闻性和政治性较强的内容，也远离国家和体制对内容生产的管理。在此过程中，资本的力量逐渐扮演越来越重要的角色。当然，国家虽在日常状态下似乎不像资本那样无处不在、影响直接，但它依然是最为关键的调控因素与规范力量，尤其是当传媒创业机

1　韩哲：《频繁撞上"监管墙"今日头条的多事之秋》，新浪科技，2018-04-11，http://tech.sina.com.cn/i/2018-04-11-doc-ifyteqtq7572207.shtml。

构过于偏离于传媒公共性和伦理底线之时便会积极干预、事后惩治。

五、拓展边界：传媒业再定义与多元的传媒公共性

以颠覆性创新为内核的传媒创业浪潮，从诸多层面为传媒公共性的履行带来挑战，并在国家、资本等力量的作用下面临多重张力。那么，作为传统意义上新闻行业规制和伦理准则的核心原则之一，传媒公共性是否依然适用于传媒创业浪潮语境下的新闻业？

（一）边界模糊与传媒业再定义

为了更为清晰地呈现传媒公共性与传媒业关系的复杂性，我们认为应当从两个层面界定当下传媒业，即狭义传媒业和广义传媒业。

其中，狭义传媒业指从事专业新闻生产、采集与分发的媒体机构，其中的核心主体既包括传统的建制化媒体机构，如中央媒体、市场化媒体、行业性媒体等，也包括以专业化的新闻生产或新闻信息分发为关键业务的传媒创业机构。这类传媒创业机构相当一部分是由传统媒体的采编部门发展而来，或者通过与传统媒体合作的方式，获得政策优势和新闻采编权，如上海报业集团旗下"澎湃新闻"、新京报与腾讯新闻合作推出的"我们视频"等；与此同时，也有一部分是基于全新商业模式的新闻信息分发平台，比如今日头条、腾讯新闻 App 等。总体而言，无论是传统媒体机构，还是具备较多新媒体基因的新闻类创业项目，都体现了鲜明的新闻业特征，都以提供新闻类信息作为运作的核心任务。

相比之下，广义传媒业则涵盖一切与内容生产、分发、流通相关的传媒产品。与狭义传媒业相比，广义传媒业不仅包括新闻类领域，也涵盖其他领域的内容创业以及更宽泛意义上以内容生产/信息提供为基础的媒体创业模式。因此，无论是以"罗辑思维"、吴晓波频道为代表的内容创业产品，还是得到、雪球、36 氪等内容＋服务型创业项目，都可以纳入广义传媒业的范畴。

从当下传媒业格局来看，我们认为，对传媒业的界定应当实现从狭义到广义层面的过渡，以更为开放的视角来理解当下媒体业的实践方式。

对传媒业的再定义，主要源于整个传媒行业急剧变迁的语境。在当下的媒

体生态中，传统媒体正在由于盈利模式单一、缺乏受众意识而面临收入下滑和用户流失的困境。而借助媒介技术的发展，具备互联网思维的新型传媒创业机构正在凭借其更为鲜明的颠覆性创新特质、更为灵活的盈利模式和更具受众意识的运营理念，逐渐蚕食原先属于传统媒体的用户和市场。在此过程中，传统媒体对内容和传播渠道的控制权丧失，媒体业原先较为明晰的渠道边界开始被新创传媒项目所侵蚀（彭兰，2016b）。而除了渠道以外，传统媒体原先的专业技能和从业者的不可替代性也作为一种专业边界在新媒体的冲击下开始受到挑战（Coddington, 2012）。传媒创业浪潮兴起背景下的多元行业形态，导致传媒业的内容生产方式、分发渠道和商业逻辑发生巨大的改变（张铮，2016），对其定义也需要作相应的调整。

更为重要的是，在这样的语境下，由于传媒业的边界越来越模糊，对其运用不同的定义，也会引起相去甚远的判断与结论。对传媒业行业边界的划定和内涵的界定，将会影响我们对于传媒业颠覆性创新前景的不同判断，以及对于传媒业公共性和商业潜力的不同理解。

因此，我们选择更为宽泛的界定方式，将传媒内部创业、新闻创业、内容创业、内容＋服务创业等更为多元的传媒创业形态都纳入传媒业的定义中，希望从更为宏观的观察视角，考察当下各类传媒创业机构运作与传媒公共性之间的复杂关联。

（二）传媒创业的不同形态与多元公共性

基于从广义层面对传媒业的界定，我们可以把当下的传媒创业机构分为高度新闻性和低度新闻性两种类型。不同类型的传媒创业形态，往往遵循不同的实践理念与商业准则，并在与传媒公共性的关系上呈现出截然不同的表现方式。

一方面，以高度新闻性为核心特征的传媒创业机构往往以传统意义上的新闻生产或新闻分发为核心业务。由于与新闻这一公共信息产品密切关联，这类传媒创业机构所提供的内容往往面对更为严格的公共性要求。新闻生产和分发过程中的把关机制、平台责任、伦理约束等，都涉及这类创业项目公共性的履行。高度新闻性的传媒创业机构的发展，某种程度上也意味着当下传媒业需要在传统新闻业传播秩序的基础上，重建适合当下媒体语境和行业实践的全新的媒体责任观、伦理观和公共性准则（彭兰，2017）。

另外，从资本、国家与公共性的关系而言，以高度新闻性为特征的传媒创业机构，往往与国家监管的关联较为密切，而相对不容易受到资本的青睐（除非形成巨大的规模效应）。在当下传媒行业中，国家角色不仅体现为对整个行业的调控与管理，同时也作为一项重要的介入性角色，形塑市场竞争格局（李艳红，2016b）。以高度新闻性为内核的传媒创业机构，往往借助政策层面的采编特权和相关扶持，而拥有特殊的政策优势；或者因为国家的管理力度，形成了较高的行业竞争门槛。这既增加这类创业项目在媒体市场上的竞争力，也会使它们在内容生产的过程中，恪守专业性和公共性的要求，将服务公众诉求、维护公众利益、传播官方话语作为目标。这呈现出新闻主义的传媒创业机构与传媒公共性之间更为强烈的关系和张力。

另一方面，对于以低度新闻性为核心特征的传媒创业机构而言，它们所提供的产品，大多不具备非常明显的新闻色彩，而是以提供更宽泛意义上的内容或信息为基础，并以寻求商业回报为主要的运营目标。其中比较典型的运营模式，除了宽泛意义上的内容创业项目，还有大量的内容＋服务创业项目，它们通常活跃在各种垂直细分类的领域。

从传媒公共性的角度，这类传媒创业机构依然有其需要恪守的公共性原则和伦理底线，即信息生产以不损害公众利益为前提，并遵循伦理和法律的约束。但相对于高度新闻性的传媒创业机构，这类传媒创业机构面临的来自宏观体制或是整个行业的约束都较低，与公共性的关系也较弱。

传媒创业机构的不同形态、具体特征及其与传媒公共性的对应关系见表11.1。

表 11.1　不同传媒创业形态与传媒公共性的关系

形　态	高度新闻性（狭义传媒业）	低度新闻性（广义传媒业）
核心主体	以新闻生产为关键业务的传媒创业机构	一切与内容生产、分发、流通相关的传媒创业机构
特征	以提供新闻信息为主要业务，并兼顾新闻性与商业性的平衡	提供更宽泛意义上的内容或信息，以获得商业回报为核心目标
与公共性的关系	与传媒公共性关系密切，面临严格的公共性要求	与传媒公共性关系较弱，但也需要恪守伦理底线

续表

形　态	高度新闻性（狭义传媒业）	低度新闻性（广义传媒业）
案例	移动新闻信息产品：澎湃、腾讯 个性化新闻信息产品：今日头条 合作类新闻创业产品：我们视频	专业信息类：36氪、雪球 知识分享类：得到、知乎 音频视频类：喜马拉雅FM、抖音

关于商业主义与新闻主义两者的关系，一些研究倾向于将商业主义和市场化的逻辑视为对传媒业公共性和专业主义维系的一种侵蚀性或者对抗性的力量；体现在传统媒体时代，媒体机构需要借助"编营分离"的机制，避免来自外部广告商的商业因素"对新闻的污染"（李艳红，2016a）。但在移动互联网和传媒创业兴起的语境下，商业主义正在为新闻业带来全新的运作方式、商业模式和更具持续性的盈利来源，并使整个行业更具活力和开放性。无论是从事传统新闻生产的机构，还是更具开放性和包容性的新创传媒机构，都需要借助商业层面的运营来争夺用户、获取利润。在新的媒体业语境下，商业主义和新闻主义两者的关系因而也面临调整。

事实上，在传媒创业领域的研究中，已经有越来越多的研究者开始关注商业主义和新闻主义的平衡。正如韦吉曼等（Wagemans et al., 2016）所言，传媒创业活动相比于传统媒体最大的挑战在于，传媒创业将长期以来新闻行业中被认为必须分开的两者，即商业面向和新闻面向结合起来；两者之间的相互作用和张力，深刻影响着项目的成败和行业的发展。作为一种典型的社会创业形态，研究者们普遍认为，传媒创业活动需要在追逐商业回报的同时，兼顾社会责任的履行（张煜麟，2014），尝试寻求新闻业一直以来坚守的专业性和公共性与当下传媒创业机构追寻的经济利益的平衡（Picard, 2005）。而这也正是传媒创业活动相比于其他领域创业活动的特殊之处（Achtenhagen, 2008）。

从这个意义上而言，在颠覆性创新和传媒创业的背景下，新闻主义和商业主义并不尽然是彼此冲突的关系。对于新闻主义和商业主义关系的理解，需要尝试采用更为宽泛的传媒业定义，并根据不同类型传媒机构的具体特征，对新闻主义和商业主义的关系作更为灵活的判断。低度新闻性的传媒创业机构，可以尝试更为商业化的运营方式并追求盈利；而高度新闻性的传媒创业机构，也可以在遵循公共性准则的框架内进行商业化的尝试，以寻求新闻性与商业性之间的平衡。

六、狭义传媒业：寻求公共性传统下的创新

那么，对于狭义传媒业乃至传统新闻业的部分，商业主义与新闻主义能否和谐共处？换言之，传统媒体机构如何在尝试进行颠覆性创新的同时，又能兼顾新闻专业性的坚守和公共性的履行？

所谓传媒业的颠覆性创新，"是以商业模式重塑为核心，对传媒机构的目标市场、价值链条、生产流程和盈利模式等层面进行全方位的创新与变革"[1]。这意味着传媒业颠覆性创新的主体不仅包括全新的传媒创业机构，也包括传统媒体机构创立全新内容产品与商业模式的尝试，如上观新闻、澎湃新闻、界面新闻等。当然，这些传统媒体内部创业项目一方面享有采编特权等政策优势，另一方面又受制于产权结构与商业体制，加之技术上、商业模式上并没有特殊优势，它们的颠覆性创新可能面临较多的不确定性。

"颠覆性创新"理论的提出者克里斯坦森，在从产业经济的角度对该理论进行系统阐释的同时，也同样给变革中的传媒业提出了可能的解决方案（克里斯坦森，2010；Christensen et al., 2012）。他们认为，为了突破目前的困境，传统媒体需要从如下几个方面进行颠覆性创新的机制设计，以追求商业层面的成功。

首先，传统媒体机构需要更加具备受众意识，从用户的需求与问题出发，重新构思新闻内容产品的定位和生产（Christensen et al., 2012）。一直以来，传统媒体机构都将广大普通公众作为传播的目标受众（Cook & Sirkkunen, 2013），在内容生产中缺乏对于受众信息需求的细致了解和有针对性的满足。而基于移动互联网平台的传媒创业机构，则通过对于受众个性化阅读兴趣的精准匹配（如以今日头条为代表的兴趣分发类产品）、对于特定细分受众群体信息需求的高度契合和满足（如各类垂直化媒体），而得以迅速抢占用户注意力，形成了对于传统媒体机构的威胁。因此，传统新闻业的颠覆性创新，就要首先从增加受众意

1　关于传媒业颠覆性创新的界定，本章以克里斯坦森（2010）的"颠覆性创新"理论为主要依据，并结合了中国语境下的传媒业现状和行业实践。

识出发，增强内容的针对性、培育用户黏性。

其次，传统媒体需要改变商业模式，包括信息采集方式，信息发布的渠道以及盈利来源，从而改变、改进价值网络（Christensen et al., 2012）。

一方面，在学者们对于传统媒体危机的阐述中，传统媒体由于缺乏持续性盈利来源而导致的营收危机，成为相关研究论述的核心（谭天、王俊，2014；匡文波、张蕊，2014）。因此，传统媒体颠覆性创新的重要机制，就是重塑商业模式，并尽可能开拓除了广告以外的其他盈利来源，以确保收入的持续性（Kaye & Quinn, 2010）。

另一方面，面对移动互联网平台的冲击，移动设备和移动产品成为用户获取信息的主要途径，传统媒体原先的线下分发渠道不再具备影响力。"渠道失灵"因而成为传统媒体机构面临的又一困境（喻国明，2016）。如今，大多数传统媒体习惯采用的"+互联网"方式，即将传统媒体内容简单移植到各大网络平台的做法，很大程度上无益于化解这一困境（喻国明 等，2017）。相比之下，更具颠覆性特征的解决思路，如融合内容与社交的《成都商报》"谈资"客户端，或者传统媒体与互联网公司共同开发的全新媒体产品（如新京报与腾讯合作推出的"我们视频"等），都可能成为传统媒体业颠覆性创新的可能方案。

最后，打造新的核心能力，包括重新发现重要资源、搭建新的工作流程、重新确定业务优先性等（Christensen et al., 2012）。事实上，传统媒体机构具备的政策优势、专业内容生产能力等，都是传统媒体在颠覆性创新过程中可以利用的重要资源。上海报业集团利用自身的政策优势和采编团队的专业水平出品的"澎湃新闻"客户端和"界面新闻"客户端、《浙江日报》推出的"媒立方"等就是如此。另外，湖北广电、贵州广电等传统媒体机构则"向本地服务、电子政务、智慧城市等领域进行延伸"（彭兰，2018），以此重新整合自己的资源并寻求转型机遇。

虽然颠覆性创新的理论框架主要从商业研究的视角，对传媒业的目标用户、商业模式、竞争优势等维度提出了建议，但由于传统媒体机构具备较强的公共性和政策敏感性，研究者们为传统媒体机构设计的颠覆性创新方案，很大程度上并未触及传统媒体的原有体制特征和行业特征，而只是在内容策略、运营策略上进行了适当的调整。在具体行业实践中，这些传媒创新方案的落地不免面临重重挑战，这主要是因为媒介技术发展带来的整个媒体生态的改变和传统媒体话语权的丧失，还有传统媒体人对专业名望的维护和由此形成的职业优越感、传统媒体长期运作形成的路径依赖，以及传统媒体内部组织结构对创新机制的抵触等（彭增军，2017）。在中国语境下，传统媒体又面临更严格的体制约束和社会责任期待，这在某种程度上也可能不利于传统媒体机构真正走出现有商业困境。

当然，狭义传媒业的内容产品是具备高度公共性的新闻信息，因而狭义传媒业颠覆性创新的最终落脚点，依然需要回到对于传媒公共性的坚守。媒体公共利益的坚守，意味着媒体需要履行作为社会守望者的职责，在涉及公众利益的议题上主动发声（张志安，2015）；而且，在追求契合互联网环境的语态转型的同时，传统媒体也应注重提升自身的专业性、社会责任和挖掘真相的能力（彭兰，2018）。总体而言，随着传媒业的快速嬗变，以生产高质量内容为内核的"新闻模式"与以追求盈利为内核的"商业模式"之间的冲突日益加剧（彭增军，2018），因此，在传媒创新机制和策略的设计中，政治利益、商业利益和公共利益的平衡（张志安，2015）依然应当成为传统媒体转型过程中考虑的关键问题。

传统媒体所运用的颠覆性创新举措中，有部分也已经体现出了以商业主义为特征的颠覆性创新和以新闻主义为特征的传媒公共性之间的平衡。比如，以上列举的多个传统媒体案例，都将自身原先具备的专业优势和政策优势作为重要资源，重新进行创新机制的设计，从而展现了传统媒体机构在追求商业变革的过程中对于公共性传统和高品质新闻的坚守。

七、传媒公共性与当下语境的复杂勾连

传媒业在专业实践和商业运作上的快速变迁，引发了学者们广泛的讨论与忧思。在这样的语境下，传媒公共性是否仍是值得提倡的理念范式，或者传媒业是否应该实现范式更迭？本章以传媒创业浪潮和传统媒体机构的创新实践作为探讨现象，试图对此进行回应。

总体而言，在移动互联网语境下，传媒业的新闻生产和运作，依然需要

与当下的"公共生活重建"相连，建立服务公众的价值追求（潘忠党、陆晔，2017）。事实上，传媒公共性不仅体现在媒体的话语建构中，也体现在媒体、国家与资本的复杂勾连中（潘忠党，2008）。

而从具体内涵来看，以传媒创业为代表的全新行业形态的产生，无疑增加了传媒公共性的复杂性。我们认为，在当下媒体环境中，对传媒公共性理念的考察需要区分不同的媒体形态。广义传媒业由于涵盖更为宽泛意义上的传媒创业形态，特别是以低度新闻性为核心特征的传媒创业产品更多偏向于商业运营而非新闻生产，因而受到的公共性约束相对较小。而狭义传媒业提供的是具备高度公共性的新闻产品，因而它们应当在进行创新的同时依旧保持内容的公共价值；通过提供高质量的新闻作品，将对专业性的坚守与新技术时代的公共性维护相勾连（潘忠党、陆晔，2017），在此基础上寻求可持续的商业模式。

从这个意义而言，传媒公共性远没有走向消亡，而是以更适合行业实践语境的运作范式得以继续存在，并与传媒创新创业浪潮产生多元化的连接方式。

参考文献

中文部分

陈威如，余卓轩.2013.平台战略：正在席卷全球的商业模式革命 [M]. 北京：中信出版社.

蒂尔，马斯特斯.2015. 从 0 到 1：开启商业与未来的秘密 [M]. 高玉芳译. 北京：中信出版社.

方军.2017. 推荐序 [M]// 帕克，范·埃尔斯泰恩，邱达利. 平台革命：改变世界的商业模式. 北京：机械工业出版社.

科特勒，凯勒.2009. 营销管理（第 13 版）[M]. 王永贵等译. 上海：格致出版社.

哈贝马斯.1999. 公共领域的结构转型 [M]. 曹卫东等译. 北京：学林出版社.

帕克，范·埃尔斯泰恩，邱达利.2017. 平台革命：改变世界的商业模式 [M]. 北京：机械工业出版社.

金，莫博涅.2005. 蓝海战略 [M]. 吉宓译. 北京：商务印书馆.

克里斯坦森.2010. 创新者的窘境 [M]. 胡建桥译. 北京：中信出版社.

克里斯坦森，霍恩，约翰逊.2015. 创新者的课堂 [M]. 李慧中译. 北京：中国人民大学出版社.

克里斯坦森，雷纳.2010. 创新者的解答 [M]. 李瑜偲，林伟，郑欢译. 北京：中信出版社.

莱斯.2012. 精益创业 [M]. 吴彤译. 北京：中信出版社.

波特.2005. 竞争战略 [M]. 陈小悦译. 北京：华夏出版社.

多尔西.2009. 巴菲特的护城河：寻找超额收益公司，构建股票首富城堡 [M]. 刘寅龙译. 广州：广东经济出版社.

尼，格林沃尔德，希芙.2013. 被诅咒的巨头 [M]. 施乐乐译. 北京：中信出版社.

帕克，范·埃尔斯泰恩，邱达利.2017. 平台革命：改变世界的商业模式 [M]. 北京：机械工业出版社.

田红云.2007. 破坏性创新与我国制造业国际竞争优势的构建 [D]. 上海：上海交通大学.

布里林特，柯林斯 .2016.投资的护城河：晨星公司解密巴菲特股市投资法则 [M].汤光华，张坚柯，罗维译 .北京：人民邮电出版社 .

项保华 .2005.伐谋皆上兵　卷帘天自高——战略大师波特与他的竞争三部曲 [M]// 波特 .竞争战略 .陈小悦译 .北京：华夏出版社 .

徐晋 .2007.平台经济学：平台竞争的理论与实践 [M].上海：上海交通大学出版社 .

奥斯特瓦德，皮尼厄 .2011.商业模式新生代 [M].王帅，毛心宇，严威译 .北京：机械工业出版社 .

于迎 .2014.数字化背景下报业的商业模式转型研究 [D].上海：复旦大学 .

熊彼特 .1991.经济发展理论 [M].何畏，易家详等译 .北京：商务印书馆 .

白红义 .2018.新闻创新研究的视角与路径 [J].新闻与写作，（1）：24-32.

白红义，李拓 .2017.新闻业危机应对策略的"正当化"话语：一项基于中国媒体宣言的探索性研究 [J].新闻大学，（12）：51-61.

卞保武 .2010.企业电子商务网站转化率问题的研究 [J].中国管理信息化，（2）：97-99.

蔡雯，贾茜 .2018.试论社区报纸的定位与竞争策略 [J].国际新闻界，（2）：102-110.

陈昌凤，霍婕 .2018.权力迁移与人本精神：算法式新闻分发的技术伦理 [J].新闻与写作，（1）：63-66.

陈楚洁 .2018."从前有一个记者，后来他去创业了"——媒体创业叙事与创业者认同建构 [J].新闻记者，（3）：4-22.

陈楚洁，袁梦倩 .2014.新闻社群的专业主义话语：一种边界工作的视角 [J].新闻与传播研究，（5）：59-69.

陈国权 .2018.谁为媒体提供经济支持？——1949 年以来中国媒体经济体制变迁与趋势 [J].新闻与传播研究，（10）：113-125.

陈敏，张晓纯 .2016.告别"黄金时代"——对 52 位传统媒体人离职告白的内容分析 [J].新闻记者,（2）：16-28.

崔保国 .2016a.传统媒体的深层危机是产能过剩 [J].新闻与写作，（7）：29-34.

崔保国 .2016b.传媒产业发展的格局与趋势分析 [J].传媒，（10）：11-14.

崔保国 .2014.2013 年中国传媒产业的发展格局——兼论传媒的核心产业与关联产业 [J].新闻与写作，（5）：26-30.

崔保国，何丹嵋 .2015.2014 年中国传媒产业发展报告 [J].传媒，（12）：11-16.

崔保国，郑维雄，何丹嵋 .2018.数字经济时代的传媒产业创新发展 [J].新闻战线，（11）：73-78.

戴佳，史安斌 .2014."国际新闻"与"全球新闻"概念之辨——兼论国际新闻传播人才培养模式创新 [J].清华大学学报（哲学社会科学版），（1）：42-52.

邓建国 .2010.学习新媒体　寻求新模式——美国网络新闻商业模式创新的三个新动向 [J].新闻记者，（4）：35-39.

丁方舟 .2016.创新，仪式，退却与反抗——中国新闻从业者的职业流动类型研究 [J].新闻记者，（4）：27-33.

丁汉青，蒋聪滢 .2017. 传媒上市公司内部治理结构与融资结构关系研究 [J]. 国际新闻界，（3）：149-166.

方师师 .2016. 算法机制背后的新闻价值观——围绕"Facebook 偏见门"事件的研究 [J]. 新闻记者,（9）：39-50.

范以锦 .2014. 以互联网思维的商业模式做强媒体 [J]. 新闻与写作，（11）：43-45.

樊拥军，喻国明 .2015. 传媒集成经济在实现突破性发展中的价值 [J]. 编辑之友，（12）：5-10.

高逸平 .2011.5 年 20 亿资本撬动全媒体转型　浙报集团打造首个"传媒梦工厂"[N/OL].（2011-11-01）http://news.163.com/11/1101/06/7HOM85EA00014AED.html.

龚彦方，田迪迪 .2015. 中国传媒公司上市融资利弊分析 [J]. 中国报业，（13）：22-35.

郭全中 .2018. "To G"：传统媒体的商业模式转型 [J]. 新闻与写作，（4）：61-65.

郭全中 .2017. 传统媒体多元化转型研究 [J]. 新闻与写作，（12）：59-64.

郭全中 .2015. 传统媒体转型的"一个中心"与"四个基本点"[J]. 现代传播，（12）：104-110.

郭全中 .2013. 传媒梦工厂的体制外转型探索 [N]. 中国新闻出版报，2013（7）.

郭全中 .2012. 传统媒体的新媒体转型：误区，问题与可能的路径 [J]. 新闻记者，（7）：14-19

何舟，陈先红 .2010. 双重话语空间：公共危机传播中的中国官方与非官方话语互动模式研究 [J]. 国际新闻界，（8）：21-27.

黄楚新 .2017. 中国媒体融合发展现状，问题及趋势 [J]. 新闻战线，（1）：14-17.

黄楚新，刁金星 .2019. 全媒体时代新型主流媒体建设的顶层设计与路径选择 [J]. 中国出版，（15）：26-31.

黄楚新，王丹 .2015. 党报发行现状及应对之策 [J]. 中国报业，（9）：22-25.

黄升民，刘珊 .2018. 颠覆与重构：中国媒介产业化二十年 [J]. 新闻与传播评论，（1）：74-81.

黄升民，周滢 .2014. 广播电视媒体产业化内涵变迁 [J]. 中国广播，（5）：27-30.

黄馨茹 等 .2017. 体制内转型的酸与甜 [J]. 青年记者，（31）：34.

匡文波，张蕊 .2014. 传统媒体转型中的盈利模式 [J]. 青年记者，（24）：22-23.

李良荣，张华 .2014. 参与社会治理：传媒公共性的实践逻辑 [J]. 现代传播，（4）：31-34.

李艳红 .2017. 在开放与保守策略间游移："不确定性"逻辑下的新闻创新 [J]. 新闻与传播研究，（9）：40-60.

李艳红 .2016a. "御商主义—专业自治"：市场化，数字化与中国新闻组织制度实践的维系与变迁 [C]. 上海：传播与中国·复旦论坛，2016-12-17.

李艳红 .2016b. 维系新闻业的公共价值：专业新闻业与数字新闻业的互为调适 [C]. 上海：传播与中国·复旦论坛，2016-12-17.

李艳红，陈鹏 .2016. "商业主义"统合与"专业主义"离场：数字化背景下中国新闻业转型的话语形构及其构成作用 [J]. 国际新闻界，（9）：135-153.

林湘，池薇 .2015. 平台竞争：电视媒体独播策略的经济学分析 [J]. 电视研究，（6）：34-36.

陆晔，潘忠党 .2002. 成名的想象：中国社会转型过程中新闻从业者的专业主义话语建构 [J]. 新闻学研究,（71）：17-59.

罗湘萍 .2013. 同城广播新闻媒体的"差异化"竞争策略——以北京新闻广播为例 [J]. 新闻与写作,（4）：58-60.

南振中 .2003. 把密切联系群众作为改进新闻报道的着力点 [J]. 中国记者,（3）：6-10.

潘忠党 .2017. 媒介化时代的公共传播和传播的公共性 [J]. 新闻与传播研究,（10）：29-31.

潘忠党 .2016."新技术环境下的新闻业图景"：写在前面,微信公众号"复旦大学信息与传播研究中心",2016 年 5 月 7 日 .

潘忠党 .2008. 序言：传媒的公共性与中国传媒改革的再起步 [J]. 传播与社会学刊,（6）：1-16.

潘忠党,陆晔 .2017. 走向公共：新闻专业主义再出发 [J]. 国际新闻界,（10）：91-124.

彭庚,龙海泉,吕本富 .2010. 互联网企业的竞争战略 [J]. 管理学家学术版,（2）：36-50.

彭兰 .2018. 移动化,社交化,智能化：传统媒体转型的三大路径 [J]. 新闻界,（1）：35-41.

彭兰 .2017. 未来传媒生态：消失的边界与重构的版图 [J]. 现代传播,（1）：8-14.

彭兰 .2016a. 移动化,智能化技术趋势下新闻生产的再定义 [J]. 新闻记者,（1）：26-33.

彭兰 .2016b. 正在消失的传媒业边界 [J]. 新闻与写作,（2）：25-28.

彭兰 .2015a."内容"转型为"产品"的三条线索 [J]. 编辑之友,（4）：5-10.

彭兰 .2015b. 好内容不一定能带来用户黏性——新媒体时代服务思维的转变 [J]. 新闻与写作,（2）：1.

彭增军 .2018. 主义与生意：新闻模式与商业模式的悖论 [J]. 新闻记者,（1）：70-75.

彭增军 .2017. 穿新鞋走老路：数字时代传统媒体的"创新"为何会失败 [J]. 新闻记者,（5）：70-74.

Rao S. 2015. 媒体,专业主义和公共理性 [J]. 陈娅译 . 全球传媒学刊,（1）：142-155.

宋建武,陈璐颖 .2016. 建设区域性生态级媒体平台——打造新型主流媒体的路径探索 [J]. 新闻与写作,（1）：5-12.

宋建武,黄淼,陈璐颖 .2017. 平台化：主流媒体深度融合的基石 [J]. 新闻与写作,（10）：5-14.

宋志标 .2007. 广州报团竞争中的悬疑和期待 [J]. 青年记者,（18）：15-16.

孙健 .2014. 澎湃新闻与今日头条,何者可以言新——从两款风格迥异的新闻客户端看媒体融合之道 [J]. 传媒评论,（11）：43-46.

谭天,王俊 .2014. 新闻不死,新闻业会死去 [J]. 新闻爱好者,（12）：18-20.

童静蓉 .2006. 中国语境下的新闻专业主义社会话语 [J]. 传播与社会学刊,（1）：91-119.

王斌,戴梦瑜 .2017. 创业新闻：新闻人才培养的"破坏性创新" [J]. 中国大学教学,（3）：47-55.

王辰瑶 .2017. 从技术创新到内容创新：报纸"数字化"转型路径考察 [J]. 中国出版,（7）：37-40.

王辰瑶 .2016. 新闻创新：不确定性的救赎 [N/OL]. 中国社会科学网,（2016-05-05）http://iwep.org.cn/xwcbx/xwcbx_gcsy/201605/t20160505_2996459.shtml.

王辰瑶,范英杰 .2016. 打破新闻：从颠覆式创新理论看 BuzzFeed 的颠覆性 [J]. 现代传播,（12）：35-39.

王辰瑶，喻贤璐 .2016. 编辑部创新机制研究——以三份日报的"微新闻生产"为考察对象 [J]. 新闻记者，（3）：10-20.

王嘉婧 .2018. 投融资助推下的浙报集团转型探析 [J]. 青年记者，（21）：35-36.

王晓红，董鑫 .2018. 垂直媒体的内容生产模式及启示——以 Vox Media 为例 [J]. 青年记者，（10）：44-46.

汪晖 .2009. "去政治化的政治"与大众传媒的公共性 [J]. 传播与社会学刊，（8）：135-153.

王维佳 .2016. 专业主义的挽歌：理解数字化时代的新闻生产变革 [J]. 新闻记者，（10）：34-40.

韦嘉，骆正林 .2019. 智能媒体平台打造与新闻舆论"四力"建设 [J]. 传媒观察，（10）：11-18.

魏武挥 .2016a. 腾讯搜索：平台的尝试 [J]. 二十一世纪商业评论，（1）：20.

魏武挥 .2016b. 内容营销的新机会 [J]. 中国广告，（5）：26-27.

魏武挥 .2015a. 平台需要四个元素 [J]. 商界（评论），2015-03-25.

魏武挥 .2015b. 在行这个媒婆 [EB-OL].（2015-06-01）http://weiwuhui.com/6637.html.

魏武挥 .2014. 上海报业集团三大新媒体规划 [J]. 新闻传播，（3）：1.

吴桥 .2017. 所有的关键词都置于"融合"之下——浙报集团旅游垂直媒体平台的聚合和裂变 [J]. 传媒评论，（11）：82-84.

许同文 .2015. 媒体平台与平台型媒体：移动互联网时代媒体转型的进路 [J]. 新闻界，（13）：47-52.

许鑫 .2011. 传媒公共性：概念的解析与应用 [J]. 国际新闻界，（5）：63-70.

喻国明 .2019. 今天的媒介融合应当怎么做——从互联网时代的常识到新传播格局的大势 [J]. 教育传媒研究，（4）：7-9.

喻国明 .2017. 从技术逻辑到社交平台：视频直播新形态的价值探讨 [J]. 新闻与写作，（2）：51-54.

喻国明 .2016. 现阶段传媒业发展的关键与策略 [J]. 新闻研究导刊，（16）：1-3.

喻国明 .2015a. 媒介转型是一场革命——互联网时代传媒发展的近路与运营关键 [J]. 西部广播电视，（22）：5-7.

喻国明 .2015b. 未来新闻业态转型的三个层次 [J]. 青年记者，（3）：4.

喻国明 .2015c. 未来之路："入口级信息平台 + 垂直型信息服务"——关于未来媒介融合发展主流模式的思考 [J]. 新闻与写作，（8）：39-41.

喻国明，何健，叶子 .2016. 平台型媒体的生成路径与发展战略 [J]. 新闻与写作，（4）：19-23.

喻国明，刘旸 .2015. "互联网 +"背景下传媒产业创新的五力模型 [J]. 新闻与写作，（5）：10-13.

喻国明，焦建，张鑫 .2015. "平台型媒体"的缘起，理论与操作关键 [J]. 中国人民大学学报，（11）：120-127.

喻国明，焦建，张鑫，弋利佳，梁霄 .2017. 从传媒"渠道失灵"的破局到"平台型媒体"的建构——兼论传统媒体转型的路径与关键 [J]. 北方传媒研究，（4）：4-13.

喻国明，杨莹莹，闫巧妹 .2018. 算法即权力：算法范式在新闻传播中的权力革命 [J]. 编辑之友，（5）：5-12.

喻国明，弋利佳，梁霄.2015.破解"渠道失灵"的传媒困局："关系法则"详解——兼论传统媒体转型的路径与关键 [J].现代传播，（11）：1-4.

于晗.2015.融媒时代电视媒体的差异化竞争策略 [J].当代传播，（2）：53-55.

曾繁旭，王宇琦.2017.传媒创业过程中的机会识别 [J].现代传播，（10）：44-50.

曾繁旭，王宇琦.2016.移动互联网时代内容创业的盈利模式 [J].新闻记者，（4）：20-26.

张煜麟.2014.从"组织人"到"创业者"：媒体从业者职业图像的变迁 [J].新闻记者，（8）：33-39.

张铮.2016.再谈"正在消失的传媒业边界" [J].新闻与写作，（4）：38-40.

张志安.2015.媒介融合需兼顾政治，商业和公共利益 [J].青年记者，（1）：4.

钟布.2017.后 IT 时代的传媒产业创新 [J].深圳大学学报（人文社会科学版），（5）：140-142.

朱松林.2014.分化与整合：传统媒体数字化转型中的创业组织模式 [J].国际新闻界，（1）：123-135.

英文部分

Aldrich H, Zimmer C. 1986. Entrepreneurship through Social Networks[M]// Sexton D, Smilor R. *The Art and Science of Entrepreneurship*. Cambridge, MA: Ballinger: 3-23.

Anderson C, Schudson, M. 2009. Objectivity, Professionalism, and Truth Seeking in Journalism[M]// Wahl-Jorgensen K, Hanitzsch T. *The Handbook of Journalism Studies*. Routledge: 88-101.

Audretsch D B, Grilo I, Thurik A R. 2007. Explaining Entrepreneurship and the Role of Policy: A Framework[M]// Audretsch, Grilo & Thurik. *Handbook of Research on Entrepreneurship Policy*. Cheltenham, UK: Edward Elgar Publishing: 1-17.

Bocskowski P J. 2004. *Digitizing the News: Innovation in Online News Organizations*[M]. Cambridge, MA: Massachusetts Institute of Technology Press.

Briggs M. 2011. *Entrepreneurial Journalism: How to Build What's Next for News*[M]. CQ Press.

Bruno N, Nielsen R K. 2012. Survival Is Success: Journalistic Online Start-ups in Western Europe [M]. Oxford: Reuters Institute for the Study of Journalism: 3-4.

Bygrave W D, Timmons J A. 1992. *Venture Capital at the Crossroads*[M]. Harvard Business Press.

Casson M. 1982. *The Entrepreneur: An Economic Theory*[M]. Rowman & Littlefield.

Chan J M, Qiu J L. 2001. China: Media Liberalization under Authoritarianism[M]// Price M E, Rozumilowicz B, Verhulst S G. *Media Reform: Democratizing the Media, Democratizing the State*. London: Routledge:27-46.

Christensen P S, Peterson R, Madsen O Ø. 1990. *Opportunity Identification: The Contribution of Entrepreneurship to Strategic Management*[M]. Institute of Management, University of Aarhus.

Dahlgren P. 2009. *Media and Political Engagement: Citizens, Communication, and Democracy*[M].

Cambridge: Cambridge University Press.

d'Ancona M. 2017. *Post-truth: The New War on Truth and How to Fight Back*[M]. Random House.

Eisenmann T R, Parker G, Van Alstyne M W. 2008. Opening Platforms: How, When and Why[M]// Gawer, A. *Platforms, Markets and Innovation*. Edward Elgar Publishing.

Ghiglione L. 1984. *The Buying and Selling of America's Newspapers*[M]. Indianapolis: R. J. Berg & Co.

Gitlin T. 2011. A Surfeit of Crises: Circulation, Revenue, Attention, Authority, and Deference[M]// McChesney R W, Pickard V. (Eds.). *Will the Last Reporter Please Turn out the Lights?*. New York: The New Press: 92–102.

He Z. 2000. Chinese Communist Party Press in a Tug-of-war[M]// Li J. *Power, Money, and Media: Communication Patterns and Bureaucratic Control in Cultural China*. Northwestern University Press: 112-151.

Handley A, Chapman C C. 2012. *Content Rules: How to Create Killer Blogs, Podcasts, Videos, Ebooks, Webinars (and More) That Engage Customers and Ignite Your Business (Vol. 13)* [M]. John Wiley & Sons.

Hax A C, Majluf N S. 1996. *The Strategy Concept and Process: A Pragmatic Approach* (Vol. 2) [M]. Upper Saddle River, NJ: Prentice Hall.

Hiltz S R, Goldman R. 2004. *Learning Together Online: Research on Asynchronous Learning Networks*[M]. Routledge.

Hitt M A, Ireland R D, Hoskinsson R E. 2005. *Strategic Management: Competitiveness and Globalization*[M]. Cincinati South Western College.

Hofer C W, Schendel D. 1980. *Strategy Formulation: Analytical Concepts*[M]. West publishing.

Iggers J. 2018. *Good News, Bad News: Journalism Ethics and the Public Interest*[M]. Routledge.

Lieb R. 2011. *Content Marketing: Think Like A Publisher-How to Use Content to Market Online and in Social Media*[M]. Que Publishing.

Kaye J, Quinn S. 2010. *Funding Journalism in the Digital Age: Business Models, Strategies, Issues and Trends*[M]. Peter Lang.

Kline S J, Rosenberg N. 1986. 'An Overview of Innovation' [M]// Landau R, Rosenberg N. *The Positive Sum Strategy: Harnessing Technology for Economic Growth*. Washington, DC: National Academy Press: 275-304.

Kotler P, Keller K L. 2011. *Marketing Management (14th edition)* [M]. Prentice Hall.

Küng L. 2013. Innovation, Technology and Organisational Change. Legacy Media's Big Challenges. An Introduction[M]// Storsul S, Krumsvik A H. *Media Innovation: A Multidisciplinary Study of Change*. Göteborg: Nordicom: 9-12.

Küng L. 2011. Managing Strategy and Maximizing Innovation in Media Organizations[M]// Deuze M. *Managing Media Work*. Los Angeles: Sage: 43-56.

Lester R K, Piore M J. 2006. *Innovation: The Missing Dimension*[M]. Cambridge, MA: Harvard University Press.

Mellor N. 2009. Journalism and Media Entrepreneurs[M]// Mellor. *Entrepreneurship for Everyone: A Student Textbook*. London, UK: Sage: 166–181.

Meyer E K. 2000. *Tomorrow's News Today: A Guide to Strategic Planning for Online Publishing*[M]. NewsLink Associates.

Mings S M, White P B. 2000. Profiting from Online News: The Search for Viable Business Models[M]// Kahin B, Varian H R. *Internet Publishing and Beyond: The Economics of Digital Information and Intellectual Property*. Massachusetts: MIT Press: 62-96.

Nelson R R, Winter S G. 2009. *An Evolutionary Theory of Economic Change*[M]. Harvard University Press.

Paulussen S, Geens D, Vandenbrande K. 2011. Fostering A Culture of Collaboration: Organizational Challenges of Newsroom Innovation[M]// Paterson C, Domingo D. *Making Online News* (Volume 2) *Newsroom Ethnographies in the Second Decade of Internet Journalism*. New York: Peter Lang: 3-14.

Per Davidsson P. 2003. The Domain of Entrepreneurship Research: Some Suggestions[M]// Katz J A, Shepherd D A. *Cognitive Approaches to Entrepreneurship Research*. Emerald Group Publishing Limited: 1-10.

Picard R G. 2000a. Audience Fragmentation and Structural Limits on Media Innovation and Diversity[M]// van Cuilenburg J, van der Wurff R. *Media and Open Societies: Cultural, Economic and Policy Foundations for Media Openness and Diversity in East and West*. Amsterdam: Het Spinhus: 180-191.

Picard R G. 2005. Money, Media and the Public Interest[M]// Overholser G, Jamieson K H. *The Institutions of American Democracy: The Press*. Oxford: Oxford University Press: 337–350.

Pulizzi J. 2015. *Content Inc.: How Entrepreneurs Use Content to Build Massive Audiences and Create Radically Successful Businesses*[M]. McGraw-Hill Education.

Radcliffe D. 2012. *Here and Now: UK Hyperlocal Media Today*[M]. Nesta.

Rochet J C, Tirole J. 2005. *Competition Policy in Two-Sided Markets. Advances in the Economics of Competition Law*[M]. Cambridge: MIT Press.

Rose R, Pulizzi, J. 2011. *Managing Content Marketing: The Real-World Guide for Creating Passionate Subscribers to Your Brand*[M]. Cmi Books.

Rowley J. 2012. *Information Marketing*[M]. Ashgate Publishing, Ltd.

Shirky C. 2008. *Here Comes Everybody: The Power of Organizing without Organizations*[M]. Penguin.

Stockmann D. 2013. *Media Commercialization and Authoritarian Rule in China*[M]. Cambridge: Cambridge University Press.

Storsul T, Krumsvik A H. 2013. What is Media Innovation? [M]// Storsul T, Krumsvik A H. *Media Innovation: A Multidisciplinary Study of Change*. Göteborg: Nordicom: 13-28.

Strader T J, Shaw M J. 2000. Electronic Markets: Impact and Implication[M]// Shaw M J, Blanning R,

Strader T J, Whinston A. *Handbook on Electronic Commerce*. Berlin: Springer: 77-98.

Tidd J, Bessant J, Pavitt K. 2005. *Managing Innovation: Integrating Technological, Market and Organizational Change (Vol. 3)* [M]. West Sussex: John Wiley & Sons.

Timmons J A. 1990. *New Business Opportunities: Getting to the Right Place at the right time*[M]. Brick House Pub Co.

Timmons J A, Spinelli S. 2009. *New Venture Creation: Entrepreneurship for the 21st Century*[M]. Burr Ridge, IL: Irwin.

Ulin J. 2013. *The Business of Media Distribution: Monetizing Film, TV and Video Content in An Online World*[M]. CRC Press.

Venkataraman S. 1997. The Distinctive Domain of Entrepreneurship Research: An Editor's Perspective[M]// Katz J, Brockhaus R. *Advances in Entrepreneurship, Firm Emergence, and Growth*. Greenwich, CT: JAI Press: 119-138.

Achtenhagen L. 2017. Media Entrepreneurship—Taking Stock and Moving Forward[J]. *International Journal on Media Management*, 19(1): 1-10.

Achtenhagen L. 2008. Understanding Entrepreneurship in Traditional Media[J]. *Journal of Media Business Studies*, 5(1): 123-142.

Alvord S H, Brown L D, Letts C W. 2004. Social Entrepreneurship and Societal Transformation: An Exploratory Study[J]. *The Journal of Applied Behavioral Science*, 40(3): 260-282.

Amit R, Brander J, Zott C. 1998. Why Do Venture Capital Firms Exist? Theory and Canadian Evidence[J]. *Journal of Business Venturing*, 13(6): 441-466.

Amit R, Glosten L, Muller E. 1990. Does Venture Capital Foster the Most Promising Entrepreneurial Firms? [J]. *California Management Review*, 32(3): 102-111.

Amit R, Schoemaker P J. 1993. Strategic Assets and Organizational Rent[J]. *Strategic Management Journal*, 14(1): 33-46.

Arampatzis A. 2004. Online Business Models in Greece and the United Kingdom: A Case of Specialist Versus Generic and Public Versus Privately Owned Online News Media[J]. *International Journal on Media Management*, 6(1-2): 88-101.

Ardichvili A, Cardozo R, Ray S. 2003. A Theory of Entrepreneurial Opportunity Identification and Development[J]. *Journal of Business Venturing*, 18(1): 105-123.

Armstrong A, Hagel J. 2000. The Real Value of Online Communities[J]. *Knowledge and Communities*: 85-95.

Bae H S. 1999. Product Differentiation in Cable Programming: The Case in Cable and National All-news Networks[J]. *Journal of Media Economics*, 12(4): 265–277.

Ballon P, Walravens N, Spedalieri A, Venezia C. 2008. *An Advertisement-based Platform Business Model for Mobile Operators*[C]. 12th International ICIN Conference, Bordeaux, France: October 20-23.

Barney J. 1991. Firm Resources and Sustained Competitive Advantage[J]. *Journal of Management*, 17(1):

99-120.

Baym N K, Boyd D. 2012. Socially Mediated Publicness: An Introduction. *Journal of Broadcasting & Electronic Media*, 56(3): 320-329.

Bleyen V A, Lindmark S, Ranaivoson H, Ballon P. 2014. A Typology of Media Innovations: Insights from An Exploratory Study[J]. *Journal of Media Innovations*, 1(1): 28-51.

Brush C G, Greene P G, Hart M M. 2001. From Initial Idea to Unique Advantage: The Entrepreneurial Challenge of Constructing A Resource Base[J]. *The academy of management executive*, 15(1): 64-78.

Carlson M, Usher N. 2016. News Startups as Agents of Innovation[J]. *Digital Journalism*, 4(5): 563-581.

Cardoso J A. 1996. The Multimedia Content Industry: Strategies and Competencies[J]. *International Journal of Technology Management*, 12(3): 253-270.

Casero-Ripollés A, Izquierdo-Castillo J, Doménech-Fabregat H. 2016. The Journalists of the Future Meet Entrepreneurial Journalism: Perceptions in the Classroom[J]. *Journalism Practice*, 10(2): 286-303.

Chan-Olmsted S M, Kang J W. 2003. Theorizing the Strategic Architecture of A Broadband Television Industry[J]. *The Journal of Media Economics*, 16(1): 3-21.

Christensen C M, Raynor M E, McDonald R. 2015. What is Disruptive Innovation? [J/OL]. Harvard Business Review, 12, 2015, Retrieved from https://hbr.org/2015/12/what-is-disruptive-innovation.

Christensen C M, Skok D. Allworth J. 2012. Breaking news: Mastering the Art of Disruptive Innovation in Journalism[R/OL]// Nieman Reports. *Be the disruptor.* Retrieved from http://niemanreports.org/books/be-the-disruptor/

Coddington M. 2012. Defending a Paradigm by Patrolling a Boundary: Two Global Newspapers' Approach to WikiLeaks[J]. *Journalism & Mass Communication Quarterly*, 89(3): 377-396.

Compaine B. Hoag A. 2012. Factors Supporting and Hindering New Entry in Media Markets: A Study of Media Entrepreneurs[J]. *International Journal on Media Management*, 14(1): 27-49.

Cook C, Sirkkunen E. 2013. What's in A Niche? Exploring the Business Model of Online Journalism[J]. *Journal of Media Business Studies*, 10(4): 63-82.

Cremer H, Thisse J F. 1991. Location Models of Horizontal Differentiation: A Special Case of Vertical Differentiation Models[J]. *The Journal of Industrial Economics*: 383-390.

Crossan M M, Apaydin M. 2010. A Multi-dimensional Framework of Organizational Innovation: A Systematic Review of the Literature[J]. *Journal of Management Studies*, 47(6): 1154–1191.

Damanpour F. 1991. Organizational Innovation: A Meta-analysis of Effects of Determinants and Moderators[J]. *Academy of Management Journal*, 34(3): 555-590.

Day G S, Wensley R. 1988. Assessing Advantage: A Framework for Diagnosing Competitive Superiority[J]. *The Journal of Marketing*, 52(2): 1-20.

De Koning A, Muzyka D. 1999. Conceptualizing Opportunity Recognition as a Socio-cognitive Process[R/OL]. Centre for Advanced Studies in Leadership, Stockholm. Retrieved from http://swoba.hhs.se/hastba/papers/hastba1999_013.pdf.

Demary, V. (2015). The platformization of digital markets. IW policy paper. Retrieved from: https://www.econstor.eu/bitstream/10419/126091/1/845730703.pdf.

Denis D J. 2004. Entrepreneurial Finance: An Overview of the Issues and Evidence[J]. *Journal of Corporate Finance*, 10(2): 301-326.

Derks D, Fischer A H, Bos A E. 2008. The Role of Emotion in Computer-mediated Communication: A Review[J]. *Computers in Human Behavior*, 24(3): 766-785.

Deuze M, Witschge T. 2018. Beyond Journalism: Theorizing the Transformation of Journalism[J]. *Journalism*, 19(2): 165-181.

Diakopoulos N. 2014. The Anatomy of A Robot Journalist[EB/OL]. https://towcenter.org/the-anatomy-of-a-robot-journalist/

Dierickx I, Cool K. 1989. Asset Stock Accumulation and Sustainability of Competitive Advantage[J]. *Management Science*, 35(12): 1504-1511.

Dogruel L. 2014. What is So Special about Media Innovations? A Characterization of the Field[J]. *Journal of Media Innovations*, 1(1): 52-69.

Dutta S, Zbaracki M J., Bergen M. 2003. Pricing Process as A Capability: A Resource - based Perspective[J]. *Strategic Management Journal*, 24(7): 615-630.

Dyer J H, Singh H. 1998. The Relational View: Cooperative Strategy and Sources of Interorganizational Competitive Advantage[J]. *Academy of Management Review*, 23(4): 660-679.

Enders A, Hungenberg H, Denker H P, Mauch S. 2008. The Long Tail of Social Networking: Revenue Models of Social Networking Sites[J]. *European Management Journal*, 26(3): 199-211.

Endsley M R. 1995. Toward a Theory of Situation Awareness in Dynamic Systems. Human Factors[J]. *The Journal of the Human Factors and Ergonomics Society*, 37(1): 32-64.

Evans D S, Leighton L S. 1989. Some Empirical Aspects of Entrepreneurship[J]. *The American Economic Review*, 79(3): 519-535.

Evans D S, Schmalensee R. 2005. *The industrial organization of markets with two-sided platforms* (No. w11603)[R/OL]. National Bureau of Economic Research. Retrieved from: https://wiki.aalto.fi/download/attachments/38374131/SSRN-id987341.pdf

Evens T. 2010. Value Networks and Changing Business Models for the Digital Television Industry[J]. *Journal of media business studies*, 7(4): 41-58.

Farrell J, Klemperer P. 2006. Coordination and Lock-in: Competition with Switching Costs and Network Effects[EB/OL]. http://escholarship.org/uc/item/9n26k7v1.

Feldmann V. 2002. Competitive Strategy for Media Companies in the Mobile Internet[J]. *Schmalenbach Business Review*: 54.

Fetscherin M, Knolmayer G. 2004. Business Models for Content Delivery: An Empirical Analysis of the Newspaper and Magazine industry[J]. *International Journal on Media Management*, 6(1-2): 4-11.

Francis D, Bessant J. 2005. Targeting Innovation and Implications for Capability Development[J].

Technovation, 25(3): 171-183.

Fried V H, Hisrich R D. 1994. Toward A Model of Venture Capital Investment Decision Making[J]. *Financial Management*, 28-37.

Hills G E, Shrader R C. 1998. Successful Entrepreneurs' Insights into Opportunity Recognition[J]. *Frontiers of entrepreneurship research*, 18: 30-41.

Garud R, Nayyar P R. 1994. Transformative Capacity: Continual Structuring by Intertemporal Technology Transfer[J]. *Strategic Management Journal*, 15(5): 365-385.

Ghemawat P. 1986. Sustainable Advantage[J]. *Harvard Business Review*, 64(5): 53-58.

Gomes R, Pavan A. 2013. *Cross-subsidization and Matching Design (No. 1559)* [R]. Discussion Paper, Center for Mathematical Studies in Economics and Management Science.

Gompers P A. 1995. Optimal Investment, Monitoring, and the Staging of Venture Capital[J]. *The Journal of Finance*, 50(5): 1461-1489.

Gompers P, Lerner J. 2001. The Venture Capital Revolution[J]. *The Journal of Economic Perspectives*, 15(2): 145-168.

Gompers P, Kovner A, Lerner J, Scharfstein D. 2006. Skill vs. Luck in Entrepreneurship and Venture Capital: Evidence from Serial Entrepreneurs (No. w12592) [R]. National Bureau of Economic Research.

Grant R M. 1991. The Resource-based Theory of Competitive Advantage: Implications for Strategy Formulation[J]. *California Management Review*, 33(3): 114-135.

Gynnild A. 2014a. Journalism Innovation Leads to Innovation Journalism: The Impact of Computational Exploration on Changing Mindsets[J]. *Journalism*, 15(6): 713-730.

Gynnild A. 2014b. The Robot Eye Witness[J]. *Digital Journalism*, 2(3): 334-343.

Hang M, Van Weezel A. 2007. Media and Entrepreneurship: What Do We Know and Where Should We Go? [J/OL]. *Journal of Media Business Studies*, 4(1): 51-70, http://www.jombs.com/articles/2007414. pdf.

Haque U. 2009. The Nichepaper Manifesto[EB/OL]. Harvard Business Review Blog Posting. Retrieved from: https://hbr.org/2009/07/the-nichepaper-manifesto.

Hass B H. 2015. Intrapreneurship and Corporate Venturing in the Media Business: A Theoretical Framework and Examples from the German Publishing Industry[J]. *Journal of Media Business Studies*, 8(1): 47-68.

Hellmann T, Puri M. 2000. The Interaction between Product Market and Financing Strategy: The Role of Venture Capital[J]. *Review of Financial Studies*,13(4): 959-984.

Helmond A. 2015. The Platformization of the Web: Making Web Data Platform Ready[J]. *Social Media+ Society*, 1(2): 1-11.

Hisrich R D, Jankowicz A D. 1990. Intuition in Venture Capital Decisions: An Exploratory Study Using A New Technique[J]. *Journal of Business Venturing*, 5(1): 49-62.

Hoag A. 2008. Measuring Media Entrepreneurship[J]. *The International Journal on Media Management*, 10(2): 74-80.

Jones Q. 1997. Virtual - Communities, Virtual Settlements & Cyber - Archaeology: A Theoretical Outline[J/OL]. *Journal of Computer Mediated Communication*, 3(3), https://academic.oup.com/jcmc/article/3/3/JCMC331/4584363.

Kaplan S N, Stromberg P. 2001. Venture Capitalists as Principals: Contracting, Screening, and Monitoring (No. w8202) [R]. National Bureau of Economic Research.

Keh H T, Foo M D, Lim B C. 2002. Opportunity Evaluation under Risky Conditions: The Cognitive Processes of Entrepreneurs[J]. *Entrepreneurship Theory and Practice*, 27(2): 125-148.

Khajeheian D. 2017. Media Entrepreneurship: A Consensual Definition[J]. *AD-minister*, (30): 91-113.

Kim W C, Mauborgne R. 2004. Value Innovation: The Strategic Logic of High Growth[J]. *Harvard Business Review*, 82(7-8): 172-180.

Kirzner I M. 1997. Entrepreneurial Discovery and the Competitive Market Process: An Austrian Approach[J]. *Journal of Economic Literature*, 35(1): 60-85.

Klemperer P. 1987. Markets with Consumer Switching Costs[J]. *The Quarterly Journal of Economics*, 102(2): 375-394.

Küng L. 2007. Does Media Management Matter? Establishing the Scope, Rationale, and Future Research Agenda for the Discipline[J]. *Journal of Media Business Studies*, 4(1): 21-39.

Langdale J V. 1997. East Asian Broadcasting Industries: Global, Regional, and National Perspectives[J]. *Economic Geography*, 73(3): 305-321.

Larson P. 2012. Moats: Sources and Outcomes, Morningstar Equity Research[EB/OL]. http://cn.morningstar.com/Localization/CN/Products/Newsletter/护城河：来源和产出.pdf

Lewis S C. 2012. From journalism to information: The transformation of the Knight Foundation and news innovation[J]. *Mass Communication and Society*, 15(3), 309-334.

Lieberman M B, Montgomery D B. 1988. First-mover Advantages[J]. *Strategic Management Journal*, 9(S1): 41-58.

Lindsay N J, Craig J B. 2002. A Framework for Understanding Opportunity Recognition: Entrepreneurs versus Private Equity Financiers[J]. *The Journal of Private Equity*, 6(1): 13-24.

Lippman S A, Rumelt R P. 1982. Uncertain Imitability: An Analysis of Interfirm Differences in Efficiency under Competition[J]. *The Bell Journal of Economics*: 418-438.

Lumpkin G T, Lichtenstein B B. 2005. The Role of Organizational Learning in the Opportunity - Recognition Process[J]. *Entrepreneurship Theory and Practice*, 29(4): 451-472.

MacMillan I C, Siegel R, Narasimha P S. 1985. Criteria Used by Venture Capitalists to Evaluate New Venture Proposals[J]. *Journal of Business Venturing*, 1(1): 119-128.

MacMillan I C, Zemann L, Subbanarasimha P N. 1987. Criteria Distinguishing Successful from Unsuccessful Ventures in the Venture Screening Process[J]. *Journal of Business Venturing*, 2(2): 123-

137.

Mahoney J T, Pandian J R. 1992. The Resource - based View within the Conversation of Strategic Management[J]. *Strategic Management Journal*,13(5): 363-380.

Mair J, Marti I. 2006. Social Entrepreneurship Research: A Source of Explanation, Prediction, and Delight[J]. *Journal of World Business*, 41(1): 36-44.

Markides C. 2006. Disruptive Innovation: In Need of Better Theory[J]. *Journal of Product Innovation Management*, 23(1): 19-25.

Mauboussin M J, Callahan D, Majd D. 2016. Measuring the Moat: Assessing the Magnitude and Sustainability of Value Creation[EB/OL]. http://www.valuewalk.com/wp-content/uploads/2016/11/document-1066439791.pdf

Moazed A. 2016. Platform Business Model—Definition |What is it?| Explanation[EB/OL]. https://www.applicoinc.com/blog/what-is-a-platform-business-model/

Moe W W, Fader P S. 2004. Dynamic Conversion Behavior at E-commerce Sites[J]. *Management Science*, 50(3): 326-335.

Naldi L, Picard R G. 2012. "Let's Start An Online News Site": Opportunities, Resources, Strategy and Formational Myopia in Startups[J]. *Journal of Media Business Studies*, 4: 47-59.

Nel F. 2010. Where Else Is the Money? A Study of Innovation in Online Business Models at Newspapers in Britain's 66 Cities[J]. *Journalism Practice*,4(3): 360-372.

Nieborg D B, Poell T. 2018. The Platformization of Cultural Production: Theorizing the Contingent Cultural Commodity[J]. *New Media & Society*, 20(11): 4275-4292.

Oliver C. 1997. Sustainable Competitive Advantage: Combining Institutional and Resource-based Views[J]. *Strategic Management Journal*, 18(9): 697-713.

Pardo del Val M, Martínez Fuentes C. 2003. Resistance to Change: A Literature Review and Empirical Study. [J] *Management Decision*, 41(2): 148-155.

Parker G G, Van Alstyne M W. 2005. Two-sided Network Effects: A Theory of Information Product Design[J]. *Management Science*, 51(10): 1494-1504.

Pavlik J V. 2013. Innovation and the Future of Journalism[J]. *Digital Journalism*, 1(2): 181-193.

Peteraf M A. 1993. The Cornerstones of Competitive Advantage: A Resource - based View[J]. *Strategic Management Journal*, 14(3): 179-191.

Peterson R A, Berger D G. 1971. Entrepreneurship in Organizations: Evidence from the Popular Music Industry[J]. *Administrative Science Quarterly*: 97-106.

Picard R G. 2000b. Changing Business Models of Online Content Services: Their Implications for Multimedia and Other Content Producers[J]. *International Journal on Media Management*, 2(2): 60-68.

Porlezza C, Splendore S. 2016. Accountability and Transparency of Entrepreneurial Journalism: Unresolved Ethical Issues in Crowdfunded Journalism Projects[J]. *Journalism Practice*, 10(2): 196-216.

Porter M E. 2001. Strategy and the Internet[J]. *Harvard Business Review*,79(3): 63-78.

Pulizzi J. 2012. The Rise of Storytelling as the New Marketing[J]. *Publishing Research Quarterly*, 28(2): 116-123.

Reese R M, Stanton W W. 1980. "Home Grown" Audience Research for Small Radio Stations[J]. *Journal of Small Business Management*, 18 (2).

Robinson R B. 1987. Emerging Strategies in the Venture Capital Industry[J]. *Journal of Business Venturing*, 2(1): 53-77.

Rochet J C, Tirole J. 2003. Platform Competition in Two - sided Markets[J]. *Journal of the European Economic Association*, 1(4): 990-1029.

Rosen J. 1995. Public Journalism: A Case for Public Scholarship[J]. *Change: The Magazine of Higher Learning*, 27(3): 34-38.

Rosenstein J. 1988. The Board and Strategy: Venture Capital and High Technology[J]. *Journal of Business Venturing*, 3(2): 159-170.

Rowley J. 2008. Understanding Digital Content Marketing[J]. *Journal of Marketing Management*, 24(5-6): 517-540.

Rumelt R P. 1991. How Much Does Industry Matter? [J]. *Strategic Management Journal*, 12(3): 167-185.

Rumelt R P. 2005. Theory, Strategy, and Entrepreneurship[EB/OL]. http://www.dphu.org/uploads/attachements/books/books_5178_0.pdf

Sahlman W A. 1990. The Structure and Governance of Venture-capital Organizations[J]. *Journal of Financial Economics*, 27(2): 473-521.

Sarasvathy D K, Simon H A, Lave L. 1998. Perceiving and Managing Business Risks: Differences between Entrepreneurs and Bankers[J]. *Journal of Economic Behavior & Organization*, 33(2): 207-225.

Shan W, Walker G, Kogut B. 1994. Interfirm Cooperation and Startup Innovation in the Biotechnology Industry[J]. *Strategic Management Journal*,15(5): 387-394.

Shane S A, Locke E A, Collins C J. 2003. Entrepreneurial Motivation[J], *Human Resource Management Review*, 13: 257-279.

Shane S, Venkataraman S. 2000. The Promise of Entrepreneurship as A Field of Research[J]. *Academy of Management Review*, 25(1): 217-226.

Shrikhande S. 2001. Competitive Strategies in the Internationalization of Television: CNNI and BBC World in Asia[J]. *The Journal of Media Economics*, 14(3): 147-168.

Smith K G, Carroll S J, Ashford S J. 1995. Intra-and Interorganizational Cooperation: Toward A Research Agenda[J]. *Academy of Management Journal*, 38(1): 7-23.

Splichal S. 2006. In Search of a Strong European Public Sphere: Some Critical Observations on Conceptualizations of Publicness and the (European) Public Sphere[J]. *Media, Culture & Society*, 28(5): 695-714.

Spyridou L P, Matsiola M, Veglis A, Kalliris G, Dimoulas C. 2013. Journalism in a State of Flux: Journalists as Agents of Technology Innovation and Emerging News Practices[J]. *International Communication Gazette*, 75(1): 76-98.

Steensen S. 2011. Online Journalism and the Promises of New Technology[J]. *Journalism Studies*, 12(3): 311-327.

Stevenson H H. Gumpert D E. 1985. The Heart of Entrepreneurship[J]. *Harvard Business Review*, 63(2): 85-94.

Swatman P M, Krueger C, van der Beek K. 2006. The Changing Digital Content Landscape: An Evaluation of E-business Model Development in European Online News and Music[J]. *Internet Research*, 16(1): 53-80.

Thomond, P., Herzberg T, Lettice F. 2003. Disruptive Innovation: Removing the Innovators Dilemma [EB/OL]. http://citeseerx.ist.psu.edu/viewdoc/download?doi=10.1.1.539.638&rep=rep1&type=pdf.

Tyebjee T T, Bruno A V. 1984. A Model of Venture Capitalist Investment Activity[J]. *Management Science*, 30(9): 1051-1066.

Vos T P, Singer J B. 2016. Media Discourse About Entrepreneurial Journalism: Implications for journalistic capital[J]. *Journalism Practice*, 10(2): 143-159.

Wagemans A, Witschge T, Deuze M. 2016. Ideology as Resource in Entrepreneurial Journalism: The French Online News Startup Mediapart[J]. *Journalism Practice*, 10(2): 160-177.

Willis C, Bowman S. 2005. The Future Is Here, But Do Media Companies See It?[EB/OL]. Nieman Reports, http://niemanreports.org/articles/the-future-is-here-but-do-news-media-companies-see-it/.

Wright M. 2007. Venture Capital in China: A View from Europe[J]. *Asia Pacific Journal of Management*, 24(3): 269-281.

Zajac E J, Olsen C P. 1993. From Transaction Cost to Transactional Value Analysis: Implications for the Study of Interorganizational Strategies[J]. *Journal of Management Studies*, 30(1): 131-145.

Zider B. 1998. How Venture Capital Works[J]. *Harvard Business Review*, 76(6): 131-139.

致谢

感谢清华大学新闻与传播学院的陈昌凤老师、尹鸿老师，正是因为他们的鼓励，我才开设了传媒创新与创业课，并展开相关的研究。

在课堂上，我们曾邀请多位具有丰富创业经验和创新精神的嘉宾前来分享经验与心得，包括方三文（雪球财经创始人）、何力（界面新闻创始人）、张锐（春雨医生创始人）、赵莹（美黛拉创始人）、姬十三（果壳网创始人、在行创始人）、马昌博（视知传媒创始人）、蒋志高（知能科技 CEO、一条能总编）、黄翔（IDG集团常务副总裁）、徐诗（山行资本合伙人）、金城（洪泰基金董事总经理）、林楚方（今日头条前副总裁）、叶铁桥（刺猬公社创始人）、杨继红（中央电视台新闻中心新媒体部主任）、张华（少年商学院创始人）等，在此向他们致谢。

感谢白红义、朱鸿军、刘鹏、张国涛、尹金凤、刘传红、吴定勇等多位师友，他们分别阅读了书中的部分章节，并提供了重要的建议。

谢谢本书的编辑纪海虹老师，她在数年前便与我敲定选题，并不时督促我们。

最后，要特别感谢本书的合作者王宇琦，她聪明又勤勉，从传媒创新与创业课程开设之初就参与其中，又与我一起经历了研究与写作过程中的种种焦虑、沮丧和曙光乍现。没有她的努力和投入，本书不可能顺利完成。

曾繁旭